21世纪广播电视专业实用教材

TV PROGRAM PRODUCTION BY ENG

ENG电视节目制作

刘杰锋 张 俊
汤思民 刘 忠 著

中国传媒大学出版社

图书在版编目(CIP)数据

ENG 电视节目制作/刘杰锋等著. —北京:中国传媒大学出版社,2012.4
ISBN 978-7-5657-0437-6

Ⅰ.①E… Ⅱ.①刘… Ⅲ.①电视新闻—电视节目—制作 Ⅳ.①G222.3

中国版本图书馆 CIP 数据核字(2012)第 022190 号

ENG 电视节目制作

作　　者	刘杰锋　张　俊　汤思民　刘　忠
责任编辑	王雁来
责任印制	张　玥
装帧设计	张洪文
出 版 人	蔡　翔

出版发行	中国传媒大学出版社
社　　址	北京市朝阳区定福庄东街 1 号　邮编:100024
电　　话	86—10—65450528　65450532　传真:65779405
网　　址	http://www.cucp.com.cn
经　　销	全国新华书店
印　　刷	北京中科印刷有限公司
开　　本	787×1092mm　1/16
印　　张	14.75　　彩插 0.5
版　　次	2012 年 4 月第 1 版　　2012 年 4 月第 1 次印刷
书　　号	978-7-5657-0437-6/G・0437　　定　价 38.00 元

版权所有　　翻印必究　　印装错误　　负责调换

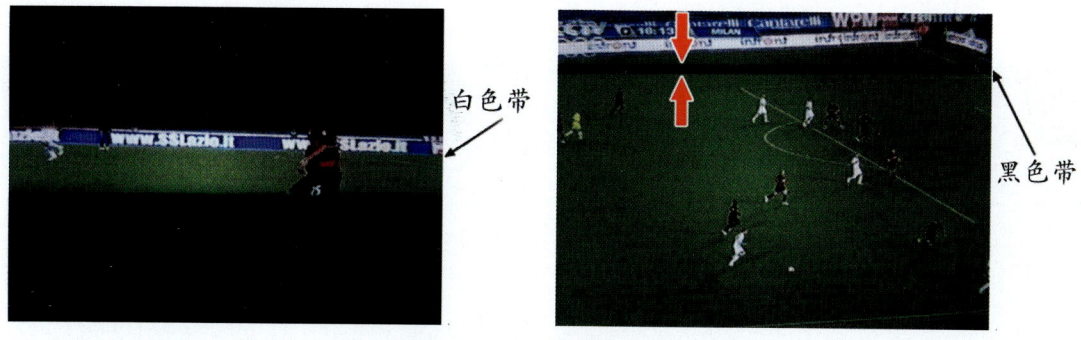

图 1　拍摄计算机屏幕时出现的闪烁现象

图 2　色彩对比构图法

图 3　色彩对比构图法

图 4　光源颜色与色温值对照简易图

晴朗　　　　　　　　　　　　　　　阴天

图 5　天空散射光色温变化图

图 6　标准彩条　　　　　　　　　　图 7　去掉色饱和度的彩条

图 8　只显示蓝色的彩条

a

b   c

图 9　a、b、c 分别为基准黑电平较低、正常、较高时的画面效果

a   b

图 10　a、b 分别为 STD3 和 FILM3 两种伽玛预设的画面效果

a   b

图 11　a、b 分别为主伽玛在－110 和 88 时的画面效果

a　　　　　　　　　　　　　　　　b

图 12　a、b 分别为黑伽玛关闭以及黑伽玛打开且数值为－101 时的画面效果

a　　　　　　　　　　　　　　　　b

图 13　a、b 分别为拐点设置前和拐点设置后的画面效果

a　　　　　　　　　　　　　　　　b

图 14　a、b 分别为低键色饱和度设置前和设置后的画面效果

a　　　　　　　　　　　　　　　　b

图 15　a、b 分别为拐点色饱和度设置前和设置后的画面效果

图 16　a、b 分别为细节校正关闭和细节校正开启且电平设为 70 时的画面效果

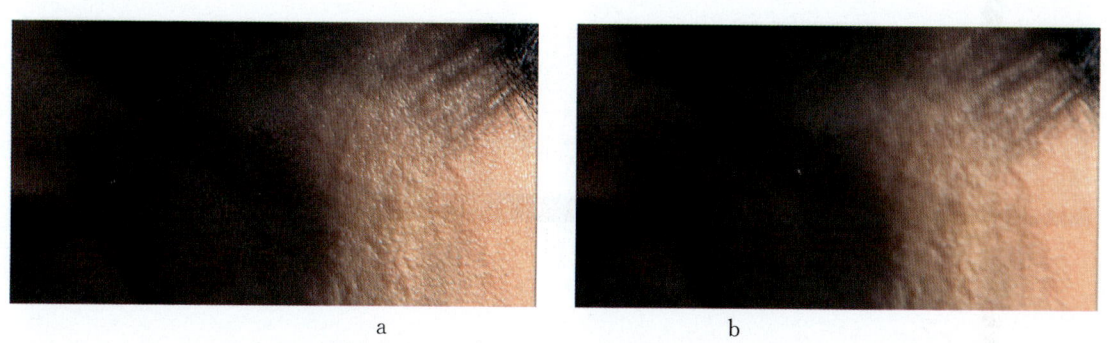

图 17　a、b 分别为皮肤细节校正关闭和皮肤细节校正开启且电平设为 －99 时的画面效果

图 18　a、b 分别为轮廓加深关闭和轮廓加深开启且电平设为 99 时的画面效果

图 19　a、b 分别为电平从属设置关闭和电平从属设置开启且电平设为 121 时的画面效果

图 20　a、b、c 分别为拐点功能关闭、拐点功能开启和拐点孔径开启且电平设为 199 时的画面效果

图 21　不同色温值条件下拍摄的画面效果

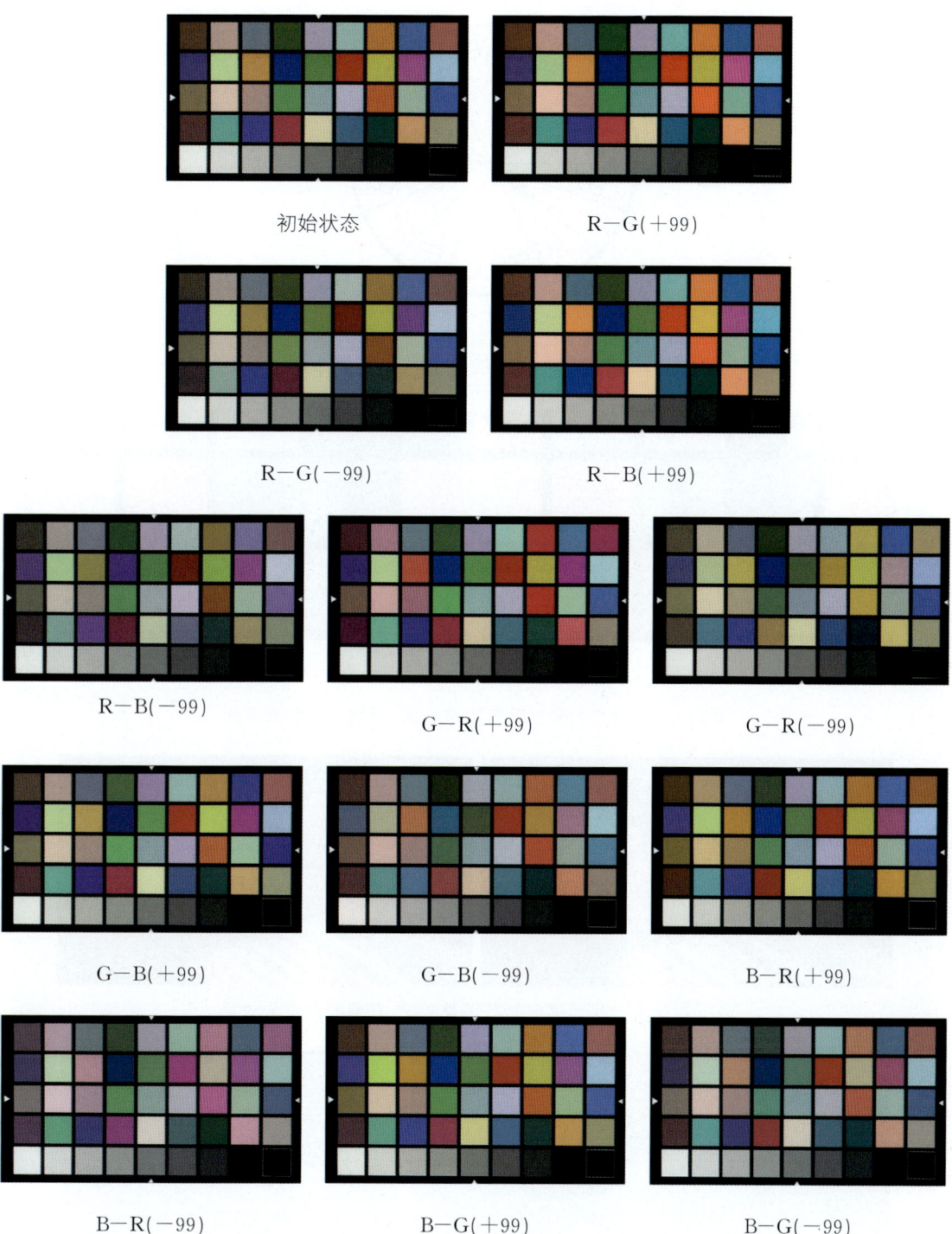

图 22 线性矩阵参数调整的画面效果

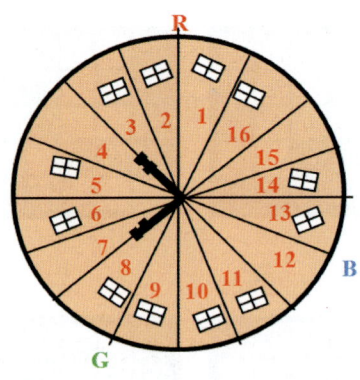

图 23　色彩的 16 部分分区

图 24　a、b 分别为多区矩阵调整关闭、开启时的画面效果

图 25　a、b 分别为多区矩阵调整关闭、开启时的画面效果

图 26　a、b 分别为高清和标清画面截图

目　　录

第1章　ENG节目制作概述　/1
　1.1　什么是ENG节目制作　/1
　1.2　ENG节目制作流程　/5
　1.3　ENG节目制作的发展与应用　/9

第2章　ENG摄像机　/23
　2.1　ENG摄像机综述　/23
　2.2　ENG摄像机镜头　/30
　2.3　ENG摄像机机身　/36
　2.4　ENG摄像机参数调整及状态显示　/58

第3章　ENG视频制作　/64
　3.1　ENG视频制作技术　/64
　3.2　ENG视频制作工艺　/85

第4章　ENG音频制作　/103
　4.1　声音　/104
　4.2　ENG拾音设备　/113
　4.3　ENG拾音技术及技巧　/121

第5章　ENG照明　/128
　5.1　电视照明概述　/129
　5.2　光与色温　/130
　5.3　光与画面　/139
　5.4　ENG照明　/142

第6章 ENG制作附属设备 /161
- 6.1 摄像机承托设备 /161
- 6.2 ENG周边设备 /168

第7章 ENG摄像机高级菜单调整及应用 /173
- 7.1 数字处理电路基本原理 /173
- 7.2 摄像机菜单介绍 /177
- 7.3 常用菜单调整及实例 /181

第8章 HDV摄像机应用 /202
- 8.1 基本功能介绍 /202
- 8.2 记录功能 /204
- 8.3 几个特殊功能应用 /208

参考文献 /211

附 录 /212
- 附录1 《环球汉语》剧本(文化纪录片部分)样本 /212
- 附录2 《环球汉语》拍摄脚本样本 /215
- 附录3 《环球汉语》拍摄场景表(样表) /218
- 附录4 《环球汉语》拍摄团队联系表(样表) /220
- 附录5 《环球汉语》拍摄大计划手稿(样式) /224
- 附录6 《环球汉语》拍摄大计划表(样表) /225
- 附录7 《环球汉语》每天拍摄计划表(样表) /226
- 附录8 《环球汉语》项目预算表(样表) /229
- 附录9 《环球汉语》拍摄场记表(样表) /231
- 附录10 《环球汉语》拍摄部分设备清单(样表) /232

第1章 ENG节目制作概述

▶▶ 1.1 什么是ENG节目制作

1. ENG节目制作概述

ENG是Electronic News Gathering的缩写,意思是电子新闻采集。指运用电子设备进行新闻素材的采集,后逐渐延伸到整个电视节目制作,成为一种专门的制作形态,被称为ENG节目制作,与ESP(Electronic Studio Production,电子演播室节目制作)和EFP(Electronic Field Production,电子现场制作)共同构成电视节目的三大制作方式。ENG与ESP、EFP的本质区别在于G(Gathering)和P(Production)的区别,也就是节目素材的前期采集与节目内容的现场制作的区别。ENG强调节目制作的前期拍摄,ESP和EFP则是将前期拍摄和后期制作融为一体,在现场可以直接完成节目的制作。

在电视领域内,ENG最先起源于新闻节目,随着这种制作方式的特点凸显,ENG由电子新闻采集逐渐扩展到其他节目形态的制作,如纪录片、专题片、电视剧、广告、电视电影和数字电影制作等,各种制作场景见图1—1到1—4。由此可见,现在的ENG制作不再是单一的电子新闻采集,而是更为广泛意义上的概念。因此本书讨论的不仅仅局限于狭义的ENG,而是在其基础上的相关知识。

其实,真正的ENG制作方式最早源于电影,其制作流程可分为严格意义上的前期拍摄和后期制作两个阶段。

电视新闻制作最早是使用16mm摄影机进行前期拍摄,经过后期洗印并剪辑,最后再以电影放映的方式来完成新闻播放,时效性得不到体现。

图1-1 ENG(新闻、纪录片)前期拍摄现场

我国当时就由专门的中国新闻电影制片厂完成国内重要新闻节目的制作。

随着胶转磁技术的运用,电视台开始采用16mm摄影机拍摄新闻,再将洗印并剪辑好的胶片新闻通过胶转磁设备转换成磁带记录的磁迹信号,从而进行新闻的制作和播出。

使用胶片制作新闻,制作周期和制作成本都存在着致命的缺陷,因此,便携式磁带录像机一出现,便迅速取代了摄影机,用于新闻制作,但是仍然保留了原来的制作流程,分为前期拍摄和后期制作两个阶段。

图1-2　ENG(广告)拍摄现场

随着技术的飞速发展,这种严格意义上的前后期制作方式也在慢慢发生变化。尤其对于新闻节目而言,现场直播方式占越来越大的比重,将前期拍摄和后期制作紧密地结合在一起,这也是与新闻的时效性密不可分的。

图1-3　ENG(电视剧)拍摄现场

当然,最为原始的ENG制作方式并没有被直播方式完全取代。前期拍摄、后期编辑方式依然在很多的节目形态中发挥着重要作用,对时效性要求不是特别严格,但对节目画面质量要求非常高的纪录片、广告、电视剧和数字电影,仍然大量采用这种制作方式,因此我们还有必要了解广义上的ENG节目制作流程。

图1-4　ENG(数字电影)拍摄现场

2. ENG节目制作流程

广义的ENG节目制作流程包含前期拍摄和后期编辑两个阶段,这两个阶段包含的内容、所起的作用及采用的设备完全不同,图1-5到图1-8分别列出了前、后期制作所用的相关设备。

前期拍摄从制作流程上细分又包括节目策划、前期筹备、场景勘察、现场准备、节目彩排、正式拍摄和拍摄后的收尾工作等。这是ENG节目制作中最为重要的环节,包含的内容最多,涉及的范围最广,所起的作用最关键,是节目制作成功的保证。

后期编辑包括线性编辑和非线性编辑两大类。线性编辑分为简单一对一线性编辑和复杂多对一线性编辑,而非线性编辑包含了单机版非线性编辑系统和网络非线性编辑系统。

图1-5 ENG前期制作设备

(1)线性编辑系统

简单一对一线性编辑由一台放像机、一台录像机、两台监视器和一个编辑控制器构成，而复杂多对一编辑系统则由多台放像机、一台录像机、多台监视器、视频信号特技切换设备、调音台和编辑控制器等构成，镜头之间能够完成较为复杂的特技切换，但是系统比较复杂，硬件成本较高，并需要多人配合操作。

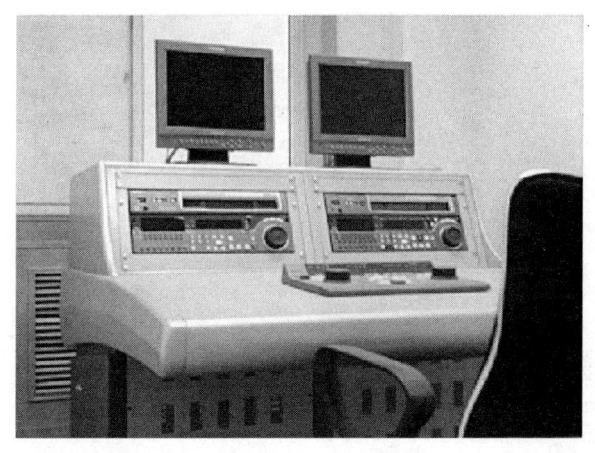 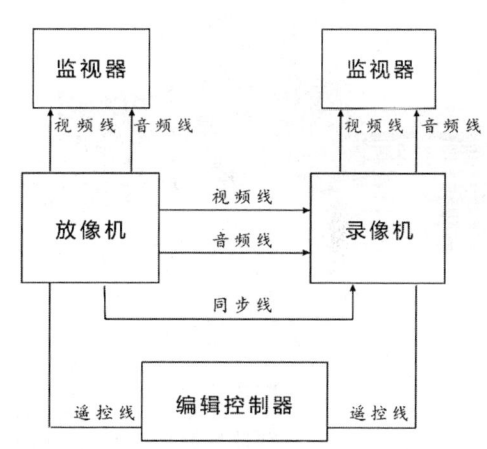

图1-6 一对一线性编辑系统及其框图

在非线性编辑系统出现以前，简单线性编辑是节目编辑的主要方式，复杂编辑往往只会使用在综艺类等需要较多特技效果的节目制作中。随着非线性编辑系统的出现，复杂线性编辑完全退出了历史的舞台，而越来越多的线性编辑也逐渐被非线性编辑所取代，主要的原因有以下几点：

第一，非线性编辑系统在节目制作过程中速度更快、效率更高，能大量节省时间，缩短制作周期。

第二，非线性编辑系统功能强大，能完成后期制作几乎全部功能，包括视频编辑、音频编辑、特技和字幕添加以及后期合成等全部功能，大量减少编辑制作设备，节约成本。

第三，非线性编辑系统结构简单，操作更为方便、快捷和实用。

第四，编辑后的修改更为方便。

第五，基于数字技术，制作过程中信号损失更小，技术质量大为提高，节目复制和出版发行不再因为技术指标而受到限制。

第六，数字化和网络化的融合，给"三网"融合提供了技术保障，为多种节目形态多平台（广播电视平台、互联网平台和手机平台）播出创造了条件。

第七，更符合了解计算机及网络技术的年青一代，艺术创作空间更大。

第八，非线性编辑系统更适应于长时间、大容量、更复杂的节目制作。

第九，内容资源的有效存储及再利用变得高效、简单可行。

（2）非线性编辑系统

非线性编辑系统从结构上可以分为单机版非线性编辑系统和网络非线性编辑系统。

单机版非线性编辑系统是由计算机工作站、输入输出单元（I/O设备）、非线性编辑软件、存储单元和上下载设备共同构成，编辑工作在一台机器上独立完成，如图1－7所示。

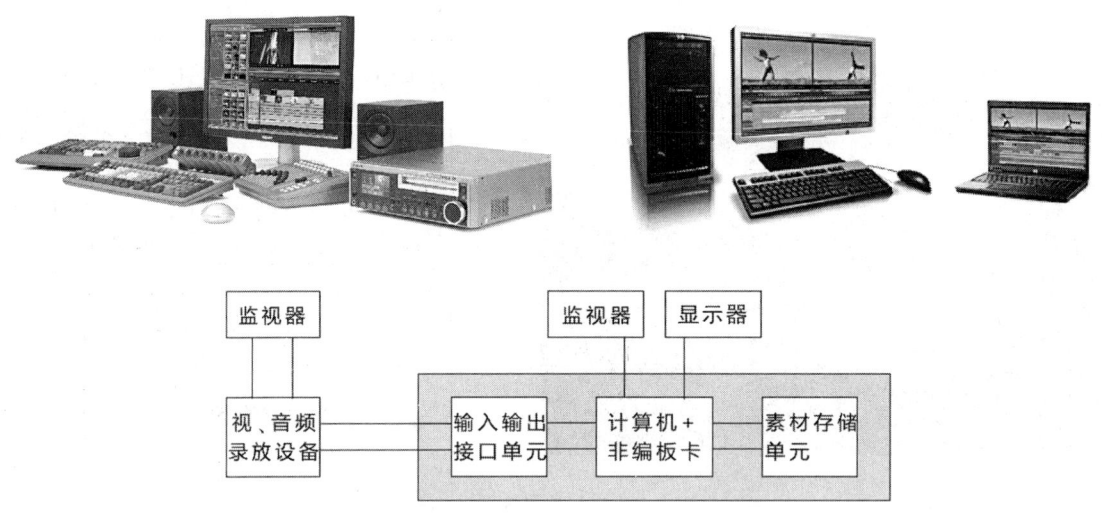

图1－7　ENG单机版非线性编辑系统及其框图

网络非线性编辑系统则是由多台非线性编辑系统共同组建一个单独的网络，拥有可以共享的存储设备和上下载设施，能够做到资源共享的最大化，便于分工与合作，极大地提高工作速度与效率。所有非线性编辑系统由服务器进行统一管理。如图1－8所示。

单机版非线性编辑系统适用于单条新闻或单个项目的制作，广泛应用于中小型制作机构或电视台新闻频道以外的制作环境；而网络非线性编辑系统可以资源共享、协调工作，在制作综合类节目和大型节目方面优势凸显。目前几乎每一个电视台都建有大型的新闻网络非线性编辑制作系统，并且和媒资系统、播出系统连为一体，称为新闻制播网或全台网，为提

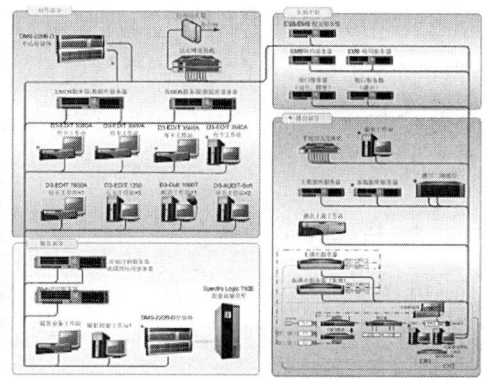

图1-8 ENG网络非线性编辑(含媒资和播出)系统及网络拓扑图

高新闻的时效性创造了有利条件。

对于ENG节目制作来说,能够充分了解它的制作流程,熟练掌握流程中的每一个环节具有极其重要的意义,因此,后面将有专门章节进行详细介绍。

3. ENG节目制作内容

ENG节目制作从制作内容上可以分为三个部分,即视频制作、音频制作和灯光制作(即ENG照明)。

视频制作是指完成ENG节目中与电视画面相关的内容,音频制作指完成ENG节目中全部与声音相关的制作,而灯光制作则是为了保证ENG视频图像的亮度和色度都满足技术制作和艺术造型上的要求。这三部分构成了ENG节目制作的几乎全部内容,非常重要,本书将围绕这几部分内容在后面的章节里进行详细介绍。

1.2 ENG节目制作流程

为了更加清晰地说明整个制作过程,我们以《环球汉语》节目的制作为例,引用其中的一些图表和文件进行阐述。该片是中美联合投资制作的大型汉语教学电视系列片,由中美双方共同成立项目组完成制作。该片采用ENG的制作方式,以讲述故事的方式教授外国人学习汉语,前期拍摄在中国的六个省市(北京、上海、苏州、阳朔、西安和青海的青海湖)进行,成立A、B、C三个摄制组,其中A、B两组完成故事情节的拍摄,C组承担相关纪录片的拍摄任务。拍摄时间为2009年5月至2009年7月,三个摄制组都需要在拍摄周期内充分节约成本、协调各种资源、合理调度演员奔波于六个不同城市。相对来说整个项目的协调组织工作还是比较复杂的,经过前期四个月的充分筹备工作,整个拍摄提前三天结束,取得了圆满的胜利。总结发现,其中有许多可以借鉴和学习的地方,现将它们整理为本书附录,希望能够对我们以后的制作过程起到一定的指导作用,提高节目的制作水平。

完整的 ENG 节目制作过程除前期拍摄和后期编辑之外，还应包含制作后的节目宣传、推广和播出后的收视调查等几项内容。因此，完整的 ENG 节目制作过程应该包括以下几个主要阶段：前期筹备、节目拍摄、后期制作、节目宣传、节目推广及收视调查等，下面进行比较详细介绍。

1. 前期筹备阶段

前期筹备从创意开始，经历节目构思、确定主题、收集资料、撰写剧本、改写拍摄脚本、制订拍摄计划、组建摄制队伍、选取拍摄场景、确定摄制要求、组织拍摄因素到位、走位彩排等不同的工作阶段。上述工作全部结束后，节目的前期筹备阶段才算完成。这个阶段非常重要，是 ENG 节目制作的龙头，也是全过程能够高效率完成的有力保障。下面就这一过程中的每一个阶段进行简单介绍。

节目创意和构思：就是在对某一普遍存在的现象或观点进行思考后，认为其可以通过电视的手段对观众产生一定的影响，并具有一定的舆论导向，这就是节目创意的过程。如何来完成节目，使节目更有说服力、更能吸引电视观众，就是节目构思的过程，包括节目的内容、架构、形态及包装宣传等。针对《环球汉语》项目来说，节目的创意和构思应该从 2007 年中国领导人访问美国开始。随着中国经济的稳步高速发展，中美关系的进一步改善，双方一致同意在美国开展中国文化的宣传和推广工作，其中一项就是汉语教学，由中国国际出版集团(CIPG)和美国耶鲁大学(Yale)共同实施。为此，双方经过多次讨论，最终决定以电视和多媒体手段进行汉语教学的普及和推广工作。大型汉语教学电视片《环球汉语》(*Encounters*)就是在这一前提下进行创意和构思的产物。该片采用数字电影的拍摄手法，运用美国人熟悉的典型中国场景，围绕特定的语言教学点，通过一定的故事情节，进行汉语教学。我们认为这样的创意和构思非常新颖，完全不同于填鸭式的教学模式，寓教于情、寓教于景，能够提高学习者的兴趣。

确定节目主题：根据节目的构思，结合观众调查和宣传要求来明确节目的主题思想，尽最大可能抓住观众。《环球汉语》的创作人员在对美国观众进行广泛的调查和分析后，最终确定将一个跌宕起伏的爱情故事作为整个节目的主题来吸引观众的眼球。

收集相关节目资料：为了更好地表达节目的主题思想，要尽可能地收集跟节目相关的素材和资料，争取全方位地介绍，多角度、有层次、有重点地表达主题。为了丰富《环球汉语》的内容，创作人员动用了一切可用的元素，比如中国最典型的风景名胜、最古老而又最熟悉的中国故事，真正做到了全方位、多角度、有层次地表达主题。

完成剧本和拍摄脚本的撰写：在此需了解剧本与脚本的基本概念，两者都来自于电影，剧本是一种文学形式，是影视艺术创作的文本基础，是表现故事情节的文学样式。而脚本是将电视制作者能够看懂的电视语言文字化，主要包括镜头的时间、地点、人物、长度、景别、构图、配乐等详细的信息。书后提供《环球汉语》摄制组剧本和拍摄脚本样本,见附录1和附录2。从2007年开始创意和构思,到2009年初,《环球汉语》创作人员经过一年多的时间完成了20集的文学剧本,并改编成电视剧本和拍摄脚本。

组建主创团队:一个项目并不是从一开始就需要团队全部成员到位,而是最为核心的人员到位就可以了,包括节目内容制作方面的如导演、节目经费方面的如制片人、节目管理方面的如制片主任等相关人员即可。

选取摄制场地:根据拍摄计划和拍摄脚本,提前考察实际拍摄的场地和场景,使之既符合节目在内容上和技术条件上的要求,也满足节目经费的要求。工作场景表见附录3。

提出摄制要求:根据摄制场景的考察情况,提出摄制的实际要求,包括天气、环境、人员和技术上的各种要求。

制订拍摄计划:整理、归纳好相关资料,根据脚本和各种相关因素来制订一个粗略的拍摄计划,包括时间、场景、参与人员及相关条件等。

落实摄制计划并制订最后的拍摄程序:综合上述各种要求,落实摄制计划中的每一项具体工作,做到每一项都切实可行。包括详细的拍摄计划表和工作手册,比如拍摄时间、拍摄场景、住宿地点、拍摄人物和工作人员联络方式及设备详细情况等。

组建摄制队伍:根据拍摄计划和要求,在节目预算范围内选择各个工种所需要的工作人员,完成制作队伍的组建。见附录4。该表将所有工作人员的联系方式以制作手册的方式发给每一个人,并且安排了能够紧急处理任何事情的联络人。这一点看似简单,但是对于一个摄制组,不可预见的事情随时都会发生,因此,这是一个正常剧组必须考虑到的事情。

2009年2月,《环球汉语》摄制组正式成立,由中美双方共同组建,包括主创团队、制作团队和演员团队,共计120余人。从成立之日起,整个团队经过大大小小100多次的各种会议讨论,完成了前期拍摄的所有筹备工作,决定于2009年5月22日正式进入拍摄期,于2009年7月1日完成所有拍摄任务。在这四个多月的前期筹备过程中,主要完成了以下主要事项:

确定各种拍摄场景300多个,包括预选景和复景,分布于全国六个省市;

完成所有演员的甄选工作;

根据剧本完成全剧分镜头工作,全剧由500多个镜头构成;

根据分镜头脚本完成了分场景表;

根据场景表,确定了A、B、C三个摄制组拍摄的思路;

根据场景表,结合各个地方的地理气候(主要考虑如何避开雨季等)、故事情节、演员的综合调度和最大程度的成本节约出发,统筹完成全组的拍摄大计划和A、B、C三组的中计划,以及每组具体到每一天的小计划等。

召开专门的摄制会议:为了完成拍摄程序所要求的计划和方案,必须召集所有的相关人员进行详细讨论,并将具体工作落实到每一个工种和每一个人员身上,做到各就各位、各司其职。召开各种专门的会议是完成计划最有效的办法之一。

书后附录提供《环球汉语》剧组针对项目制订的拍摄计划,包括大计划的制订过程、大计划表和每天的拍摄计划表,见附录5、附录6和附录7。大到三个摄制组如何兵分三路在何时到达何地并工作多长时间,小到每天每个摄制组每个部门什么时候起床、什么时候到达现场、什么时候收工,这些附表都做了非常详细的安排。

之后就是进入场景、布置现场、准备彩排,发现问题并及时解决。在这个阶段,要安排好各个岗位,完全按照正式的拍摄程序进行彩排,只有这样才能发现问题、解决问题。这一过程中最需要注意的就是保证效率,比如彩排过程中不要一有问题就中途停顿,而是有了问题先记录下来,思考解决的办法,最后将所有问题分门别类,统一协调解决。彩排过程是问题层出不穷的过程,要根据实际状况,在最短的时间内解决所有问题,不要带着问题进入实际拍摄过程中。

当然,项目的预算是至关重要的,涉及摄制组的每一件事情和每一个人,需要在项目开始前就必须完成,这里就不再细说。本书附录8一个影视节目正规的预算表(不同的项目组可能预算表形式不同,但是内容大体一致),希望能以此规范制片工作。

2. 节目拍摄阶段

节目正式拍摄阶段看起来是最为重要的阶段,然而在实际工作过程中,如果前期筹备工作做得非常细致和完善,这一过程就会十分简单和流畅,否则将变得混乱和复杂。

只有经过了严格的前期准备工作和多次的彩排,正式拍摄才能顺利、流畅进行。这一阶段有两点需要特别强调:

第一,一定要严格地按照拍摄计划来进行,不要随意更改拍摄计划,因为拍摄计划是经过大家认真思考、讨论总结出来的。国外优秀的电视节目制作团队在这方面表现得非常好,因为他们前期工作准备得非常细致和完善,到了拍摄现场基本不会也不允许随意更改拍摄计划,而我们的团队则经常出现随意更改计划的现象,这也是为什么很多国内电视人与国外剧组合作时容易产生分歧的最主要原因。

第二,在拍摄的过程中,一定要有详细的拍摄记录清单,由专业的场记负责。有条件的话,音频部分也需要由录音师做好场记工作。一定要重视场记工作,做到认真、准确、详细,这是ENG节目制作高效率的最有力的保证。场记清单也有一定的格式,附录9是《环球汉语》剧组采用的场记单。

拍摄结束后的检查、清理工作也是非常重要的。由于节目制作周期较长,每个人都很疲劳，出错是不可避免的，因此，每个环节只有经过认真检查，及时发现并解决所有问题后，前期的拍摄工作才算结束，否则后患无穷。

3. 后期制作和节目宣传、收视调查阶段

前期摄制工作完成后，进入 ENG 节目后期制作编辑阶段。

节目后期编辑的主要内容包括：前期拍摄素材审看，节目编辑（先粗编后精编，制作特技，加字幕，配音，加动效和音乐，声音缩混，完成节目的最后制作），送审，针对反馈意见进行修改，完成母带，制作播出带和复制带。

节目宣传主要是针对本节目做一定的推销和广告，让节目在播出前具有一定的影响力和吸引力，提高节目的收视率。节目包装是节目宣传非常重要的一个环节，往往能起到事半功倍的效果。

节目收视调查是非常重要的一个环节。收视率的高低在很大程度上反映了节目整体水平的高低，我们只有了解了电视观众的需求，才能更好地为观众服务，最终让我们在电视节目制作过程中确立良好的竞争优势地位。

ENG 节目制作的流程只有通过具体的实践操作才能更好地了解和掌握，加强实践是掌握 ENG 制作的最有效手段，在理论指导下的 ENG 实践最为行之有效。

1.3 ENG 节目制作的发展与应用

1.3.1 ENG 节目制作的发展

ENG 节目制作的发展在一定程度上可以说是 ENG 技术的发展，而 ENG 技术发展的核心是 ENG 摄像机的发展。ENG 摄像机的发展经历了从模拟到数字，从标清到高清，从二维到 3D，成像器件从真空管到 CCD，摄录形式从摄录分离到摄录一体，记录介质从单一的磁带存储到多格式、多介质记录这样一个相当漫长而又复杂的发展过程。

世界上第一台电视摄像机是由美国安培公司推出的，当时的摄像机采用真空摄像管作为摄像器件，所以也称为真空管摄像机。这种摄像机与现在的摄像机相比，具有信号差、性能不稳定、寿命短、造价高、体积庞大、笨重以及很容易被强光灼烧等弱点，不适宜外出使用，一般只能用在演播室和机房内，所以那时的电视新闻制作只能在演播室采用简单的即拍即播的直播方式或通过 16mm 电影摄像机拍摄胶片的方式来进行。使用胶片制作电视新闻周期较长，不能很好地体现新闻的时效性。

世界上第一台 ENG 摄像机是由日本的池上公司（IKEGAMI）生产的，型号为 HL-33，为 1 英寸真空管摄像机，从而开启了崭新的 ENG 时代。

图1-9　池上 HL-33

20世纪70年代后,真空管器件逐渐被电荷耦合器(CCD)所取代,摄像机也由此进入CCD时代。这使得摄像机的体积大为减小、重量急剧减轻,各项性能指标都取得了突破性的发展。

80年代,随着CCD器件和超大规模集成电路的发展,摄像机完全进入CCD时代。同时,便携式磁带录像机出现,两者的结合大大推动了电视新闻的发展,现场新闻直播成为可能,真正的ENG电视节目制作应运而生。

20世纪90年代,随着数字技术、计算机技术和视频技术的发展和融合,数字摄像机给电视带来了全新的面貌,ENG制作也步入数字时代。同时,数字存储的出现,使得电视制作由线性转为非线性制作,从而也让ENG进入非线性时代。

今天数字化已经遍及广播电视领域的方方面面,ENG节目制作的数字化也随处可见,高清的逐步普及、"三网融合"的大力推广、"多网融合"概念的提出,3D节目的日渐显露都是数字化的产物,因此,为了更好地学习和掌握数字技术,我们有必要对相关的基础知识进行简单的回顾和了解。

数字化就是将模拟信号变为数字信号的过程。数字信号取代模拟信号有着无法比拟的优势,如图像质量更加优异,信噪比更高,动态范围更大,复制再生能力更强,信号传输所受影响更小,系统调整更为方便、简单,功能展现更加多样化等。正因如此,我们要大力推进数字化技术的普及。

要实现模拟信号的数字化,就需要经过一个模/数(A/D)转换,其变化过程需要经过取样、量化和编码三个步骤才能实现。

取样:按照一定的频率对时间上和幅度上连续的模拟信号进行抽取,从而让抽取的信号变成离散的信号。取样频率越高,取样后的信号越接近原始信号,信号质量越好,以赫兹(Hz)为单位。

量化:经过取样后的样点取值在幅度上仍然是连续变化的,由于有无限多个可能的取值,因此还不能用数码表示,为此需要进行量化。量化就是将取样值的变化范围划分为若干级,每一级由一个数字表示,其实质就是实现幅度上的离散化。量化程度越高,信号质量越好。以比特(bit)为单位。

编码:用一种诸如二进制码的表示法将量化后的数据转变成一系列的0110、0010、0011、0110等电脉冲信号来表示视频、音频信号。编码数值越大,量化后的信号越好。

1. 视频信号、音频信号的数字化

模拟信号在处理和传输的过程中,由于设备的线性和非线性失真使得信号的信噪比严重下降,多代复制和长距离传输过程中信号质量无法得到保证。数字信号在同样的过程中,处理和传输的是数据而不是信号本身,只要数据不丢失,高低电平不发生反转,信号质量就不会下降,这是我们对信号进行数字化的主要原因。

在对视频信号数字化的过程中,取样标准是一个非常重要的概念。数字视频信号由 Y(亮度)、Cr(色差)、Cb(色差)三个分量信号构成,在取样的过程中,由于人眼的视觉特性对色度的要求不如对亮度的要求高,因此,我们可以对两者采取不同的取样标准,以节约信道资源和存储资源。CCIR601 标准中规定数字演播室信号的取样结构至少应该做到4∶2∶2,即亮度信号取样比色度信号多一倍。在实际过程中,亮度信号的取样频率为色度副载波频率的4倍,为13.5MHz,而两个色差信号的取样频率为色度副载波频率的2倍,取样频率为6.75MHz。现在广播级的 ENG 摄像机取样结构都能达到4∶2∶2,而目前较为流行的 HDV 摄像机具有4∶2∶0 或 4∶1∶1 的取样结构,4∶4∶4 取样结构在极其高端的 ENG 摄像机也有使用,主要用于对图像质量要求非常高的数字电影制作上。

取样频率越高,丢失信息越少,信号质量就越好,所以 4∶4∶4 的取样结构明显要优于 4∶2∶2 和 4∶1∶1 或 4∶2∶0。

由于电视屏幕较小,4∶2∶2 采样结构中丢失的色度信息基本不能为人眼发觉,但是对于大屏幕的电影来说,4∶2∶2 的采样结构就会出现严重的色彩饱和度下降现象,人眼轻易就能分辨出来,因此,电影必须使用 4∶4∶4 的采样结构。

音频信号的数字化与视频信号的数字化基本相似。由于人耳能够听到的音频频率最高不超过20KHz,所以,高保真的音频数字系统的取样频率只要保证在2倍于人耳所能听到的音频频率的上限,也即40KHz 以上就足够了。数字演播室要求达到 44.1KHz 以上,更好的有 48KHz、96KHz 等,量化比特数在 20bit 以上。

2. 压缩技术

根据 CCIR601(ITU601)国际数字演播室标准,我国规定数字演播室对亮度信号 Y 用 13.5MHz 的取样频率进行取样,对两个色差信号 Cr 和 Cb 用 6.75MHz(13.5MHz 的一半)的取样频率进行取样,每一整行的亮度信号取样数为864(电视扫描一行的时间乘以一行的取样频率,也就是 $64 \times 10^{-6} \times 13.5 \times 10^{6} = 864$),每个数字有效行的亮度信号 Y 的取样数为720 个,每个色差信号 Cr 和 Cb 取样数为432,每个色差信号 Cr 和 Cb 取样个数为360。这样便形成了亮度和两个色度信号的比为 720∶360∶360,也就是 4∶2∶2 的取样结构;采用 PCM 编码方式进行编码,8bit 或 10bit 量化。我国现行电视标准规定扫描一行的时间为 64 微秒,每一场的扫描时间为 50 毫秒,采用隔行扫描方式,一幅画面称为一帧,一帧分为两场(奇数场和偶数场),一帧电视画面由 625 行组成。

根据以上规定,我国数字电视信号基本参数标准主要有:

每行像素数:$64 \times 10^{-6} \times 13.5 \times 10^6 = 864$

每行有效像素:720

每帧行数:625

每帧有效行数:576

数码率:$(864+432+432) \times 625 \times 25 \times 10$(量化比特数)$=270$兆比特每秒(Mb/s)

有效数码率:$(720+360+360) \times 576 \times 25 \times 8$(量化比特数)$=166$兆比特每秒(Mb/s)

从以上的视频参数可以知道,标准清晰度数字电视信号的数码率为270兆比特每秒,也就是说每秒需要处理、携带270兆比特的数据信息,而真正有效的数码率为166兆比特每秒。

在将模拟信号变成数字信号及以后的制作和传输过程中,信号质量得到了改善,随之而来的是变化后的数据量非常庞大,以至于在现行的处理、存储和传输系统中很难保证源码率信号的应用。为此,在数字化的过程中必须对数字信号进行压缩。

对这些信号进行压缩,如何既能满足现有的电视系统,又保证压缩后的数字电视信号质量不低于甚至高于以前的模拟信号质量呢?各种各样的编码技术应运而生。

3. 编码技术

视频信号的可压缩主要基于信号在以下四个方面存在着巨大的冗余度,即信息的空间冗余度、时间冗余度、视觉冗余度和统计冗余度,在进行信号的重新处理过程中压缩甚至丢掉冗余,对信号的影响不大。

广播电视视频领域内,图像压缩编码技术得到了飞速发展,主要有 MPEG－1、MPEG－2、MPEG－4、MPEG－7、H.262、H.264 等。不同的编码技术都是基于以下四种冗余度来进行的。

(1)基于空间冗余度进行压缩编码

一幅视频图像相邻各点的取值往往相近或相同。对于一幅简单的视频图像,我们通过比较每个像素在水平和垂直方向相邻像素后发现,它们之间存在着非常多的相同部分,真正变化大的像素只占总像素的很小部分。也就是说,视频画面具有空间相关性,这就是空间冗余度。因此,我们没有必要对相同的像素信息进行重复描述,只要用少量的空间信息数据配合它们的变化值就可以完全描述它们的最后结果,这样就可以大为减少信息的数据量,这就是利用图像空间的相关性来对图像信号进行压缩。这种压缩方式也称为帧内压缩。

(2)基于时间冗余度进行压缩编码

电视图像是由一帧一帧的画面构成的,我们通过对一段视频素材进行分析,对比相邻帧的画面发现,相同或相近似的像素占绝大部分,也就是说相近的画面中变化的像素数量很少,因此,在描述这些图像时,只要用很少的数据去描绘图像的变化即可,而不用花费庞大的数据去描述原始的数据信息,从而达到节省数据量的目的。这是利用了图像在时间上的相关性,这种压缩方式也称为帧间压缩。

(3) 基于视觉冗余度进行压缩编码

视觉冗余度是相对于人眼的视觉特性而言的。人眼对于图像的视觉特性包括:对亮度信号比对色度信号敏感,对低频信号比对高频信号敏感,对静止图像比对运动图像敏感,以及对图像水平线条和垂直线条比对斜线敏感等。因此我们可以利用人眼的这种视觉特性对不同的信号采用不同的处理方式。即对人眼敏感的信号采用不压缩或减少压缩的处理方式,而对人眼不敏感的信号给予较大的压缩处理,因为这些不敏感的信息即使全部丢失,人眼也可能觉察不到。因此对于色度信号、高频信号以及运动图像的一些信息,我们可以认为是视觉冗余信号,对这些信号可以采用较大的压缩比来进行处理,这就是视觉冗余度压缩编码原理。

(4) 基于统计冗余度进行压缩编码

对于一串由许多数值构成的数据来说,如果其中某些值经常出现,而另外一些值很少出现,则这种取值上的统计不均匀就构成了统计冗余度,可以对它们进行压缩。这种根据统计上的冗余度进行压缩编码是基于霍夫曼编码的一种编码方法,也叫熵编码,可以简单表达为:事件发生的概率越小,熵值越大,表示信息量越大,需要分配较长的码字来进行描述;反之,事件发生的概率越大,熵值越小,信息量越小,只需要分配较小的码字,从而实现与概率有关的压缩。霍夫曼编码的基本方法是先对图像数据扫描一遍,计算出各种像素出现的概率,按概率的大小指定不同长度的唯一码字,由此得到一张该图像的霍夫曼码表。编码后的图像数据记录的是每个像素的码字,而码字与实际像素值的对应关系记录在码表中。

以上四种方法是视频压缩编码的基础,所有的数字 ENG 摄像机记录的视、音频信号都是基于这四种方法进行压缩编码后的信息。

4. 存储技术及介质

目前 ENG 节目制作采用的存储介质大致可分为三种:磁带、光盘和硬盘,各有优缺点,分别予以介绍。

磁带作为电视节目制作的存储介质,出现时间最早,技术也最为成熟,价格相对低廉。它属于线性存储介质,必须按照时间先后顺序来存储内容,存储容量较大,使用方便、可靠,也最为广泛,之前几乎所有的 ENG 摄录一体机都可以使用磁带,相信在今后相当长一段时间内还将继续被采用。

当然,随着数字技术的进一步发展,磁带由于本身的线性特点,查找素材不方便成为它最致命的弱点。磁带在非线性编辑系统的应用中还存在上下载的问题,因此在节目制作的时效性上不具有竞争优势。通过磁带保存信号在时间上有所限制也是不可回避的一个问题。另外,摄像机上还需要有专门的磁带带舱,这是一个非常精密的机械装置,在使用过程中需要特别注意拍摄环境和拍摄条件对带舱的影响。因此,节目存储开始寻找新的介质。

图 1-10　各种格式的磁带

光盘作为一种新的存储介质运用于 ENG 制作领域,随着其稳定性的提高和价格的降低也将会有所作为,目前索尼公司生产的蓝光盘摄录一体机就是典型代表。

图 1-11　索尼公司蓝光盘、蓝光盘摄像机和蓝光盘录像机

蓝光盘技术是基于普通的光盘制作技术而出现的,只是用于记录信号的光波波长与普通光盘记录的波长不一样而已。和光盘的一般特性一样,蓝光盘使用和存储的环境条件要求比较高,不能出现变形和任何的磨损。另外,蓝光盘也是一种基于非 IT 技术的存储介质,在记录过程中不具有非线性的特点,也是线性的,信号记录最先从圆心开始并按照同心圆的方式逐渐往外。如果在已有信号的位置处重新记录,需要抹掉前面的内容,也只能从最后部分开始,依照由后到前的顺序进行删除,直到找到新的记录位置,因此在素材的记录和查找上与磁带具有相同的线性特征,具有不便捷性,但是信号查找时间几乎具有即时性。

硬盘作为新的记录媒介，是一种基于半导体技术的存储介质。因为它的非线性特性显著，被越来越多地应用于广播电视领域。另外，随着单位介质存储容量的增加、数据传输速率的显著提高，价格的进一步降低，今后硬盘作为存储介质必将在 ENG 制作上占据有力的位置。目前各个大的广播电视设备生产厂家都在加大对这一介质的研发和生产力度。

最先采用硬盘作为存储介质的是日本池上公司，法国汤姆逊公司推出的 INFINITY 摄录一体机采用一种叫 REV PRO 的硬盘存储介质存储素材，具有小巧、方便和高可靠性的特点，且价格相对较低，索尼公司使用的存储卡也是基于半导体存储技术开发的。

松下公司目前采用半导体记录技术典型的应用是 P2 卡，应用于松下公司 P2 系列摄像机和录像机。每张 P2 卡内包含有 4 张 SD 卡，目前单张 P2 卡总容量可以达到 32Gb 甚至 64Gb。一台 P2 卡摄像机在同时拥有 5 个 P2 卡插槽的情况下，即使拍摄高清素材也不会有问题。但是，由于单张 P2 卡售价大约几千元人民币，如果将一台摄像机所有的 P2 卡插槽插满，费用将高达几万元，这相对于以前低廉的磁带存储介质来说，是一笔不小的开支。当然，在实际拍摄过程中，可以通过携带外围存储设备实时将卡内素材转移出来，因此，尽快降低其价格才是最根本的问题。

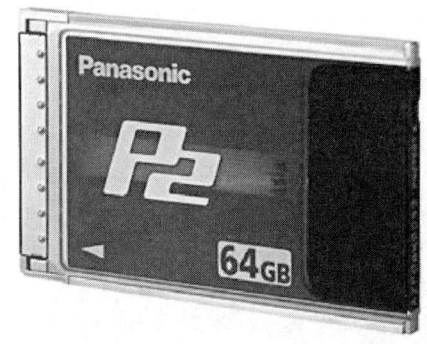 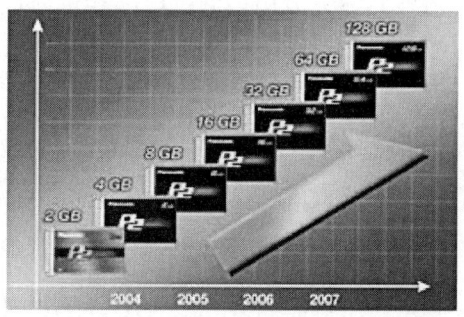

图 1-12　松下 P2 卡及容量发展趋势

鉴于目前 P2 卡在 ENG 节目制作中被广泛采用，因此，这里专门对其技术特点进行简单的介绍。

图 1-13　P2 摄像机、P2 卡及 P2 卡适配器

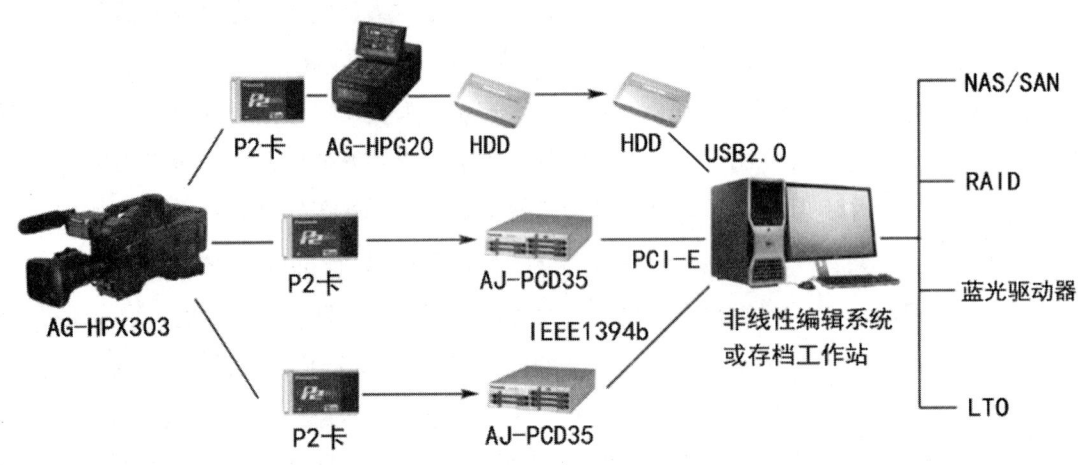

图1-14　P2节目制作流程

P2系列产品由松下公司推出,其核心是插卡式PC卡介质,这种固态存储卡称作P2(Professional Plugin 专业插卡式)卡,可以记录DVCPRO HD/DVCPRO50/DVCPRO/DV数据。P2卡具有如下优点:

(1)非常结实,具有出色的抗震动和抗撞击性能。

(2)P2卡体积小,重量轻,容量大,具有扩展性,这使新闻采集的机动性进入了一个新时代。

(3)P2卡采用MXF格式进行记录,通过这种文件格式可以利用PC机进行新闻制作。

(4)P2卡可以直接插入PC机上的PC卡槽中,不需要数字化处理就可以立刻读取数据,进行非线性编辑和数据传送,能够节省时间,提高工作效率。

P2系列产品将音视频和IT两个领域极好地融合在一起,越来越多的非线性编辑系统在输入输出接口方面已经把P2卡接口作为系统的一部分,极大地方便了P2卡素材直接输入非线性编辑设备中,在提高新闻时效性方面是一个伟大的突破,比如大洋的HD5、HD9等非线性编辑设备。P2系列使新闻采集进入了一个新纪元,与传统的电子新闻采集系统相比,这是一种更灵活、更可靠和功能更强大的基于IT技术的新闻采集方式。

P2卡摄像机由于没有带舱这个机械装置,因此具有更高的稳定性和安全性。

5. 高清时代

高清晰度电视HDTV是数字电视的必然产物,是人们追求高画质和震撼音响效果的必然结果,ENG的发展也同步进入高清时代。

到底什么是高清电视呢?与我们现在所看到的标清电视有什么区别?

高清电视就是高清晰度电视,也叫HDTV(High Definition Television),是一个与过去的NTSC、PAL以及SECAM制式截然不同的全新电视广播标准。它带给人们更高级的视听享受、更清晰的图像、更逼真的色彩、更优美的音质,并能带给人们身临其境的真实感。

按照CCIR(ITU-R国际电信联盟的无线电委员会)的定义,高清晰度电视应是这样一个系统,即一个具有正常视觉的观众在距该系统显示屏高度的3倍距离处所看到的图像质量应具有观看原始景物或表演时所得到的质量。

对于高清晰度电视的图像格式,不同的国家采用的标准有所不同。我国的高清格式为1920×1080i/50Hz(i表示隔行扫描),美国的高清晰度电视格式有两种:1920×1080i/60Hz和1280×720p(p表示逐行扫描)。

高清晰度电视与标准清晰度电视的实质区别在于以下两点:

(1)在画面上,具有更高的清晰度,更适合在大尺寸的屏幕上观看,观看的水平视角加大,更符合人眼的视觉习惯。

(2)在音质上,具有多个声道监听的可能,并且每个声道的音质都能达到CD质量标准。

日本在HDTV方面起步最早,美国于1996年开始高清晰度电视的试播,英国、法国、德国近些年开始进行大规模的高清节目的制作和播出。

我国1999年用高清晰度数字信号转播国庆50周年庆祝活动,由此开始了高清晰度数字电视的试播。2005年在全国范围内开展数字电视的推广普及工作,国内电视剧的制作已经全面采用高清设备,2008年北京奥运会的电视转播全部采用了高清电视设备来提供高清晰度电视信号。2009年9月28日,全国共有九个频道开始高标清同播,包括中央电视台综合频道、北京卫视、东方卫视、江苏卫视、湖南卫视等,加上之前开播的CCTV高清频道等,我国的电视观众目前已经有十多个免费高清频道可以收看。这是继2008年奥运会前北京、上海等八大城市开通地面高清以来,广电系统最大的一次高清电视布局。目前,更多的省级电视台正在加速高清频道的建设和发展,以北京电视台为龙头的省级电视台正在逐步实现全台的高清化。

由此可见,高清真正走到了我们身边!但是,目前高清节目还比较匮乏,主要是由高清技术人员和高清节目创作人员的短缺造成的,这也正是我们需要学习和掌握高清新技术的原因。

在标清向高清过渡期间,出现了一种介于标清和高清之间的所谓"假高清",即HDV格式,又被称作小高清,这种格式在ENG新闻制作中得到极大的推广和应用。

1.3.2 ENG节目制作的新应用

ENG节目制作的新应用体现在两个方面:

第一是新闻类节目的制作。主要是由于新闻的时效性要求设备具有小、快、灵的特点。

"小"是指设备需要小巧、轻便;"快"要求设备操作简单、快捷;"灵"是指使用灵活,操作不太受限制等。总体来说对信号质量不做过多的要求。

第二是影视类节目的制作。该类节目对画面的质量要求极高,时效性不需要像新闻制作一样。

下面将这两类节目制作的特点和要求,结合最新的技术与设备做一简单的介绍。

1. 新闻制作的新应用

(1) 新闻拍摄用的 HDV 格式摄录一体机

首先,电视新闻对时效性的要求非常高,通常要求新闻事件发生后在第一时间到达现场拍摄第一手的现场画面;其次,新闻拍摄条件相对复杂,可控性不强,所有事情都带有不可预见性,和演播室拍摄相比,ENG 新闻采访往往是"随时随地",光线环境不可控、施展空间受限制等客观条件不利于 ENG 拍摄;再次,电视新闻由于是"快速消耗品",具有不可再生、不可复制的特点,在时效性高的前提下,对画质的要求可以相对降低。

与上述特点相对应,对于 ENG 新闻制作所用的摄像机来说,应充分考虑设备的便捷性,即应具有小、快、灵的特点。

HDV 摄像机的诞生则是顺应了这些需求。它小巧、易拍摄、易使用、易携带,具备专业操控性能,所拍摄的画面具有良好的质感和逼真自然的色彩,易于实现高质量、低成本的制作目标。HDV 摄像机还可以兼容高清和标清拍摄,目前,在新闻采访领域,HDV 摄像机正越来越多地被使用。

HDV 格式标准是索尼、JVC、佳能、夏普四家摄像机生产厂商于 2003 年 9 月联合宣布的,HDV 高清摄像机的推出给价格高昂的高清市场带来了生机。这种被称为低成本的高清技术将昂贵的高清节目制作成本降低到普通清晰度节目的水平,为高清晰度摄像机的拍摄和后期制作设备的逐步推广奠定了基础。

HDV 高清标准推出的初衷,是为了将高清压缩与普及型 DV 磁带记录方式结合起来,降低普及型高清摄像机的价格,为高清电视节目的制作带来新的契机。

1080i HDV 的扫描标准是 1440(即画面水平分辨率为 1440 像素)×1080(即画面垂直分辨率 1080 线),采取隔行扫描方式,MPEG-2 压缩编码,8bit 数字记录,取样结构为 4∶2∶0。

HDV 格式的磁迹宽度和带速与 DV 格式相同,因此也具有与 DV 磁带相同的录制时间。以日本索尼公司的 PHDVM-63MD HVD 格式小磁带为例,它可录制 60 分钟 HDV、DVCAM、DV 不同级别的画面信号。HDV 录音时双声道记录取样频率可达到 48KHz/16bit。

HDV 标准制定之初,就考虑到兼容所有 DV 格式的磁带。它可以记录成 DV、DVCAM 格式,也可以重放 DV、DVCAM 格式的磁带。HDV 对 DV 向下兼容有利于从标清到高清的过渡。

图 1-15 不同品牌的手持型和肩扛型 HDV 摄录一体机(型号依次为 Sony HVR-Z5C、Sony HVR-S270、Canon XH G1s、Canon XL H1S、JVC GY-HD111EC)

(2) HDV 记录用的新介质

HDV 的最新发展方向是存储介质从磁带向非磁带转化,这使得购置更加容易而且价格低廉,更便于后期在电脑上编辑制作。通过为摄像机选配相关附件即可实现上述功能。

目前 HDV 记录用的主要介质包括磁带和非磁带两大类型,其中非磁带介质又包括小型硬盘、蓝光盘、P2 卡、CF 卡、SD 卡或其他卡类型,如图 1-16 所示。

图 1-16 磁带介质和非磁带介质

在这么多类型的记录介质中,硬盘记录单元通过简单的 1394(火线或 i.LINK)连接,它可供 HDV 摄像机录制 HDV1080i 流,或 DVCAM 摄像机录制 DV 流。硬盘容量 60GB,可供 HDV 和 DVCAM 录制 270 分钟(4.5 小时)的视频文件。HDV1080i 流按本地 HDV 文件记录(.M2T),DV 流按 AVI 文件记录(.AVI:DV Type1 或 RAW-DV)。与 HDV 摄像机配合使用时,可以选择磁带和硬盘同时录制,也可以选择单独使用硬盘或磁带录制,启动机身录制按键进行正常拍摄操作即可。拍摄完成后将硬盘直接连接电脑的 1394 接口就可以当做移动硬盘一样来进行操作了,这一点给广大非线编后期工作者提供了极大的便利,再不需要 DV 磁带 1∶1 等长时间的采集过程了。

图 1-17　硬盘和存储卡(CF 卡)记录单元

CF(Compact Flash)卡非常适用于 HDV 摄录一体机,因为这种文件记录介质非常容易买到。大众通用性对于那些经常需要快速拿到存储介质的用户来说非常重要,如经常穿梭于城市之间拍摄纪录片或新闻的人;同时,这一特性给高等院校的教学也提供了极大的便利性。与硬盘记录不同,CF 卡具有速度快、抗震动的特点。

CF 卡记录单元可捕捉摄录一体机输出的 HDV1080i、DVCAM 或 DV 流,用户在进行录像带记录的同时,可将 HDV/DVCAM/DV 文件记录到标有 CF 的半导体存储卡上。值得一提的是这种记录模式可实现高清和标清信号的混合记录,如在磁带上记录高清信号的同时,在 CF 卡上记录标清信号,这在高标清过渡阶段是个很实用的功能。

2. ENG 影视剧制作的新发展

(1) HDCAM-SR 格式

和新闻节目制作不同,广告和影视剧的制作追求更高的画面质量,要求摄像机具备更高的可操控性。高清是电视与电影间的一座桥梁,采用数字高清摄像机拍摄电影,在画面质量上完全满足电影的要求,在制作成本上大为降低,在创作空间上大大提升,已经成为目前电影拍摄的一种重要方式。

HDCAM-SR 格式是索尼针对日益提高的高清晰度节目制作需求而推出的一种新的尖端格式。它提供了一个更高的技术平台,可以比 HDCAM 设备具备更大的录制容量、更高的数据传输率,以及更多的音频通道。

作为最尖端格式,HDCAM-SR 具有超高的技术指标:440Mb/s 和 880Mb/s 超高码率,全带宽 4∶4∶4(RGB)10bit 记录、多帧率录制逐行和隔行 1080 高清格式,兼容 HDCAM/Digital Betacam 重放,内置上下变换,12 通道数字音频(24bit/48KHz),支持杜比多声道,是专门为极高质量的数字现场拍摄而开发的。

另外,HDCAM-SR 格式的摄像机还可以使用各种传统的电影镜头,如 Panavision 的超远距镜头、佳能广角镜头,或配备 2/3 英寸转换适配器的电影镜头,多种镜头的灵活运用使得所拍摄画面质量更高,画面表现更加接近电影效果。

此外,HDCAM-SR 在菜单参数设置上也和所有数字摄像机一样,非常丰富,并且十分灵活,这样,给追求艺术效果的导演和摄影师留有了很大的发挥和创作的空间。

2005 年,采用 HDCAM—SR 格式拍摄,由国际著名导演乔治·卢卡斯执导的《星球大战前传Ⅲ:西斯的复仇》成为全球各地的票房冠军,色彩更为逼真的图像质量和身临其境的音响效果征服了所有的观众,随即,HDCAM-SR 格式成为美国好莱坞数字电影制作的首选。

(2)数字电影摄像机介绍

索尼 HDC—F950 数字电影摄像机采用了 3 片 2/3 英寸的 Power HAD FIT CCD,单片 CCD 含有 220 万像素,输出画面可以达到 1000 电视线水平清晰度,支持 4∶4∶4(R∶G∶B)高清晰度信号处理和输出,记录格式为 HDCAM-SR,使数字电影制作获得超一流的图像质量。配合可任意设置画面影调的用户伽玛(Gamma)和在低照度时可以改变的长时间曝光功能,及多种符合电影画面风格的创作特性,它能帮助影视制作人员完美表现其创意,并最终将瑰丽的影像呈现在观众面前。HDC-F950 摄像机应用了先进数字信号处理技术,提供自适应高亮度处理、拐点饱和度控制、三肤色细节校正、多区彩色校正、自适应细节控制、黑伽玛扩展等功能,因此,在数字电影的制作中被广泛采用。

图 1-18　HDC-F950 和 F35 35mm 数字电影摄影机

SRW—9000 数字高清摄录一体机采用记录码率最高、图像质量最好的 HDCAM—SR 磁带记录格式,集成了索尼最新的 CCD 成像器件技术、高精密的 14bit 模拟/数字转换器和先进的数字图像处理技术,实现了高灵敏度、低噪波的拍摄性能,支持最高帧速率 60P 的 1920×1080 像素 4∶4∶4 全带宽的拍摄和记录,动态范围 800%(90%白时过曝光 3 档光圈),是目前世界上性能最好、图像质量最高的高清摄录一体机。SRW—9000 同时还具备超高的性价比,具有更强大的操作灵活性,是追求 HDCAM—SR 图像质量和高级别创作性能的电影和电视从业人士的完美选择。它的诞生,为数字电影、广告制作、电视剧和纪录片的高品质拍摄、制作带来了无穷的创造力。

为了追求更高的图像质量,索尼公司还同时推出了便携式的录像机和后期编辑录像机,记录码率分别可以达到440Mbps和880Mbps,保证了影视制作的前期摄像机信号在后期记录及编辑过程中几乎能够达到无损压缩的程度。

2009年12月,中央电视台购买了两台SRW-9000设备,成为SRW-9000的全球首家用户,和之前采购的SRW-5000超高码流高清演播室录像机等设备共同应用于中央电视台的高端高清影视剧制作工作,确立并引导了SRW在高质量高清节目制作领域的全面应用。

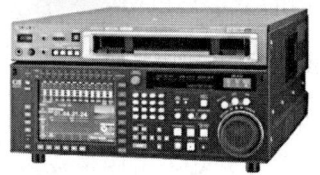

图1-19 索尼SRW-9000摄像机、SRW-1便携式录像机和后期编辑录像机SRW-5800

本章作业

思考1:当前形势下ENG摄像机的发展趋势是什么?

实训1:通过具体实践操作,初步了解ENG节目制作流程。

实训2:结合自己的拍摄经验,重点区分家用、专业、广播级
   ENG摄像机的主要不同点。

第 2 章　ENG 摄像机

2.1　ENG 摄像机综述

通过第一章的学习,我们了解了 ENG 制作包括前期拍摄和后期制作两个阶段,前者使用的设备是摄像、录像设备及周边设施,后者使用的是编辑设备。摄录设备主要包括摄录一体机、声音制作设备、灯光照明设备、摄像机承载设备、监视器和电源等,后期编辑设备主要包括线性及非线性编辑系统。

摄录一体机作为 ENG 前期拍摄过程中最重要的设备,用于完成图像信号和声音信号的采集,最大程度上决定了 ENG 节目制作的信号质量,在 ENG 节目制作过程中具有举足轻重的地位。了解设备性能,对于利用设备进行拍摄,在拍摄过程中进行画面艺术再创作都是至关重要的,因此,本章将从设备硬件及性能方面介绍 ENG 摄像机。

1. ENG 摄像机的种类

根据分类的依据不同,ENG 摄像机可以分为不同种类。

(1)根据专业技术档次不同,ENG 摄像机可以分为家用级、专业级、广播级和数字电影级四大类。

家用级摄像机主要在家庭范围内使用,机身和镜头连为一体、不可拆分,一般多为 DV 机,体积较小,随身携带比较方便。随着性能及指标的提高,很多家用摄像机拍摄的节目也可以在专业电视机构播出。家用级摄像机主要为单 CCD 结构,近年来随着价格降低,3CCD 摄像机也逐步进入家用行列,生产厂家较多,使用范围较广,价格较便宜,一般在几千元左右。

图 2-1　家用摄像机

专业级摄像机介于家用级和广播级之间,广泛使用于中小型电视台和学校、企事业单位的电视制作机构,生产厂家主要有索尼、松下、JVC 等,都为 3CCD 结构。DVCAM 和 HDV 系列就属于专业级设备。由于设备体积较小,重量轻,成像质量较好而被广泛使用于 ENG 新闻拍摄。镜头和机身有些可以拆分,但是一般都一起绑定出售,价格在万元以上十万元以内。

图 2-2　专业级 ENG 摄像机

广播级摄像机指标较高,性能很稳定,价格昂贵,被大中型电视台广泛采用。镜头和机身需要单独购买,价格因为型号和厂家的不同差异较大,从十万元到几十万元不等。不同的年代有不同的典型代表机型,索尼公司生产了 VO 系列、BVU 系列、BETACAM 及 BETACAM SP 系列、DIGTAL BETACAM 和 HDCAM 系列等,松下公司的代表有 DVCPRO 25M、DVCPRO 50M 和 DVCPRO HD 等。

图 2-3　广播级 ENG 摄像机

数字电影摄像机是摄像机发展到高清时代,能够使画面质量达到电影放映水平的最好产物。由于能够拍摄超高质量的画面,高清摄像机被越来越多地使用在广告及电影制作上,主要生产厂家有索尼等,代表型号为 SRW 系列。其价格相对昂贵,最好的单是机身就超过百万元。

图 2-4　数字电影摄像机

(2) 按照成像器件的不同可以分为摄像管结构、CCD 结构和 CMOS 结构三大类,前者已经被淘汰,CMOS 结构主要用于家用及专业产品,而 CCD 结构摄像机按照 CCD 数量的不同又可以分为单 CCD 型、2CCD 型和 3CCD 型。相同条件下,CCD 尺寸大小、单片 CCD 所含像素数量多少和 CCD 个数的多少决定摄像机的品质,CCD 尺寸越大、单片 CCD 所含像素数量越多、CCD 个数越多,摄像机的品质越好,目前 2/3 英寸(1 英寸等于 24.4mm)3CCD、单片 CCD 含 220 万像素的摄像机可以达到高质量高清摄像机的标准。

(3) 按照技术性能可以分为模拟摄像机和数字摄像机。最早的模拟 ENG 摄录机由摄像机和背包录像机构成,中间用电缆连接,摄像机采集视频和音频信号,背包录像机负责完成视、音频信号的记录。摄像机主要以索尼公司的 M3 和 M7 为代表,背包录像机主要有索尼公司的 3/4 英寸磁带录像机 VO 和 BVU 系列产品。

图 2-5　早期 ENG 摄像机和背包录像机(SONY M3/M7 摄像机和 VO/BVU 背包录像机)

随着技术发展,使用需求也不断提高,生产厂家逐渐将摄像机和背包录像机结合在一起成为摄录一体机,但是这两者还是可以拆分的。这为不同品牌的摄像机和录像机组合提供了可能。尽管当时的录像机以索尼公司生产的 BETACAM 及 BETACAM SP 系列一统天下,但是摄像机不再只有索尼,池上、日立、松下、汤姆逊公司的摄像机都能与索尼公司生产的 BETACAM 系列组成 ENG 摄录一体机,因此,这一时期的 ENG 摄像机种类繁多。

图 2-6　ENG 摄录一体机及可拆分录像机(SONY BETACAM 系列)

进入数字化时代,可以拆分的 ENG 摄像机逐渐退出市场,随之而来的是将录像机单元完全固定在摄像机内部,成为严格一体的 ENG 摄像机。数字 ENG 摄像机分为标清和高清两大类,主要生产厂家有索尼和松下公司。索尼公司的主要代表产品有 DVW 系列、IMX 系列、HDCAM 系列和 SRW 系列等,松下公司产品有 DVCPRO25M、DVCPRO50M 和 DVCPRO HD 系列摄像机等。

图 2-7　数字 ENG 摄像机(松下系列 AJ-D615/AJ-D908/AJ-HDX400 HD)

图 2-8　数字 ENG 摄像机(索尼系列 DVW700/IMX MSW-970/HDW-750P)

ENG 摄像机还有其他的分类方式,这里不再一一介绍。

2. ENG 摄像机的基本技术参数

ENG 摄像机从某种意义上说,是一种将景物图像的光信号转换成电信号并被磁带或其他介质记录为磁迹信号的一种设备,具有拍摄并记录的功能,其性能之优劣,直接影响最终电视图像的质量。

主要有以下一些因素影响摄像机的技术性能:成像器件 CCD、信号处理电路、灵敏度、信噪比,以及数字处理电路的量化比特数、编码、取样结构等。

(1) 摄像机成像器件 CCD

CCD 是摄像机能量转换最核心的部分,在其感光面上大量布满了被称为像素点的感光材料,负责将光信号转换成电信号,其结构和性能的差异直接决定了摄像机的品质。现在 ENG 摄像机所采用的成像器件几乎全部为新型固体 CCD 电荷耦合器件(Charge-coupled Device)。

光电转换的简单过程是:透过摄像机镜头的混合光通过分光棱镜被分解成红、绿、蓝三个基色光,然后分别照射红、绿、蓝三个 CCD 靶面,感光材料上的像素点被光信号照射后转换成电荷,并暂时寄存在附近专门的存储器中,利用特有的扫描方式将电荷取出,并分别形成相应弱小的红、绿、蓝电流信号送入后面的信号预放电路,从而实现光电转换。

CCD 尺寸越大,所包含的像素数就会越多,就越能反映景物的细节,因此图像输出质量越好，清晰度越高。CCD 尺寸的大小主要有 1/4 英寸、1/3 英寸、1/2 英寸、2/3 英寸和 1 英寸几种。另外，CCD 数量越多，图像质量越好。广播级摄像机主要采用 3 片 2/3 英寸 CCD。目前标清 3CCD 摄像机单片 2/3 英寸 CCD 最高像素能达到 60 万左右，而高清 3CCD 摄像机单片 CCD 的像素数量可以达到 220 万，因而其清晰度大大提高。

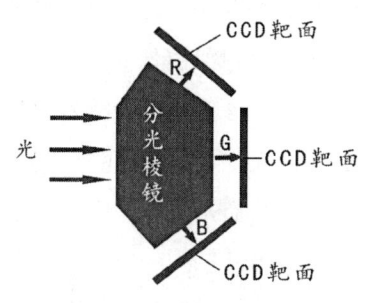

（2）信号处理电路

信号处理电路也是决定摄像机性能的一个重要指标，主要包含以下主要部分：模拟信号处理单元、数字信号处理单元、信号发生器单元和控制电路。

模拟信号处理单元包括自动黑斑补偿、自动黑/白平衡调整、杂散光校正、自动白斑补偿、增益提升、γ 预校正（预弯曲）电路等。

图 2-9　摄像机分光棱镜分光示意图及 CCD 成像器件

数字信号处理单元分为彩色校正、轮廓校正、γ 校正、混消隐、白切割、色度孔阑、二维滤波、数据检测、编码矩阵电路等。

信号发生器单元主要用于产生同步信号和彩条信号，以及产生这些信号的相关电路。

控制电路用于摄像机进行各种自动调整和自动诊断功能。自动调整包括自动黑/白平衡调整、自动光圈调整、自动白斑校正和黑斑校正等功能。自动诊断功能包括电池告警、磁带告警及故障告警等。

不同型号、不同生产厂家的摄像机信号处理电路大体相同，稍有差异。也正是由于这些细小的差异导致了各个摄像机功能的微小区别，同档次的摄像机不会因为这些细小的区别对质量造成太大的影响。

（3）分辨率

摄像机的分辨率与 CCD 结构和信号处理电路有关。

分辨率是一个用来描述摄像机还原细节数量的指标，包括水平分辨率和垂直分辨率。水平分辨率是指沿水平方向分解图像细节的能力，垂直分辨率是指沿垂直方向分解图像细节的能力。由于垂直分辨率主要由电视制式规定的扫描行数决定，各摄像机之间一般差别不大，因此我们讨论的只是摄像机的水平分辨率，可以用电视线来度量。

水平分辨率决定于水平方向上的像素数量，和 CCD 结构有关，像素数越多，水平分辨率越高。当然，像素数的多少并不是衡量水平分辨率的唯一因素，其与处理电路也存在一定的关系。目前数字摄像机普遍采用空间偏置技术来提高水平分辨率，一般标清数字摄像机的水平分辨率能够达到 800 电视线以上,高清晰度摄像机都能达到 1000 电视线以上。

(4) 信噪比(S/N)

信噪比是指有用(S)信号与噪声(N)信号的比值。摄像机的信噪比与 CCD 器件和信号处理电路等很多部件的性能有关。信噪比越高,图像质量越好,摄像机价格也越高。目前标清数字摄像机的信噪比都在 63dB、65dB 以上,高清摄像机的信噪比一般都可以达到 60dB 甚至 63dB 以上。

(5) 灵敏度

摄像机的光电转换程度称为摄像机灵敏度。在一定的测量条件下,摄像机达到额定输出时所需的光圈读数就是该摄像机的灵敏度。

测量条件包括:光源色温 3200K,照度 2000lx,拍摄对象指反射系数为 89.9% 的灰度卡,摄像机快门置于关闭状态,摄像机额定输出电平保持在波形监视器上得到幅度为 100%(0.7Vp－p)的视频信号。

由于满足上述条件的光圈读数就是摄像机的灵敏度,因此它的灵敏度与摄像器件 CCD 有关,光电转换能力越强,摄像机的灵敏度越高。另外,根据以上的测量条件,可以通过增大视频信号处理电路的增益来达到额定的输出,所以灵敏度还和摄像机处理电路的增益放大量有关。

标清数字摄像机的灵敏度一般都能达到 F11(2000lx、3200K、89.9%),F 值越大,灵敏度越高。

摄像机灵敏度还可用摄像机能够完成拍摄的最低照度值来衡量。比如 3200K 光源、拍摄 89.9% 的灰度卡、当光圈全部打开、摄像机增益开到最大 42dB、额定输出达到幅度 100%(0.7Vp－p)的视频信号要求,如果此时测得光源的照度值为 1lx,那么 1lx 表示的就是它的灵敏度。现在有的家用摄像机的灵敏度可以达到 0.01lx,几乎可以做到无光拍摄。

(6) 量化比特数

量化比特数完全取决于信号处理电路,单位为比特。量化比特数越高,画面越细腻,图像质量越好。目前,标清 ENG 数字摄像机的量化比特数都能轻松达到 14bit 以上,高清摄像机也能达到 12bit 甚至 14bit。

3. ENG 数字摄像机的特点

由于数字摄像机和模拟摄像机相比,具有非常鲜明的特点,因此刚一推出就被广泛采用,主要表现在以下方面:

(1) 稳定性和可靠性提高

数字摄像机内部信号处理电路容易做成大规模集成电路,各种参数存储在存储器里,调节时采用数字设定、微机控制,取消了大量的调节电位器,减少了调节点,也减少了调节量,可长时间保持不变,并且受温度等各种环境因素影响小,所以其稳定性和可靠性大大提高。

(2) 图像质量和品质提高

在模拟摄像机的基础上增加了很多先进的数字处理电路,比如二维数字滤波、肤色轮廓校正、细节补偿频率微调、线性和非线性彩色矩阵电路、γ校正等,使得许多在模拟摄像机中无法实现的功能在数字摄像机中得以轻松完成。这对图像的整体层次、轮廓细节和色彩表现有了极大的改善,使得图像质量和画面品质大幅提高。

(3) 调节精确灵活

采用数字方式调节,比用电位器调节准确而且容易。尤其对于多台摄像机的参数统一调整很有帮助,在大型纪录片、电视剧及数字电影采用多机拍摄时极为方便。模拟摄像机很难将各台摄像机各参数调节得一致,而用数字处理可通过均衡各参数值的方法把各摄像机之间的差别缩减到最小,用一个调节卡调节各台摄像机就可以轻松完成,并且摄像机的可调整参数大大增多,还可以通过参数值直接设定,调节量可以迅速改变、存储和读取。

(4) 宽高比可变

目前正处于高标清兼容时代,16∶9和4∶3两种宽高比在拍摄过程中可以通过摄像机的内部菜单轻松转换,给实际工作带来很大帮助。

(5) 动态范围达600%

人眼对图像的色度和亮度有很宽的动态范围,摄像机的动态范围相对要小很多。为了改善摄像机在此方面的性能,采取了黑扩展、黑压缩、白压缩和自动拐点等先进技术,使得摄像机的动态范围达到了600%,某些高端ENG摄像机的动态范围可以达到800%,对于不可控制的高光比景物拍摄,改善效果非常明显。

(6) 多种颜色调整电路,画面色彩创意自由

几乎所有的广播级ENG数字摄像机都具有多区彩色线性矩阵电路,利用这一电路可以自动选择某一区域或某一特定颜色进行色调和色饱和度的调整。色度信号根据彩色相位被分为16个区域,可分别在这16个区间内进行色调和饱和度的控制,补偿光学系统的色还原特性,重现自然鲜明的色调,有助于降低后期制作时进行彩色校正的难度和费用。皮肤细节调整功能对有效区域进行自动检测,使拍摄对象的脸部肤色令人满意,同时仍能保持画面其他部分的清晰度。

(7) 具有自动跟踪白平衡功能

自动跟踪白平衡是在光源色温发生变化的情况下,摄像机内部根据光源实际情况自动调整白平衡。这在一定情况下解决了实际工作中的具体困难,减少了色彩的失真。

(8)制作效率高

数字摄像机菜单全部采用数字方式进行调整,并具有简单复位的功能,给实际工作带来极大的方便,同时也给艺术创作提供了足够的发挥空间,大大提高了工作效率。

2.2 ENG摄像机镜头

前面简单介绍了ENG摄像机的一些基本性能和特点,下面从镜头和机身两部分分解ENG摄像机的基本构成,如图2—10所示。

镜头是摄像机的眼睛,给摄像机提供景物的光信号,决定着电视画面的景别、亮度和清晰程度。镜头位于摄像机的最前面,它的好坏将直接影响最后的电视图像效果。

图2-10 ENG摄像机的基本构成

2.2.1 摄像机镜头的种类

根据不同的分类方式,镜头可以分为很多种。

1. 根据焦距不同分为固定焦距镜头和变焦距镜头

电视节目制作绝大部分采用变焦距镜头,在追求画面高质量或画面特定的艺术效果的广告片及高清影视制作中经常采用定焦距镜头。

变焦距镜头又可以分为广角、标准和长焦镜头,ENG节目制作中会因为各种不同的拍摄用途选用不同焦距的镜头。

2. 按外形尺寸分为便携式镜头和箱式镜头

ENG摄像机全部采用便携式镜头。便携式镜头具有轻便、灵活、拆装使用方便的特点。而箱式镜头体积大、重量重、结构较复杂、拆卸安装困难,主要用于EFP和ESP制作方式中,具有极高透光性,能使摄像机获得更好的图像质量。

图2-11 专业摄像机用镜头

3. 按清晰程度分为高清晰度镜头和标准清晰度镜头

高清晰度镜头比标准清晰度镜头具有更高的成像特性,运用于高清摄像机中;标清镜头用于标清摄像机。需要注意的是,这两种镜头在外形构造上并没有太多区别,只要卡口方式和镜头口径尺寸一样便可以互为安装,但是光学质量存在显著的差异。如果将标清镜头安装在高清摄像机上使用,由于达不到高清需要的清晰程度,会严重影响拍摄的图像质量,因此要杜绝这样的使用方式。

4. 按镜头规格可分为 1/3 英寸、1/2 英寸和 2/3 英寸

每一种规格的镜头理论上只能和对应尺寸的 CCD 摄像机来配合使用,否则需要使用各种各样的转换器,这将影响到镜头光线的输出。

除了以上几种分类方式,还可按照摄像机的卡口方式等来分。

2.2.2 变焦距镜头成像的原理

变焦距镜头是由许多组单透镜固定在一个圆形的套筒内组成的。为了分析方便,简单地以两个凸透镜组成的镜头分析成像的基本原理。

假设透镜 1 和透镜 2 的焦距分别为 f1 和 f2,相互间的距离为 d,则镜头的焦距 f 与 f1、f2 和 d 之间的关系为:

$$\frac{1}{f} = \frac{1}{f_1} + \frac{1}{f_2} - \frac{d}{f_1 f_2}$$

从上面的关系式中可以看出,由于 f1 和 f2 的值是确定的,所以只要改变 d 的大小,f 值就会相应发生变化,也就是说镜头的焦距与每一个镜片的焦距和不同镜片之间的距离有关,

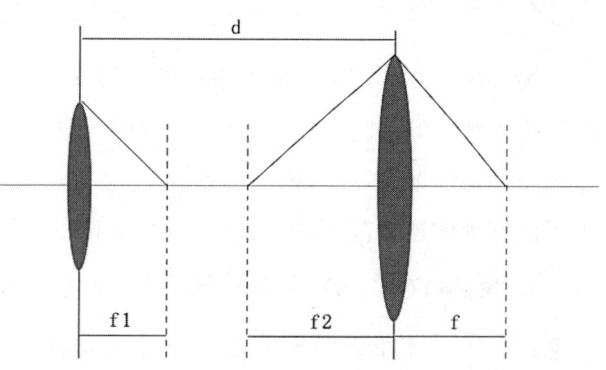

图 2-12 摄像机变焦距镜头成像的基本原理

只要镜头中镜片组之间的相对距离有所改变,其焦距就会发生变化,这就是变焦距镜头成像的基本原理。

2.2.3 变焦距镜头的构成

实际的变焦距镜头都由多组透镜构成,固定在一个镜头套筒内,如图 2-13 所示。在设计时,首先会固定一个单元透镜,另一个单元透镜相对前一个单元透镜移动,以此来改变距离 d。为了不改变成像面的位置(也就是 CCD 器件位置),需要增加第三组单元透镜并使其相应一起移动,这一组称之为像面补偿组,和调焦组、变焦组一起构成最基本的变焦距镜头。如果还要增长后截距,就需要增加第四组,称之为固定组,每组透镜分别起着不同的作用。

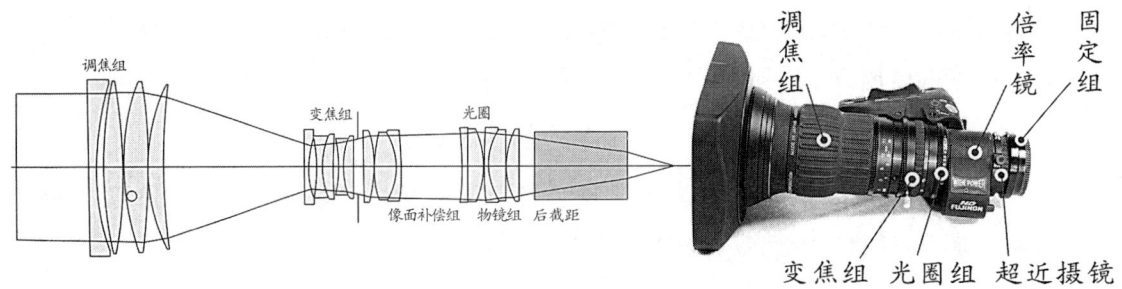

图 2-13　摄像机变焦距镜头的基本构成

变焦距镜头基本包括调焦组、变焦组、补偿组、光圈组、固定组、倍率镜、超近摄镜几个部分，下面分别介绍各部分的作用。

2.2.4　镜头的作用

镜头的主要作用从功能上来说非常简单，包括聚焦、变焦和控制画面的亮度三个方面。聚焦决定画面的清晰程度，变焦控制画面的景别大小，画面的明暗程度由光圈环来控制。一个焦距确定的镜头，在摄像机位置确定后，也就确定了其能够完成的清晰图像的景别范围。为了能够延伸这个范围，可以通过倍率镜和微距的功能来实现。

1. 聚焦（FOCUS）：由调焦组完成，决定画面的清晰程度

调焦单元在镜头的最前端。顺时针或逆时针方向旋转聚焦环，可以对镜头所捕获的影像的清晰度进行调整，也就是聚焦。当图像所表现的主体部分有清晰细节的时候，称为焦点清晰实焦（in focus）；当图像看起来不清晰且模糊时，称为焦点不实（out of focus）。

画面中的不同景物在空间位置上与镜头的距离不同，由于镜头景深的原因可能导致它们不能全部清晰成像。因此，可以通过有效控制景深的大小，来很好地表现画面的主体。

图 2-14　摄像机变焦距镜头的聚焦

聚焦清晰与否，摄像师主要通过监看寻像器的黑白图像来判别。广播级摄像机镜头聚焦基本通过手动完成，很少具有自动聚焦功能。

聚焦单元分为内聚焦和外聚焦两种类型，可以简单地根据镜头最外的遮光罩形状来判断。遮光罩是圆形结构的为外聚焦镜头，方形口遮光罩配套的是内聚焦镜头，方形口遮光罩相比圆形口遮光罩有更好的遮光特性。内聚焦是指镜头在聚焦时,前后组镜片都不移动,而是通过镜头内部一个对焦镜片组(focus lens group)的互动来完成,对焦时镜头长度保持不变。内聚焦镜头的工艺结构相比外聚焦镜头更为复杂和精密,具有更好的光学特性,使用安全性也大为提高,因此价格相对要昂贵一些。

2. 变焦(ZOOM)

图 2-15　摄像机变焦距镜头的变焦

由变焦组完成,主要作用是负责确定图像画面的景别大小。

镜头的中部设有变焦环,位于聚焦环与光圈环间,具有手动(Manual)变焦和伺服(Servo)变焦两种模式,通过选择镜头下方 ZOOM 伺服开关的不同位置来实现。

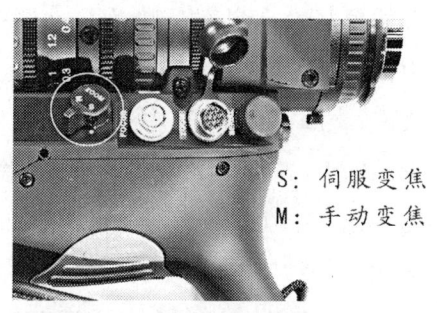

手动变焦模式,通过快速转动变焦环可以实现画面的急推急拉,在快节奏的文艺节目中经常出现,此时伺服变焦上的 W 和 T 不起作用。

伺服变焦由电机驱动控制,变焦速度通过改变电机的电压来实现。

变焦镜头的伺服系统中,控制开关的两端分别标有"T"和"W",T 表示近,即为推摄,镜头景别变小;W 表示远,即为拉摄,镜头景别变大。通过手指施加给 T 或 W 上的力度大小可以改变变焦的速度。

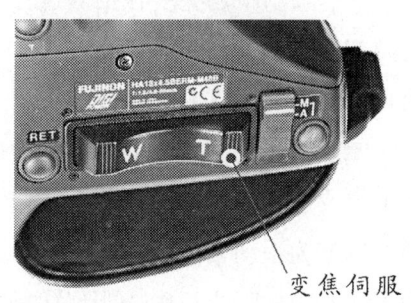

图 2-16　摄像机镜头的伺服与变焦

3. 光圈(IRIS)

由光圈环控制,作用是控制通过镜头的光通量大小。

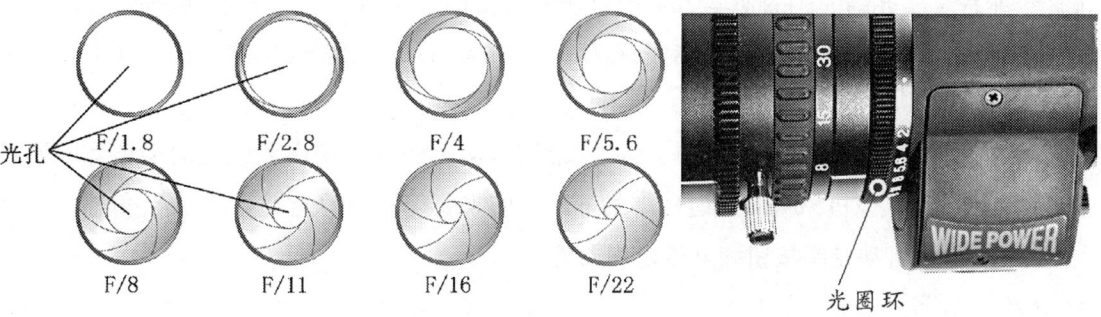

图 2-17　镜头的光圈及结构示意图

光圈环位于变焦环与倍率镜中间,可以通过控制镜头内可变光孔开闭的程度来控制镜头的光通量,从而控制镜头光圈的大小。在低照度情况下,需要开大光孔,让更多的光线进入光电转换器件,让 CCD 感光;明亮环境中,缩小光孔,减少 CCD 的进光量。

常用镜头采用 F 制光圈读数,通过具体读数对应光孔开口大小,通常在 1.8 和 22 之间变化。F 值越小对应的光孔开口尺寸越大,因此 F1.8 的镜头光圈开口很大,F22 对应的光孔开口很小,如图 2-17。F 值越小,光圈越大;F 值越大,光圈越小。

镜头光圈可以采用手动(M,Manual)或自动(A,Auto)两种方式进行控制,自动光圈由摄像机镜头伺服系统中的光圈自动控制电路完成。

将图 2-18 中光圈方式控制开关上的白线对准 A 位置,此时镜头的光圈为自动调整状态,光圈大小由被拍摄景物的实际平均亮度决定。如果平均亮度很高,光圈将变小;平均亮度较低,景物较暗,光圈将自动加大,光圈大小实时地随着景物平均亮度的变化而变化。在以下两种情况下需要谨慎使用自动光圈模式:

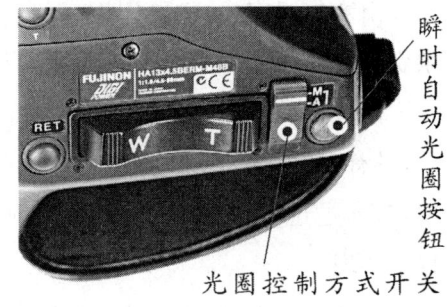

图 2-18 摄像机镜头光圈控制方式开关

一是景物平均亮度在拍摄过程中变化很快,镜头光圈变化也很快,图像忽明忽暗,此时要尽量避免使用自动光圈模式。

二是拍摄主体与环境光比过大的情况下,比如拍摄主体的亮度远远低于环境亮度的情况下也要避免使用自动光圈模式,改用手动光圈模式。开关白线拨动到 M 位置,镜头的光圈控制变为手动,光圈大小由光圈环调节,此时镜头光圈不会随着景物亮度的变化而变化。为了保持景物曝光正确,需要及时调整光圈。

另外,光圈方式控制开关旁有一个瞬时自动光圈按钮,在手动光圈模式下使用。它可根据当时镜头画面的实际亮度情况,瞬时计算正常拍摄所需光圈值大小(指画面的平均光圈值,也就是瞬时自动光圈),并自动调节光圈到计算后的指定位置,对于在实际拍摄环境中不能较好掌握真实光圈大小的初学者来说是非常有帮助的。需要注意的是,这种情况对于景物亮度反差较小的画面非常适用,对于亮度反差较大的景物则需要依据画面主体的情况适当修正光圈值。

要在拍摄过程中掌握好镜头的实时光圈设置,需要经过长期实践经验的积累和不断的总结。在 ENG 摄像机中可以通过较多的辅助设施来获得满意的光圈值,比如寻像器上的斑马纹显示、瞬时自动光圈按钮和外带监视器等。

4. 倍率镜

倍率镜位于镜头光圈环的后部,也叫扩展镜,如图2—19。

拍摄过程中,对于一个确定的景物,摄像机位置固定,采用镜头的最长焦距拍摄,就能获得该景物的最小景别画面。如果此时达不到景物特写拍摄的需求,有两种方法可以满足:移动摄像机的位置,使得景物与摄像机的相对距离缩短,或者将镜头上倍率镜的开关打开,景物景别将会变小,满足景物特写的拍摄。不过,这两者稍有区别,前者镜头视角不变,后者视角将变小。

使用倍率镜需要注意的是,镜头整体变焦的范围加倍,并不是指该镜头的变焦倍数加倍。比如,对于一个A21×7.6带2倍率的镜头,7.6是指该镜头的最短焦距值,单位为毫米(mm),因此最长焦距为7.6×21=159.6mm。在2倍倍率镜使用前,变焦范围为7.6mm到159.6mm,使用倍率镜后,变焦范围是15.2mm(7.6×2)到319.2mm(7.6×21×2)。不管倍率镜开关是否打开,变焦倍数始终保持为21倍。

图2-19 摄像机镜头中的倍率镜

使用倍率镜时,需要注意以下几点:

(1)并不是改变镜头的变焦倍数。

(2)打开倍率镜后,镜头的相对孔径减小,最后成像面的光通量将减少到原来的1/4,此时光圈需要加大两档,因此,光照不好的情况下不宜使用倍率镜。

(3)使用倍率镜后,拍摄图像的透视畸变和几何畸变将变大。

(4)使用倍率镜后可能会影响镜头的后焦距,因此需要检查后焦距是否工作正常。

还需注意的是,并不是所有的镜头都有倍率镜。

5. 微距(MARCO)

每个镜头都有最小焦距值,这个值表示该镜头正常情况下能够让景物清晰成像的最短距离,每个镜头聚焦环上的最小数字就是该镜头的最小焦距值。

对于标准变焦镜头,最小焦距一般为0.6米,广角镜头的最小焦距为0.45米或0.48米。该数值越小,镜头的视角越大,对应着镜头越广。对于最短焦距为0.45米的广角镜头,在正常情况下,拍摄距离大于或等于0.45米范围内的物体都能拍摄到清晰实焦的画面,而小于0.45米范围内的所有景物一般都不能清晰成像。

然而,在实际生活中,需要拍摄的景物往往离镜头非常近,其距离远远小于最短焦距值。为了让这样的景物也能清晰成像,摄像机镜头提供了微距的拍摄方式 MACRO,用于拍摄超近距离的景物。

微距镜位于倍率镜后部,上面标注有 MACRO 字样,并配有专门的微距环操作杆,正常情况下由弹簧锁钉锁定在固定位置,如图 2-20,弹簧锁钉杆顶部有标有 MACRO 字样的螺钉。

图 2-20 摄像机镜头的微距

使用微距拍摄时,可以通过转动微距环操作杆的相对位置并配合镜头的聚焦环和变焦环来完成微距景物的拍摄,下面介绍微距拍摄的操作方法。

(1) 将微距环操作杆上的弹簧锁钉拔起,将微距环向标有 MACRO 字样的白线方向推去,直到推不动为止;

(2) 转动镜头的聚焦环到最小数值,也就是上述镜头中的 0.45 米的位置;

(3) 对准拍摄物体,用变焦环调节所拍摄画面,直至景物能够清晰成像,从而完成超近物体的拍摄;

(4) 拍摄完毕后,将微距环退回正常位置,微距环上的弹簧锁钉自动落锁,恢复到正常拍摄状态。

2.3 ENG 摄像机机身

将镜头取下后的 ENG 摄像机就是摄像机机身,如图 2-21 所示。机身由内部结构和外部结构两部分构成。内部包含较多的电路和器件,主要有色温滤色片和中性滤光片、分光棱镜、CCD 摄像器件、信号处理电路、信号记录单元等,外部结构从功能上可以分为视频图像单元、音频单元、电源单元和连接附件几个部分。

图 2-21 ENG 摄像机机身

2.3.1 机身内部结构

在介绍机身内部结构前,先结合 ENG 摄像机组成框图来了解摄像机工作信号流程,对掌握 ENG 构成非常有帮助。

摄像机拍摄景物时,景物以光的形式通过镜头,透过镜头的光线被送入色温滤色片和中性滤光片处理,然后进入分光棱镜将入射光分解为红、绿、蓝三个基色光,分别照射相应 CCD 靶面完成光电转换,形成弱小的红、绿、蓝三个电信号,各自通过预放电路进行信号的放大。由于镜头、滤色片、滤光片、分光棱镜和 CCD 等光学器件的不理想化,形成的电信号与理论上的信号质量存在一定的瑕疵,不能保证还原后的图像质量与实际保持一致,因此,需要对信号进行各种各样的放大、补偿和校正。这部分通过信号处理电路完成,由模拟处理和数字处理两部分构成。只有经过这些处理后才能形成符合要求的基础视频信号,然后再由各种编码器编码输出不同要求的视频信号,如模拟复合、模拟分量、标清数字及高清数字信号等等,最后送入信号记录单元,完成对视频信号和音频信号的混合,并通过磁带或硬盘方式最终记录下来,如图 2-22。

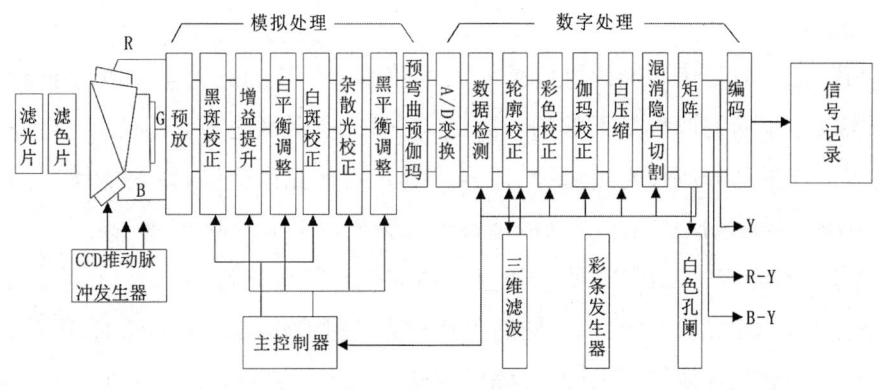

图 2-22 数字摄像机组成框图

可以看出,透过镜头的光线先通过色温滤色片和中性滤光片后,再进入分光棱镜分解为红、绿、蓝三个基色光,分别照射各自 CCD 靶面完成光电转换,所以摄像机机身上最先要介绍的设备是色温滤色片和中性滤光片。

2.3.1.1 色温滤色片和中性滤光片

1. 色温滤色片

色温滤色片是摄像机用来调节白平衡的滤色片,不同的滤色片针对不同波长的光具有过滤作用。

什么是白平衡？

物体有颜色是因为有光源照射到物体，物体吸收光源一部分色彩并反射另外一部分色彩到人眼，这种色彩会因为光源色彩和物体本身颜色的不同而有所变化。人眼和摄像机对这种变化具有不同的适应能力。人眼通过大脑在一定时间内可以适应光源色彩的变化而逐步恢复物体固有的色彩，而摄像机面对相同物体在不同色彩光源的照射下会呈现不同的颜色。比如白色物体在阳光照射或者白炽灯的照明环境下，人眼都能反映物体为白色，而摄像机在这两种情况下还原的色彩就不一样，因此，摄像机内部必须有专门电路根据光源色彩不同来实时调整色彩的平衡，这种平衡就是白平衡。

摄像机调节白平衡的过程分两步进行。首先让透过摄像机镜头的光通过滤色片过滤掉一部分波长的光，然后再利用摄像机的内部信号放大电路对余下的色温光源进行白平衡调节。第一步的作用是为了满足被过滤后的光源颜色能够落在摄像机信号放大电路可以调节的范围之内，确保白平衡调节电路能够正常工作。由于摄像机能够确保白平衡调节功能顺利完成的光源色温值范围并不能无限宽，而自然界光源的色温范围远远大于摄像机白平衡电路能够允许的色温范围，因此，还须先通过色温滤色片的光过滤作用或有效缩小进入到白平衡调整电路中的色温范围，确保摄像机的白平衡电路能够开展工作。第二步，就是调节白平衡，保证色彩还原正常。

也就是说，如果只是依靠摄像机信号放大电路中±3dB的放大量来处理自然界的各种光源，要想实现白平衡的调整是不够的。因此，在调节白平衡之前，先通过色温滤色片的滤光作用，将入射光的部分波长光过滤掉，适当降低入射光光谱范围，使之能够达到电路调节的±3dB范围内，再通过摄像机放大器的增益即可完成白平衡的调节。

由于滤色片对光有过滤作用，使用滤色片会减少到达分光棱镜的光，影响画面的亮度，因此需要适当开大光圈进行补偿。不同滤色片对光的过滤作用是不一样的，因此，在调整白平衡过程中，如果滤色片使用不正确，过滤后的光线亮度不够将导致白平衡调整失败。

色温滤色片位于镜头和分光棱镜之间，装在一个圆盘上，写有编号 A、B、C、D，如图 2-23。A 档为 CROSS，用于十字星光镜效果拍摄，在夜晚灯光下使用，使用该档后灯光将出现十字星光效果。B 档在拍摄环境光源色温为 3200K 左右时使用，C 档为 4300K，D 档为 6300K 及以上环境光源下调整白平衡时用的滤色片。

调整白平衡前，先根据环境光源的色温选用最接近光源色温值的色温片。比如，3200K 色温片适合演

图 2-23　色温滤色片与滤光片及参考值

播室使用，因为演播室所选用的灯光的色温基本上都是3200K。使用该色温片对所有色温为3200K的光源透过率都是100％，没有过滤作用，因此光线的亮度也不受影响。只要亮度能够保证，白平衡调节就可以完成。

如果在室外环境下采用3200K档滤色片调整白平衡，该滤色片会将高于3200K以上色温的光滤掉(也就是低于红光波长的光被过滤。注：3200K色温光源接近红色，光源色温越高，对应颜色的波长越短)。由于室外光绝大部分波长都低于红光波长，因此通过该滤色片的光就很少了，大大降低了亮度，用于调整白平衡的照度也不够，也许导致白平衡调节不能完成，如果选用4300K或6300K的滤色片就会合适。

摄像机信号放大电路中的增益是以3200K色温光为基准设定的，在预置(preset)状态下，对于3200K的照明光源，摄像机已经达到了白平衡状态，此环境下，只要将色温片调到这个位置，不需要再调节白平衡，就能够保证色彩正确还原。详细的白平衡调整过程参见第5章。

现在的数字ENG摄像机由于处理电路放大器增益可调整的范围变大，滤色片的数量相应减少。有的只有3200K和5600K两档，还有的连滤色片都没有了，完全依靠电路调节的方式进行。

2. 中性滤光片

由于摄像机能够处理的亮度范围(也叫亮度宽容度)远远低于自然界光源的亮度范围，面对亮度范围如此宽泛的自然环境，摄像机没有能力在同一时间真实反映客观世界，为此，摄像机专门设置一个特殊的用于过滤光的装置来拍摄不同亮度环境下的景物，适当提高摄像机能够拍摄的亮度范围，这一装置被称为中性滤光片。

中性滤光片和滤色片的区别是：前者对于所有波长的光都具有相同比例的过滤特性，不会影响光的颜色，因此也被称为中性灰色滤光片，而后者会改变光源的颜色。两者通常安装在一个圆盘上，也分为1、2、3、4四档。其中1档为CLEAR，完全不过滤；2档为1/4ND，表示只有四分之一的光可以通过；3档为1/16ND，表示只有十六分之一的入射光可以透过；4档为1/64ND，表示透过该滤光片的光线只有入射光的六十四分之一。

ENG摄像机的亮度宽容度主要取决于CCD器件。由于CCD对于光的感光特性具有一定的动态范围，超出该范围，光电转换就会产生严重的非线性失真，甚至完全不能正常表现画面的原始形态。具体表现在CCD器件还原高光和低亮区域的景物亮度和色彩时会产生一定程度的失真，对于超出正常范围的亮度景物，不但不能正常还原景物色彩，连亮度层次都不能确保，这就需要严格控制所拍摄景物的亮度范围，让其局限在CCD的亮度宽容度以内(标清为1∶32，高清可以达到1∶64，黑白电影胶片的宽容度为1∶128)，只有这样，才能确保景物色彩的正确还原。

比如阳光直射下白雪皑皑的景物,其最高亮度和最低亮度之比远远超出 CCD 的动态范围,摄像机为照顾最高亮度的景物,即使将光圈开到最小,进入到 CCD 靶面上的光线可能依然很强,容易产生白切割现象。可是,此时对于最低亮度景物来说,进入 CCD 靶面的光线绝大部分已经低于 CCD 能够进行光电转换的最小值了,在画面上完全不能表现这部分景物的层次,也就是全部为黑画面,在这种情况下,摄像机不能通过正常的光圈控制较好地表现景物。

为此,在摄像机上采用中性滤光片是最好的选择,可以降低整个环境所有景物投射到 CCD 的光线强度,保证入射光范围最大可能地落在 CCD 动态范围内,既保证了光电转换的正常,又不会影响到光线的色彩,完成摄像机的正常拍摄。

在室外强光环境下进行拍摄时,中性滤光片常常被采用。要掌握的一个原则是尽量保证拍摄画面主体景物的光圈控制在 F8 到 F5.6 间,且图像输出主体部分电平在 1V 峰峰值,此时再选择合适的滤光片。

中性滤光片的另一个作用是可以人为地获得较大光圈,从而得到较小景深,使得画面前后景物都能虚化,创造艺术效果。

ENG 摄像机的有些机型将滤色片和中性滤光片结合在一起,因此在机身上只能看到一个转动盘,功能和操作基本相似。如图 2-24 就是索尼公司的 HDW-750 摄像机上的滤色片和滤光片的结构示意图。

图 2-24 滤光片与滤色片合二为一

透过镜头的入射光经过色温滤色片和中性滤光片,满足摄像机拍摄要求后被送入分光棱镜。

2.3.1.2 分光棱镜

分光棱镜是在棱镜分光面上涂抹不同分色膜,根据薄膜干涉原理将进入分光棱镜的混合光分解成红、绿、蓝三种电视基色光,是所有 3CCD 摄像机必备的一个光学器件。

分光棱镜的基本构成如图 2-25 所示。它由 A、B、C 三部分黏合组成,在 Mr 和 Mb 面上分别涂上不同厚度的干涉膜。

棱镜的分光过程如下:当光线 F 投射到 Mr 面上时,能让混合光里的红色光 R 反射而让其他波长的光透过。反射出来的红光投射到界面 1 上,因入射角度较小,超过临界角而发生全反射,于是红色光 R 经 Fr

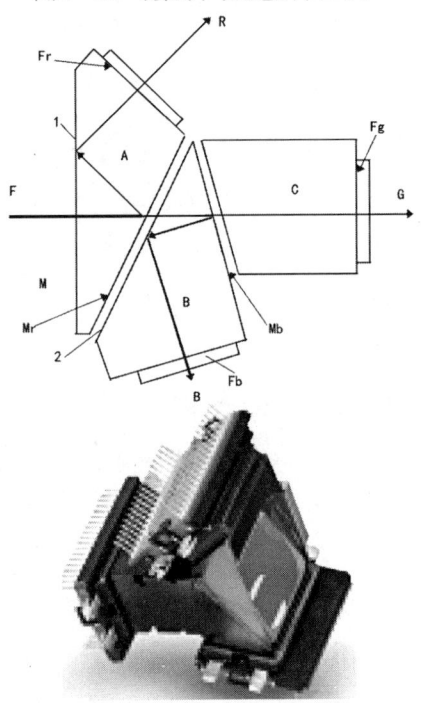

图 2-25 摄像机分光棱镜示意图和结构图

射入红光 CCD 成像器件感光面进行光电转换。透过 Mr 面的光达到 Mb 面时能把蓝光 B 反射出来,而让余下的绿光 G 透过。反射后的蓝光 B 在界面 2 上全反射后,透过 Fb 达到蓝光 CCD 成像器件感光面进行光电转换。透过的绿光 G 经 C 部分穿过 Fg 达到绿光 CCD 成像器件进行光电转换。这样,一个混合光经过分光棱镜后就完成了红、绿、蓝三基色光的分离,并被各自送入相应的 CCD 器件实现光电转换。

一个理想的分光棱镜能够将所有混合光完全分解为理想的红(R)、绿(G)、蓝(B)电视三基色光,但实际上并不能达到完全理想状态,这也是后续相关处理电路和校正电路等存在的原因之一。

2.3.1.3 CCD 成像器件

从前面知道,CCD 称为电耦合器件,是摄像机进行光电转换的核心部件,感光面上布满了大量的感光单元即像素,拥有能够感光的像素数量的多少直接影响摄像机的画面质量和清晰程度。

由于 CCD 结构不同,可分为行间转移式(IT)、帧间转移式(FT)和帧-行间转移式(FIT)三种类型,摄像机也因此分为 IT、FT 和 FIT 三种类型。这三种摄像机的品质差异较大,价格相差也不小,主要是由于结构的不同导致制作工艺的差别和光电转换的效率不同造成的,下面简单介绍并比较其中存在的差异。

1. 行间转移式(IT)CCD

行间转移式 CCD 在垂直方向有上下排列的感光单元组成的感光列,沿水平方向上有许多感光列。受光照时,每个感光单元产生光电子。感光单元上加有正电压,光电子便存储在感光单元内。

在各感光单元列的左侧是垂直转移寄存器,它们上面有遮光层,不能感光。在垂直转移寄存器上加有脉冲电压,能控制电子的存储和转移。水平方向上放置水平读出转移寄存器,它上面加有驱动脉冲,可使电荷经过它向输出端转移。在它的输出端,电荷转变成信号电压被送到放大器去。

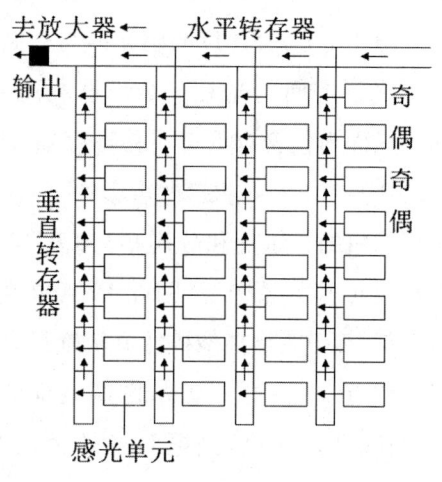

图 2-26 IT CCD 结构示意图

在电视场扫描的正程期间,光信号在 CCD 的感光部分形成电荷像,每个感光单元内部都存储一定的电荷包,其电荷量与该点照度成比例。在场逆程期间,全部电荷包迅速从感光列转移到其左侧的垂直转移寄存器中。在下一个场正程时,一方面在感光列产生新的电荷像;同时,上一场的电荷包在垂直转移寄存器中一行行地向水平转移寄存器转移。在每个行逆程期间,向水平转移寄存器移进一行电荷包;在行正程期间,水平转移寄存器中的电荷包逐一向输出端转移,并形成信号电压送到外电路。每个电荷包的转移都是靠时钟脉冲完成的,移动速度完全是恒定的,输出图像扫描线性很好。

优点:产品制作工艺简单,产量大,成本低,因此IT型的摄像机价格最便宜。

缺点:容易产生垂直拖尾现象。开口率低,有效感光部分少,光电转换效率不高,容易使图像产生高频混叠与伪轮廓,影响图像画面质量。

2. 帧间转移式(FT)CCD

帧间转移式CCD的结构分为感光区和存储区两部分。感光区能够感光并产生电荷包。感光单元一列列紧密排列,两列之间只有阻挡层,没有垂直转移寄存器。存储区和感光区像素数目相同,但是它是被遮光的。在场逆程期间,全部电荷包从感光区转移到存储区,并存储在那里。在场正程期间,电荷包从存储区逐行转移到水平转移寄存器。与行间转移式CCD一样,在行消隐期间向水平转移寄存器转移一行电荷包,在行正程期间,一行电荷包经水平转移寄存器移到CCD输出端,形成信号电压输出。

由于FT式CCD的感光区与存储区是分开的,所以感光区上面的光几乎全部被利用。而IT式CCD的感光面内包含有垂直转移寄存器,感光面积与总面积之比只有35%左右,严重影响了它的感光效率。由于摄像机的灵敏度和分辨率与CCD感光单元的面积大小及疏密关系密切,因此IT型摄像机的灵敏度相对要低,而FT型摄像机的灵敏度最高。

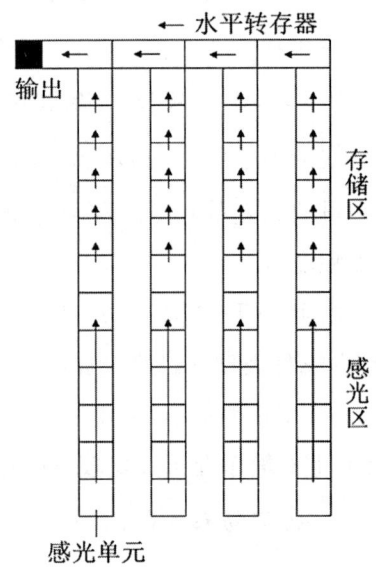

图 2-27 FT式CCD结构示意图

优点:产品质量优异,图像无垂直拖尾,电荷转移速率快,开口率高,光电转换效率较高,灵敏度相对最高。

缺点:为了消除垂直拖尾需要加装机械快门,结构较为复杂,生产成本较高,导致FT型摄像机价格较高。

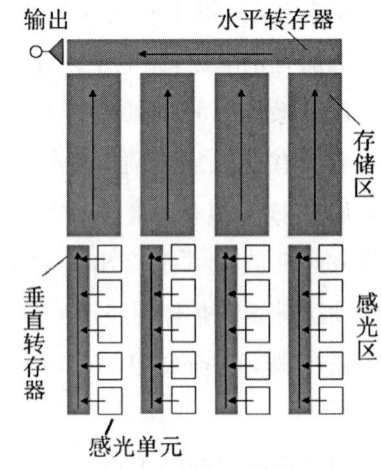

图 2-28 FIT式CCD结构示意图

3. 帧行间转移式(FIT)CCD

帧行间转移式CCD的下部结构与行间转移式的

相同,上部是一块不感光的 CCD 存储器,存储单元与感光单元的结构和数量完全一致。帧行间转移式的光学图像转换成电荷像的过程与行间转移式完全相同。但是,在场逆程期间,电荷包从感光单元转移到垂直转移寄存器后,又立即转移到存储区,即在垂直转移寄存器中停留的时间极短。在场正程期间,从存储区内一行行地向水平转移寄存器转移,以后的过程与行间转移式 CCD 相同。

优点:结合了 IT 和 FT 式 CCD 的优点,质量最好,由于电荷转移速率比 IT 式的快 6 倍,因此极少出现垂直拖尾现象。

缺点:感光区的结构与 IT 式 CCD 几乎一样,开口率低,有效感光部分小,制作工艺复杂,成品率不到 IT 式 CCD 的 1/20,因此价格最高,导致 FIT 型摄像机价格最贵。

由于经过 CCD 光电转换后形成的红、绿、蓝三个电信号非常弱小,必须先经过预放电路才能进入摄像机的信号处理电路,进行信号的放大、补偿和校正。

2.3.1.4 信号处理电路

数字 ENG 摄像机的信号处理电路由模拟电路、数字电路和控制电路三部分构成。信号处理电路功能强大,对于画面的艺术再创作具有重大的作用,可通过摄像机菜单进行调整。本书第七章针对某些常用的功能有非常详细的介绍,下面对其中的一些基本原理进行简单介绍,希望能够对菜单参数的设置和调整有较好的理解。

1. 模拟处理电路

前面已经介绍,由于镜头、分光棱镜和 CCD 器件的光学特性都不是完全理想化的,经过 CCD 光—电转换产生的信号不仅微弱,而且还存在很多缺陷,例如图像细节信号弱、黑色不均匀、彩色不自然等。因此,在信号的后续处理电路中必须对这些信号进行一系列的放大、补偿和校正。

这些处理电路主要包括自动黑斑补偿、自动黑/白平衡调整、杂散光校正、自动白斑补偿、增益提升、γ 预校正(预弯曲)等。

(1)黑斑校正:正常情况下,如果没有光线进入镜头时,CCD 信号电压输出应该为零,图像表现为均匀的黑色。但是在实际情况下,由于 CCD 内的分子不规则热运动,无光的情况下也会产生很少的电荷,并且整个像面上所产生的电荷数量不均匀,表现为黑色电平在图像的上、下、左、右不一样高,输出的黑色电平波形不平坦,引起黑色不均匀,这种 CCD 器件内分子热运动导致的暗电流势必叠加在视频画面上,从而影响画面质量。

为了消除这种影响,在摄像机信号处理电路中增加一个黑斑校正电路,专门产生一个幅度和黑斑信号相同,极性相反的黑脉冲信号叠加到图像信号中,抵消黑斑信号,使图像上的黑斑得到校正。这可以通过摄像机菜单控制完成。

(2)白平衡调节:在拍摄不同颜色光源照射环境下的景物时,摄像机通过专门的调节电路实时调整输出后的景物图像色彩,使之还原正常,这种电路叫白平衡调节电路,调整过程称为白平衡调整。

摄像机在拍摄不同色温光源照射下的相同景物时色彩会发生差别的原理:

从前面我们了解到,摄像机在拍摄景物时,分光棱镜将照射在景物上的入射光分解为红、绿、蓝三个基色光,如果是白色景物,此时光源色温为3200K,被分解后的红、绿、蓝成分比值应该为1:1:1(所有摄像机出厂时的设置值),那么经过后续相同的R、G、B处理电路放大等作用后,最后合成的图像色彩依然为白色,说明色彩还原正常。

如果将光源色温更换(即光的颜色不同),依然是白色景物,那么分解后的红、绿、蓝光谱成分就会发生改变,不再是1:1:1。再经过上述相同的处理电路等量的放大后,最后再将R、G、B信号合成,根据色彩学加色法原理,由于R、G、B的比例成分不是1:1:1,那么此时景物通过摄像机处理电路还原后的色彩将不再是白色,也就是说随着光源色温发生变化,摄像机输出的白色景物的颜色也发生了变化,说明色彩还原出现偏差,这就是摄像机和人的眼睛不一样,没有自适应能力的缘故。

因此,在这种情况下,摄像机就需要通过一种白平衡调节电路,调整R、G、B三个放大电路的相关放大量,平衡光源色温变化所带来的变化量,确保拍摄后的色彩还原正常。详细的调整过程参见第五章色温与白平衡部分。

(3)白斑校正:摄像机在拍摄均匀的白色画面时,荧光屏上重现出的白色也应该是均匀的。由于镜头在整个像面上的透光率不均匀,分光棱镜也存在色渐变,使白色电平在水平方向和垂直方向不一致,荧光屏上重现的白色不均匀,产生白斑现象。白斑的程度与图像亮度成比例关系,属于动态变化。

在该电路中,用一个适当的反向抛物波或锯齿波去改变图像信号的放大量,即将该波形与图像信号相乘,保证在拍摄均匀白色画面时,输出后的白色电平变为均匀的。

为了消除白斑现象,在信号处理电路中设有白斑校正电路,可通过摄像机菜单控制完成。

(4)杂散光校正(FLARE):杂散光形成的原因主要是由于光线通过镜头中的各片透镜时,不会完全理想化地直接透过,仍有非常微小的反射光存在(不大于0.1%),这部分反射光在各镜片之间反复地反射和折射,形成没有规律的散乱光线。此外,在CCD内的晶体结构和各半导体层之间也会有很少的反射光。以上两种光线形成杂散光。

杂散光对画面的影响表现在以下几个方面:

①杂散光提高了白色周围的电平,也就是提高了黑色电平,从而降低了图像的黑白对比度,使图像看上去如同蒙上了一层雾。

②杂散光中的反射光由于与光的波长有关,波长较长的红光反射量最大,因此会使黑色

偏红,破坏黑色平衡。

③杂散光的强度与入射光成比例,表现在画面上就是随着入射光强度增加,画面整体层次下降,并且黑色部分会随着电平提高而逐步变红。

杂散光校正的基本方法是对图像信号的平均电平进行负反馈,调节反馈量,使之恰好抑制杂散光所引起的黑电平变化。在摄像机的信号处理电路中设有杂散光校正电路,可以通过摄像机菜单控制电路自动完成。

(5)黑平衡调节:当摄像机拍摄纯黑色物体(对光的反射率小于3%)或关闭镜头光圈时,红、绿、蓝三通道各自输出的电平称为红、绿、蓝黑电平。如果三个黑电平信号分别送到显像管的三个输入端,显像的图像信号刚好不发亮,并呈现黑色,就称为摄像机的黑平衡正常,否则,需要对该电路进行调节。

黑平衡调节电路的工作原理是:盖上摄像机镜头盖或关闭光圈,对摄像机的红、绿、蓝三个通路中的黑色电平进行增益调整,以绿色通道的黑电平增益为基准,自动调节其他的红路和蓝路的增益量,使调节后的红路和蓝路黑色电平与绿路通道的黑色电平相等,保证三个通道各自的黑色电平一致,完成黑平衡调节,这一过程是由三通道单独调整完成的。

如果红、绿、蓝三个通道的黑色电平同时调节,而且不影响黑平衡,则称为总黑电平(M.PED)调节。

在摄像机拍摄时,需要确保总黑电平保持在白色电平(700mV)的2%到5%,即14mV到35mV之间。该电平过高将使画面整体失去层次,过低则画面低亮部分缺少层次,因此需要严格控制,可以通过摄像机菜单进行调整。

(6)增益提升:如果摄像机的光圈完全打开后,所拍摄场景的光线还不够,则需要提高放大器的增益,使白色电平达到700mV的标准。自动控制电路中的微型计算机根据增益开关的位置,送出相应的控制电压至增益提升级,使增益提升。随着数字技术的发展,增益量越来越大,最高可以达到48dB以上。

在正常情况下,尽量不要采用增益拍摄,该电路是以牺牲画面质量为代价的,带来的是图像噪波的增加。

2. 数字处理电路

数字处理电路主要具有以下功能:数据检测、轮廓校正、彩色校正、γ校正、混消隐、白切割、色度孔阑、二维滤波、编码矩阵和彩条发生。

这部分处理调整电路较多,主要影响画面的层次、画面的轮廓与细节以及画面的色彩。这些功能的实现需要结合菜单调节才能完成,因此,我们将在第七章结合场景更深入地介绍。

2.3.1.5 信号记录单元

最早的 ENG 摄像机是由摄像机和录像机两部分构成,通过多芯电缆连接,前文已经介绍。目前这种方式在极其高端的电影制作中依然存在,主要是由于摄录一体机的录像机还不能满足取样频率为 4:4:4 的高码率信号记录。由于这种分离的记录方式在使用上不方便,因此,现在 ENG 摄像机基本上都是摄录一体机,并且录像机单元和摄像机单元集成在一起不能分开使用。

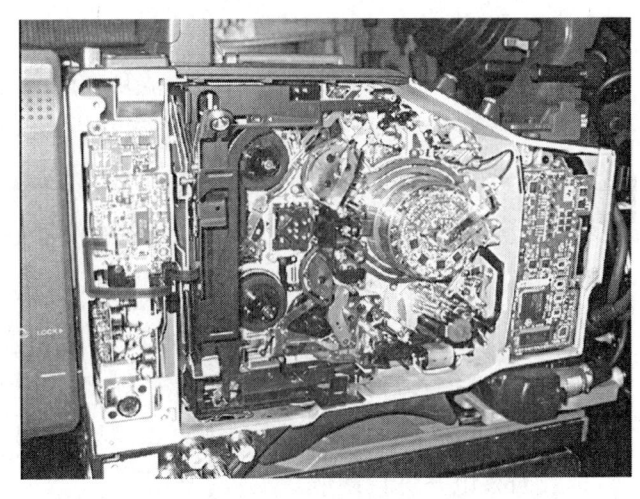

图 2-29 ENG 摄像机录像单元带舱内部机械结构

信号记录单元是指录像单元,在这部分完成视频信号和音频信号的混合及记录。对于磁带或者蓝光技术 ENG 摄像机来说主要就是磁带带舱和蓝光盘舱,具有非常精密的机械结构,在使用过程中需要特别保护,不能受到任何外力的冲击。对于使用硬盘方式记录的 ENG 摄像机,录像单元主要是插槽结构,如松下的 P2 卡或索尼的记忆棒,有专门的插槽。由于该部分对摄像机编码后的信号只是一个记录的过程,没有十分复杂的操作,这里不做详细介绍。

2.3.2 机身外部结构

除了内部有一些电路和相关器件外,还有不少外围设备共同构成 ENG 摄像机机身,并完成摄像机正常工作时的相关功能,比如视频图像单元、音频单元、电源单元、附件单元等。下面结合索尼公司的 HDW-750P 高清 ENG 摄像机介绍这部分的内容,由于其他品牌和型号的 ENG 摄像机大体构造和功能差不多,希望大家在学习的过程中能够做到举一反三。

SONY HDW-750 摄像机是索尼公司生产的高清磁带摄像机,它支持 1080/50i 和 1080/25PsF 逐行和隔行可切换模式,也可以在 PAL 和 NTSC 制环境下,使用大 1/2 英寸高清磁带。主要技术性能有:3 片 2/3 英寸高清 FIT 式 CCD,单片 CCD 像素数量达到 220 万,灵敏度为 F10(2000lx,3200K),采用 12bit 模拟数字转换和高级数字信号处理电路,信噪比为 54dB,记录码率可以达到 140Mbps,音频方面能够记录四通道、20bit/48KHz 的数字音频信号。这是一款性能比较优异的 HD-

图 2-30 SONY HDW-750P 高清 ENG 摄像机

CAM ENG 高清摄像机,广泛应用于电视剧、纪录片和专题片的制作,可与电影镜头配套使用,拍摄数字电影效果良好。

机身沿用了索尼公司以前的其他机型的机身,如 DVW-700、DVW-790、HDW-730 等,无论是整体外观、局部开关、按键的设置,还是整机的功能基本大同小异,这给广大使用者带来便利。

2.3.2.1 视频图像单元

ENG 摄像机的视频图像单元的主要作用包括图像拍摄、信号记录和播放,包括用于拍摄监看和菜单调整的寻像器,一些与视频图像相关的按键、开关和接口。

为了能够将每一个按键和开关描述清楚,将按照节目拍摄流程的正常顺序介绍它们。

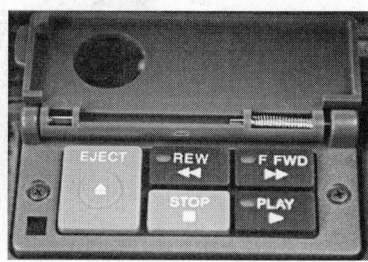

图 2-31 摄录一体机的拍摄记录与回看

一个项目的前期准备结束后,就会按照以下步骤进入正式拍摄程序。

(1) 将摄像机电源打开;

(2) 调整好摄像机的相关状态和功能,比如寻像器状态调整、滤色片和滤光片的选择、黑/白平衡调节、电子快门使用、增益选择、输出信号监看接口连接等等;

(3) 通过寻像器观察所拍摄画面,构图,聚焦并控制光圈;

(4) 按下录制按钮(VTR START)后,TALLY 灯亮,提示进入录制状态;

(5) 再次按下 VTR START 按钮后,录制停止,从而完成一段节目的录制过程;

(6) 是否符合要求,需要通过摄像机的回看功能确定。

在拍摄过程中,可以通过寻像器实时监看摄像机的参数及警告信息。

这部分的开关及按键较多,根据分类大体包括三个部分:用于保证拍摄的寻像器的调节,拍摄前的技术调整,以及记录和拍摄后的节目回放等。

1. 寻像器

寻像器:用于监看拍摄、记录或播放时的黑白图像;显示摄像机进行设置或操作时的相关警告信息、斑纹图形、安全性区域标志和中心标志;还可以进行摄像机菜单数值的调整和更改。

ENG 摄像机的寻像器一般都为 1.5 英寸,高清 ENG 摄像机采用 2 英寸寻像器,一般显示黑白图像。在电视剧拍摄中,除了小寻像器外还可外接一个5英寸或6英寸的彩色监视器,便于灯光或导演等人实时监看拍摄画面。黑白寻像器只用于取景和调焦,对于颜色的判断需要借助外接的示波器或者专业的监视器。现在有些摄像机在侧面板上安装液晶屏,以此来监视所拍摄的画面,非常方便拍摄后画面的回看。目前,数字ENG摄像机的寻像器显示方式都具有4∶3和16∶9可切换功能。

图2-32 寻像器与屈光度调整

ENG摄像机的寻像器上还能显示各种不同的状态参数和菜单调整参数,状态参数主要包括:光圈大小、滤色片和滤光片状态、色温值、镜头变焦状态、磁带信息、电池信息、音频信号大小以及摄像机报警状态等。数字ENG摄像机的菜单调整参数比较复杂,可以调整的内容将在后面进行专门的介绍。

2英寸寻像器与1.5英寸的寻像器一样,按键和开关通常包括对比度调节旋钮、亮度调整旋钮、锐度调节旋钮、TALLY指示开关、寻像器灯显示开关和斑马纹开关。

图2-33 寻像器内图像常用调整功能

开始ENG拍摄前,需要对寻像器的工作位置和状态参数进行适当的调整,调整内容和方法如下(如图2-34)。

图2-34 摄录一体机的拍摄与记录图示

(1)屈光度调节环：可以从上下左右四个方向进行调整，用来调节取景器图像。

(2)寻像器：用于监看拍摄、记录或播放时的黑白图像；显示摄像机进行设置或操作时的相关警告信息、斑纹图形、安全性区域标志和中心标志；还可以进行摄像机菜单数值的调整和更改。

(3)TALLY 指示灯：摄像机在信号记录过程中的状态指示灯，与寻像器中的 REC 指示灯相同，闪烁表示出现故障或告警。录制过程中，当 TALLY 开关设置为 HIGH 或 LOW 时亮灯，HIGH 为高亮，LOW 表示低亮。

(4)BRIGHT 控制：用于控制寻像器图像的亮度，不影响实际录制的图像质量。

(5)CONTRAST 控制：控制寻像器图像的对比度，不影响实际录制的图像质量。

(6)PEAKING 控制：控制寻像器中图像的清晰度，便于摄像师清晰聚焦。

(7)ZEBRA 开关：控制寻像器屏幕上的斑纹图形，有助于控制镜头光圈。开关设置有 ON、OFF 和 MOMENT(是否显示斑纹图形和时长，保留 5～6 秒)三档。斑纹图形显示值通过摄像机菜单设置，数值大小为视频电平 70%到 100%间的任意值，电平超过设置值后图像部分出现斑纹，从而提示摄像师控制镜头光圈。这在某些需要精确控制图像电平值的情况下非常有用，比如在拍摄女性面部皮肤时，由于 75%左右的输出电平的显示效果最佳，因此，在拍摄过程中，可以利用这一特性非常精确地将面部输出电平控制在这一数字左右。

(8)DISPLAY 开关：控制寻像器提示字符的显示。

(9)TALLY 指示开关：分 HIGH、OFF 和 LOW 三档。当摄像机信号记录进行中，且 TALLY 指示开关置于 ON(HIGH 和 LOW)位置时，TALLY 灯会亮，并且在开启的状态还可以设置亮度的高低。

(10)寻像器前后位置调节杆：用于调节寻像器的前后位置，调整前必须松开 LOCK 旋钮，调节好后锁紧 LOCK 旋钮固定寻像器的位置。由摄像师根据自己观看的情况，配合(11)、(12)、(13)项设定。

(11)寻像器左右位置调节环：可以调整寻像器向左右两侧移动。

(12)寻像器制动键：拔出此键后可以取下寻像器。

(13)LOCK 旋钮：用于调节寻像器的前后位置。

另外需要注意的是，在拍摄过程中，利用寻像器进行构图时需要考虑到寻像器、监视器和家用电视机三种显示器所显示的画面大小是不一样的，如图 2-35[①]。由于电子扫描的原因，对于同一个画面，寻像器能够显示的区域最多，后期制作用的监视器稍小，家用电视机能够收看到的画面最小，因此，在实际拍摄构图时需要预留出一些将要被切除的画面，保证在电视机上显示的画面才是摄像师真正想表达的内容。没有经验的摄像师可以借助寻像器内

---

① 为了表现得更清楚，图中三者的显示比例有所夸大。

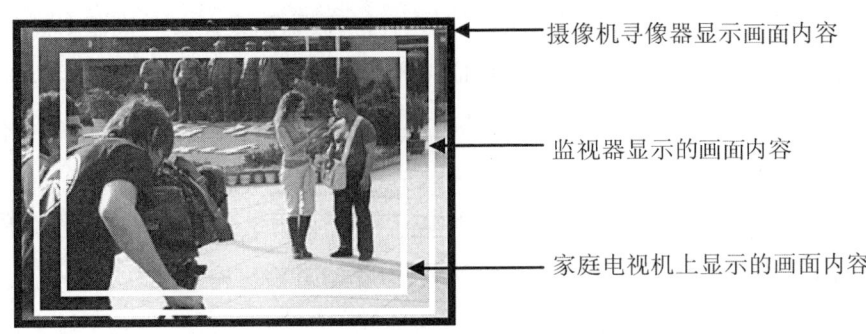

图 2-35 寻像器取景框的使用

专门的安全提示框来完成构图,安全框的大小可以通过菜单进行设置。

2. 拍摄前的调整功能键

(1)FILTER 选择器:用于选择与照射光源相匹配的滤色片和滤光片,配合摄像机调整白平衡和高亮度环境下使用。FILTER 选择器包括一组滤色片和一组中性滤光片,滤色片分为 A、B、C、D 四档,中性滤光片分为 1、2、3、4 共四种,具体数值如表 2-1、2-2 所示。(不同摄像机的滤色片和滤光片可能不一样,但是基本使用和调节方法都是相同的)

图 2-36 摄录一体机的拍摄按键

表 2-1 滤色片档位对照

滤色片(外圈旋钮)	CC 滤色片效果
A	CROSS,星光滤色片,一种特殊效果的滤色片,可使画面的高亮度部分产生放射形光线。
B	3200K
C	4300K
D	6300K

表 2-2 滤光片档位对照

滤光片(内圈旋钮)	ND 中性滤光片效果
1	CLEAR
2	1/4ND
3	1/16ND
4	1/64ND

不同的拍摄条件下,滤色片和滤光片必须配合使用,典型场景举例说明如下:

表 2—3 滤色片与滤光片应用示例

拍摄环境	CC 滤色片选择	ND 滤光片选择
夜晚街景、十字灯光效果	A(CROSS)	1(CLEAR)
日出、日落、演播室	B(3200K)	1 (CLEAR)
晴空	C(4300K)或者 D(6300K)	2(1/4ND)或者 3(1/16ND)
多云、雨天	D(6300K)	1 (CLEAR)或者 2(1/4ND)
非常亮的环境(雪地、高原、海边等)	C(4300K)或者 D(6300K)	3(1/16ND)或者 4(1/64ND)

(2)SHUTTER(快门)选择器:OFF 和 ON 两档位置,在 ON 位置时可以连续往下拨动该按钮到 SEL 位置,切换快门模式和选择快门速度,具体操作参考第三章"摄像机如何调整快门速度"。

(3)AUTO W/B BAL(自动白/黑平衡调整)开关:分为 WHT 和 BLK 两档,WHT 用于调整白平衡。当 WHT BAL 开关设置为 A 或 B 时,白平衡设置将被保存在相应的存储器中。存储器单独保存了每个滤色片设置的白平衡。BLK 用于自动调节黑平衡。

(4)ASSIGN1/2(指派)开关:在 USER 菜单的 FUNCTION1 页中为 ASSIGN1(扳拉开关)和 ASSIGN2(滑动开关)指定所需要的快捷功能。在实际拍摄过程中可将较常用的功能指派到这两个按键上。比如将 ATW(自动白平衡跟踪)功能指定到 ASSIGN1,在拍摄过程中,如果照明光源色温变化较快,需要打开自动白平衡功能,那么只要按下 ASSIGN1 键就可以快速启动自动白平衡功能。

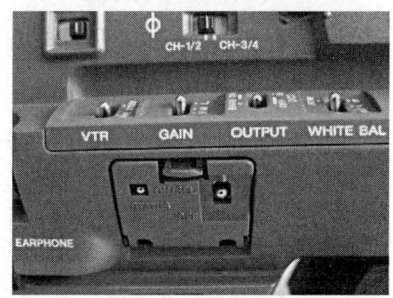

图 2-37 ENG 摄像机快门、自动黑/白平衡调整、白平衡记忆选择和增益选择开关

(5)GAIN(增益)选择器:在拍摄过程中由于照明亮度或其他原因,需要使用摄像机内部电路提供的增益功能时,使用该功能键。该键共分为 H、M、L,即高、中和低三档,三档具体对应的增益值由摄像机菜单设置赋予,出厂设置为 L=0dB,M=9dB,H=18dB,具体的增益值大小因摄像机型号和品牌不一而不同,HDW 750 摄像机的最高增益为 42dB,目前摄像机的最高增益可以达到 48dB。在照明条件允许的情况下尽量不要使用增益功能,增益增加意味着噪波增加,会严重影响画面质量。

(6)OUTPUT/DCC(输出信号/动态对比度控制)选择器:通过此选择器可以转换输出到 VTR、取景器和视频监视器的视频信号,信号选择分为 BARS(彩条信号)和 CAM(摄像机)输出视频信号两种。其中在 CAM 状态下又可细分为 DCC OFF 和 DCC ON 两档。DCC

是指动态对比度控制,即自动拐点电路。一般用于拍摄处于高亮度背景下的主体,比如人物以窗户为背景环境,利用此功能可以在保证人物主体亮度还原正常的情况下,通过压缩窗户外高亮背景环境的层次来确保改善整个图像的亮度层次。但是,在照度较好的情况下不要使用此项功能。

(7) WHITE BAL(白平衡存储器)开关:用于调节白平衡设置时使用。分 PRST、A 和 B 三档,其中 B 档位置还可以根据菜单设置中的条件,设置为 ATW(自动白平衡跟踪)功能。PRST(预设)配合滤色片起作用,比如滤色片设在 3200K 位置,PRST 表示摄像机工作在 3200K 状态,如果滤色片设在 5600K 档,此时的 PRST 即摄像机工作在 5600K 状态。在没有时间调整白平衡时,可以根据当时实际光源的色温值选择接近的色温滤色片,将白平衡存储开关设在 PRST 位置。需要调整白平衡时,将白平衡开关置于 A 或 B 位置,选择合适的色温滤色片后,将光圈保持在自动状态,镜头对准处于拍摄环境下的白色物体,将自动 AUTO W/B BAL 开关推向 WHT 位置,摄像机将自动调整白平衡,并且将调节后的数值自动保存在存储器 A 或 B 中,且该数值会一直保存到新的数值进入之前。如果在菜单中将 ATW 功能打开,将 WHITE BAL 开关置于 B 存储器位置时,自动白平衡跟踪功能将起作用。这在色温变化较快的日出、日落环境下使用是比较有效的。

(8) TURBO GAIN 键:在光线非常暗的条件下进行拍摄时,按一下此键可以将视频增益提高到菜单 GAIN SW 上预设的值。

(9) VIDEO OUT 接口:通过该接口,外接监视器可以监看模拟复合、数字 SDI 信号或者 HD-SDI 高清信号,有些信号需要通过选配板来实现。

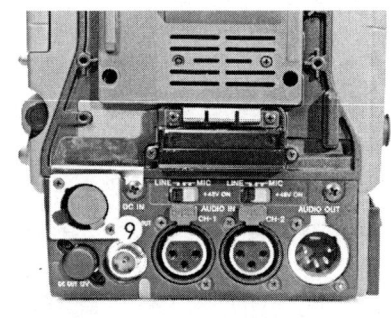

(10) REMOTE 接口:通过外部遥控单元可以控制 VTR 和摄像机。

(11) TEST OUT 接口:测试信号输出,可选择单独通道输出。

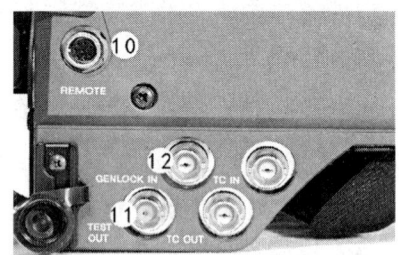

(12) GENLOCK IN 接口:当摄像机需要被锁定,或者时间码需要被外来同步信号同步时,可以通过此接口输入 HD 基准信号,适合多台摄像机一起工作时使用。

图 2-38 摄录一体机的视频等接口图示

3. 记录及回放部分相关功能键

(1) VTR START(录像机开始)键:按下此键录像机开始记录,再按一次,录像机停止记录。镜头伺服上也有 VTR 键,功能相同。

图 2-39　摄录一体机的录像机的操作

(2) VTR SAVE/STBY 开关：VTR 的电源模式，SAVE 为节电方式，此时录像机处于不穿带状态，摄像机电源消耗较低，寻像器的 SAVE 指示灯可以显示其状态。STBY 为待机方式，录像机处于穿带状态，按下 VTR START 键，录像机不再需要穿带过程就开始记录。在长时间不需要记录的情况下，将 STBY 改为 SAVE。在 STBY 模式下，可以通过菜单设置时间值，当录像机不记录时间超过该设定值后，录像机会自动将 STBY 转换为 SAVE 方式，降低摄像机电源消耗，并有效保护录像机的穿带结构，减少录像磁带的磨损。

(3) EJECT 键：用于装入或取出磁带时打开带舱的按键。

(4) REW 键：控制录像带快速倒带。

(5) STOP 键：用于停止录像带的运转。

(6) F FWD 键：用于控制录像带快速前进。

(7) PLAY 键：用于监看录像带上所拍摄的内容。同时可以配合 F FWD 键以快速搜索方式在寻像器或者监视器中监看、监听磁带上的图像信息和声音信息。

2.3.2.2　音频单元

这部分的作用是为了完成 ENG 节目前期素材声音部分的拾取、记录、输出和监听，节目声音主要包括人声、现场环境声、效果声和各种各样的噪声等。各种声音源通过麦克风或者线路输入的方式被记录下来，在记录的过程中可以实时调整声音的大小，还可以分别录制在

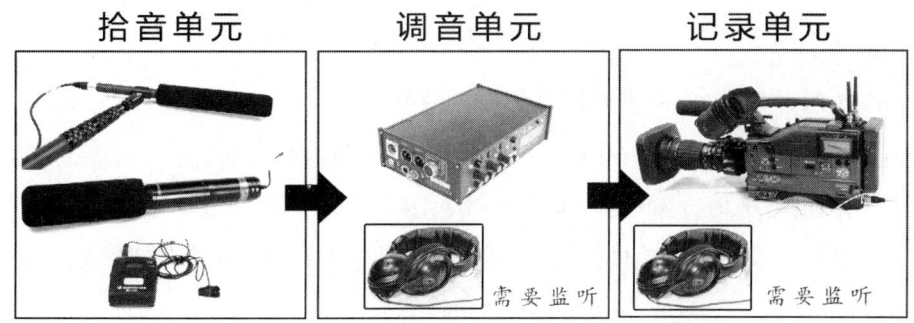

图 2-40　ENG 音频及各类麦克风

磁带的不同声道上，便于后期对声音的加工处理。

这部分的主要部件包括麦克风、输入输出接口和多功能控制面板（含输入信号选择、音量调整等功能）三个部分。

（1）麦克风

ENG 摄像机使用的麦克风大致包括三种：随机麦克风、外接麦克风和无线麦克风。

随机麦克风是任何 ENG 摄像机都必备的一个高质量麦克风，往往固定在摄像机上，大多数情况下用于拾取现场同期声。有时候为了获得更高的录音质量、充分利用麦克风的灵敏度，需要将其取下，用音频电缆延长，缩短其与声源的距离。

外接麦克风往往采用灵敏度更高、指向性更好的电容麦克风，用于拾取节目的主要声音，如人声等。

无线麦克风最主要的特点是使用方便，不受中间连接电缆的制约。

（2）输入输出接口

输入接口分为两种类型：麦克风输入和线路输入。麦克风输入包括有线和无线两种，在 ENG 新闻拍摄中，无线麦克风一般采用内部嵌入式，有线输入接口分别位于机身前和机身后，机身前的接口一般用于随机麦克风输入，机身后的接口有两个，一般用于外接麦克风。这两个接口也可以作为高电平的线路输入接口使用，通过接口上部的选择开关控制。因此，ENG 摄像机用于声音信号的输入接口包括三个外部接口和一个内部嵌入式的无线接口，如图 2－41 所示。

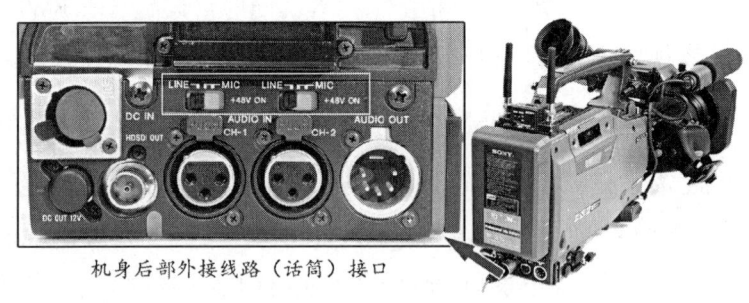

图 2－41　麦克风与线路输入方式选择

在 ENG 拍摄过程中，如果需要同时录制多种声音，可以将 ENG 摄像机上的输入接口中的任意两个或多个进行组合。声源可以是高电平的线路信号（通过机身后部接口输入），也可以是麦克风的低电平信号（可以将麦克风接入四个接口中的任意一个），并且麦克风可以采用动圈型，也可以采用需要提供外部＋48V 幻象供电的电容型，或者使用无线麦克风，这些选择可以通过接口上面的开关或者控制面板设置。

输出接口分为两种：线路输出和监听输出。线路输出接口位于机身后部，只有一个，监听输出有两个,机身前和机身侧面各一个,通过插入耳机进行监听,并可通过接口旁音量控制开关进行音量控制。

(3)多功能控制面板

多功能控制面板位于机身侧面,主要用于输入信号的选择、信号音量大小的控制、进入录像机音频通道信号的分配。

1. 音频信号的输入部分

(1)麦克风:随机麦克风用于在拍摄时拾取环境声,一般采用超心型、高灵敏度的电容麦克风,在拾音过程中需要摄像机提供+48V幻象电源。

(2)MIC IN(麦克风输入)接口:随机麦克风和外接电容麦克风都可以通过此接口与摄像机连接。由于该接口直接由摄像机提供+48V 电源,在使用外接麦克风时需要注意设备安全。

图 2-42 ENG 摄像机音频系统的操作图示

(3)MIC(麦克风)LEVEL 控制:用于调节与 MIC IN 接口相连接的麦克风音频输入电平。

(4)LEVEL CH-1/CH-2(音频通道 1 和音频通道 2 录音电平)调整旋钮:当音频信号源从 AUDIO IN CH-1/CH-2(音频输入通道 1/ 通道 2)接口输入时,且 AUDIO SELECT(音频选择)开关设置在 MANUAL(手动)位置,此旋钮控制音频通道 1 和音频通道 2 的音频输入电平。

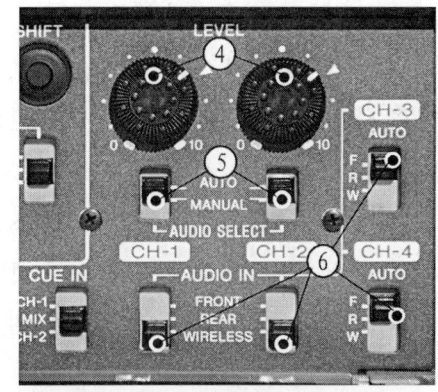

(5)AUDIO SELECT CH-1/CH-2(音频通道 1 和音频通道 2 调整方式选择)开关:用于选择音频通道 1 和音频通道 2 的音频电平调整设置方式,分为 AUTO(自动)和 MANUAL(手动)两种。

AUTO(自动):选择自动调整方式,由摄像机内部通过自动增益电路来控制输入电平的大小。

MANUAL(手动):选择手动调整方式,由(4)所示的调整旋钮控制输入电平的大小。

图 2-43 ENG 摄像机音频输入接口及操作

(6) AUDIO IN CH - 1/CH - 2/CH - 3/CH-4(音频输入选择)开关:用于指定送入录像机四个音频通道的音频设备的来源。

AUDIO IN CH-1/CH-2/开关:用于选择记录在1、2音频通道的输入音频信号源。

FRONT(前置):输入信号源是与 MIC IN 接口连接的麦克风。

REAR(后置):输入信号源是与 AUDIO IN CH-1/CH-2 接口连接的音频设备。

WIRELESS(无线):输入信号源为内置的无线麦克风接收机。

CH-3/CH-4 开关:用于选择记录在3、4音频通道的输入音频信号源。

(7)AUDIO IN CH-1/CH-2 接口(XLR 型,3 芯,母头)和 LINE/MIC/+48V ON(线路输入/麦克风输入/电源+48V ON)开关:外接信号输入端口,以及控制输入到音频通道1、2的信号类型和是否需要对端口供电。

LINE(线路):如果输入音频信号为线路信号,将开关位置设置于此。

MIC(麦克风输入):外接麦克风输入通道,且只能连接内置供电的电容型麦克风或者不需要供电的麦克风(动圈型麦克风)。

+48V ON(电源+48V ON):外接麦克风输入通道,只能连接需通过摄像机内部+48V 幻象供电的电容型麦克风。

2. 音频信号输出及监听部分

(1)AUDIO OUT(音频输出)接口(XLR 型,5 芯,母头):输出记录在磁带上的音频通道1、2、3、4的音频信号。通过 MONITOR CH-1/2/CH-3/4(监听通道1/2、通道3/4)开关选择重放输出的音频信号。使用 CCXA-53 音频电缆,将5芯转换成两个3芯接口。

(2)告警音量控制钮:用于调整扬声器或耳机的告警音量。

(3)MONITOR 监听选择开关:用于选择监听哪个音频通道的信号。

CH-1,CH-3:用于监听音频通道1或3。

MIX:混合监听。

CH-2,CH-4:用于监听音频通道2或4。

CH-1/2,CH-3/4(音频通道1/2 和音频通道3/4)开关:当 MONITOR 开关切换为 MIX 时,此开关可选择监听的音频通道。

(4)MONITOR 监听音量控制旋钮:用于调整除告警声外的扬声器或者耳机的音量。

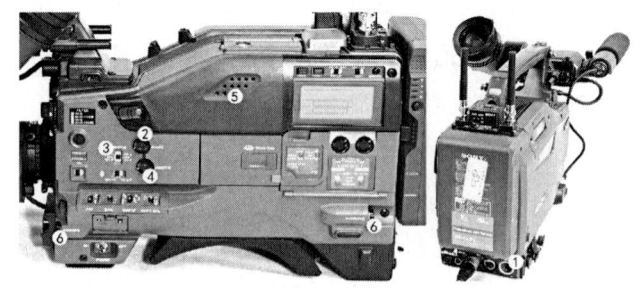

图 2-44 ENG 摄像机音频输出/监听控制

(5)内置扬声器:可监听 E-E(电-电)声音信号,也可用于监听重放的声音,还提供告警声。E-E 音频信号,也叫电-电音频信号,是指经过放大器,但未被记录在磁带上的音频信号,是输入信号被放大后的信号。

(6)EARPHONE(耳机)插孔:在记录过程中,监听 E-E 声音信号;重放过程中,监听重放的声音。插入耳机,内置式扬声器将自动切换到耳机监听模式。从两个插孔输出的信号是一样的,可以同时连接两个耳机,在 ENG 新闻制作过程中一定要利用它实时监听录制的声音信号,确保拾取声音的质量。

2.3.2.3 电源单元及附件连接部分

1. 电源单元

ENG 摄像机电源主要负责给摄像机工作提供电力保障,包括两部分:给摄像机本身提供工作用电和给新闻灯供电。所有 ENG 摄像机都专门设有给新闻灯提供电源的灯靴和供电开关,新闻灯只有在摄像机电源开关处于工作状态下才能开启。

ENG 摄像机可以通过电池或者交流适配器提供电源,采用哪种方式供电取决于拍摄环境和条件状况。

图 2-45 ENG 摄像机的电源部分(适配器/充电器、电池)

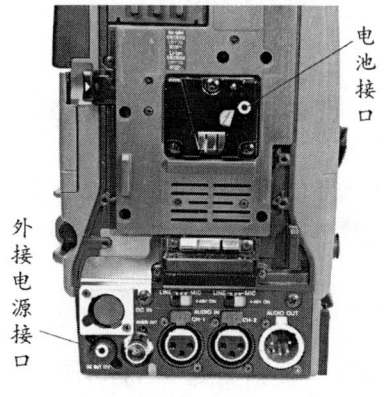

图 2-46 ENG 摄像机电源接口及开关

采用交流适配器不需要更换电池,能保证拍摄时间,但是必须与外接交流电连接,不方便移动,给拍摄带来不便。当然要尽量使用交流适配器,这样能够让摄像机得到持久的电源保障。现在的交流适配器可以通过摄像机电池接口卡在摄像机后部位置,比较方便。

使用电池时一定要充分考虑电池的容量大小,最好能有备用电池。

使用过程中,要将电池电量用完再去充电,充电时防止过放电的现象发生,通过正常的操作延长电池寿命。

2. 附件连接部分

与摄像机机身连接的各种接口主要有:

(1)肩带安装扣:两个,用于肩带的安装,属于卡口带锁型,安装肩带后可以用肩背摄像机,移动方便。

(2)光靴:用于固定在 ENG 摄像机上的新闻灯使用,适用于 ENG 新闻拍摄。

(3)照明灯光接口:供电电源 12V,最大能耗 50W,由摄像机提供电源。

(4)镜头锁定杆:镜头安装后必须使用锁定杆将镜头位置固定,防止镜头脱落。

(5)镜头安装口:用于安装镜头,常用的有 2/3 B4 卡口型,不同的镜头配备与其匹配的镜头安装口,拆卸安装过程中需要非常小心,尽量避免强光照射和灰尘进入摄像机内。

(6)镜头伺服接口:将镜头控制线插入此接口,12 芯接口,属于卡口带螺纹型。

图 2-47 ENG 摄像机附件连接口

▶▶ 2.4　ENG 摄像机参数调整及状态显示

ENG 摄像机参数调整包括菜单调整和时间码系统两部分。摄像机状态显示主要是指摄像机正常工作时的信息状态指示告警,主要目的是为了实时监看摄像机的工作状况,确保拍摄正常进行。

2.4.1　菜单调整和时间码系统

2.4.1.1　菜单调整

菜单操作对于 ENG 数字摄像机来说是一项非常重要的内容,许多设置和调整都需要通过菜单来完成,因此需要很好地掌握,下面介绍如何通过摄像机相关按键进入菜单调节程序来进行菜单操作。如何利用菜单进行画面细节、层次和颜色的改善等相关知识,将在第七章中进行详细的介绍。

1. MENU 旋钮:使用此旋钮可以更改菜单页面或者各页面项目的设置,通过按压和旋转该旋钮来实现,如图2-48所示。当箭头符号对准菜单上的页面标题时按一下此旋钮,箭头将变成问号,此时为可调状态,再次按下,问号变为箭头,即切换到所选择状态。在页面可调状态下可以通过旋转此旋钮来更改页面,定位到某一页面后,切换到选择状态,通过旋转来定位该页面的各项目位置,按下旋钮切换到可调状态并旋转旋钮就可以更改当前项目的设置。

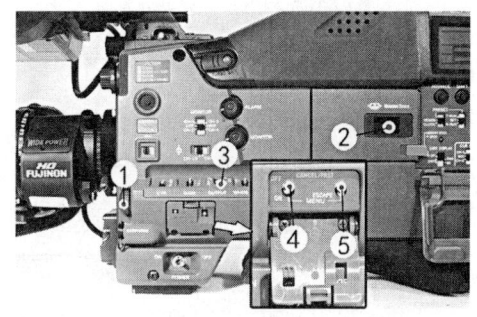

图2-48 ENG摄像机菜单操作及寻像器图示内容

2. MEMORY STICK(记忆棒)插入盒:将写有数据的记忆棒插入此盒,可以将记忆棒内的数据写入摄像机存储器,用于调整摄像机的参数,也可以将调整后的摄像机参数存储在记忆棒内后取出记忆棒,以备用于调整同型号的其他摄像机,这项功能对于同时使用多台同型号摄像机进行拍摄时,统一摄像机参数非常有帮助。

3. STATUS ON/SEL/OFF(菜单显示打开/页面选择/关闭)开关:配合开关 MENU ON/OFF 使用。ON/SEL 模式:每次向上推此开关时,就会在取景器屏幕上显示确认菜单设置的窗口和摄像机状态。此窗口包含三个页面,推此开关可在这三个页面之间切换。OFF 模式:若要在显示窗口模式下退出该模式,将开关置于 OFF 即可。

4. MENU ON/OFF 开关:若要在取景器上显示 MENU 菜单,必须将 MENU 开关置于 ON 位置,此前须先打开 MENU 盒的上盖,在合上 MENU 盒的上盖时,MENU 菜单将自动关闭。

5. CANCEL/PRST/ESCAPE(取消/预设/退出)开关:如果要启用此开关,可以将 MENU ON/OFF 设置到 ON,合上 MENU 盒的上盖时,MENU 自动置于 OFF 状态。

CANCEL/PRST:显示消息以确认是否取消以前的设置,或者将设置重置为初始值,这取决于菜单操作条件。再次将开关推到此位置将取消以前的设置或者将设置重置为初始值。

ESCAPE:要打开包含分级结构的菜单页面时使用此开关。每次将开关推到此位置时,页面就会返回到分级结构的上一级菜单。

2.4.1.2 时间码系统

时间码也叫 TIME CODE,简称 TC,对于电视节目制作来说非常重要。时间码和视频信号、音频信号一样,也是被记录在磁带上的一种磁迹信号,并且和磁带上的视、音频磁迹信号存在一一对应的关系,是准确定位视、音频磁迹信号位置关系的一种磁迹信号。正因为如此,时间码在后期制作过程中是不可缺少的,因此,实际工作中一定要重视时间码的记录工作。

1. 时间码的接口和开关

(1)GENLOCK IN 接口:当摄像机要求被强制同步或时码与外接设备同步时的同步输入连接口。

(2)TC IN 接口:将外来参考时间码通过此接口输入,保证此摄像机的时间码信号与输入时间码同步。

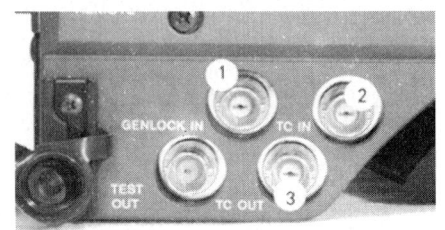

图 2-49　外同步与时间码接口

(3)TC OUT 接口:将此接口连接到外部录像机的参考时间码输入接口,使外部录像机和本摄像机的时间码同步。

(4)HOLD(显示保持)键:按此键计数器停止计数,再按此键计数器会继续计数。使用该键可以计算某个画面的准确拍摄时间。

(5)RESET 键:使计数器显示屏显示的时间数据复位到"00:00:00:00"。

(6)DISPLAY(LCD 显示屏)开关:用来控制显示屏显示的数字采用以下哪种方式:CTL(控制信号)、TC(时间码)和 DATA(数据显示)。

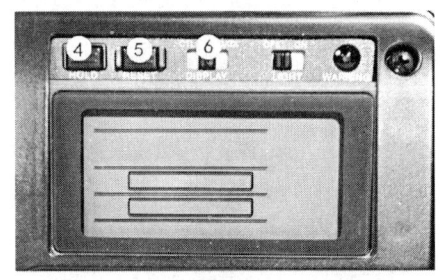

(7)ADVANCE(递增)键:用于设置时间码、用户码和控制码,每按一下此键就会使 SHIFT 键的所选数字前进一位。

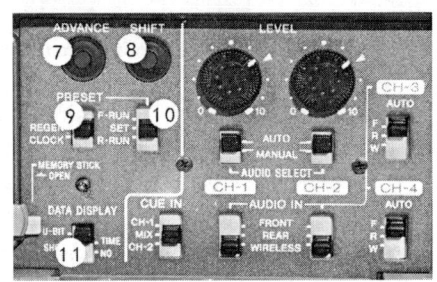

图 2-50　时间码操作设置

(8)SHIFT(选位)键:用于设置时间码、用户码和控制码,此键可以选择需要更改的数字,将以闪烁的方式出现。

(9)PRESET(预设)/REGEN(重新生成)/CLOCK(时钟)开关:以此来选择设置新的时间码或者按照已记录的时间码运行,可以通过以下三种方式来运行:PRESET 方式,从预设的初始值开始记录时间码;REGEN 方式,从磁带上记录的已有时间码开始连续记录时间码,无论 F-RUN/SET/R-RUN 开关如何设置,摄像机将按照 R-RUN 模式运转;CLOCK 方式,记录与内置时钟同步的时间码,无论 F-RUN/SET/R-RUN 开关如何设置,摄像机将按照 R-RUN 模式运转。

（10）F－RUN/SET/R－RUN（独立运行/设定/记录运行）开关：用于选择内部时间码发生器的运行模式。

- F－RUN 模式：独立运行模式。无论录像机 VTR 的操作状态如何，时间码值将一直运行。在将时间码与实际时间保持一致时，或者时间码与外部时间码同步时可以使用此设置。
- SET 模式：可以设置时间码或用户码。
- R－RUN 模式：记录运行模式。时间码只在记录时运行，这样可以使磁带上的时间码保持连续不断，实际工作时大多采用此种模式。

（11）DATA DISPLAY 开关：三种方式，即 U－BIT，显示用户码；SHOT－TIME，显示拍摄的日期和时间；SHOT－NO，未使用。

2. 时间码的设置过程

（1）将 ENG 摄像机侧面板的 DISPLAY 键拨至 TC 位置。

（2）将 PRESET/REGENT/CLOCK 开关拨至 PRESET 位置。

（3）将 F－RUN/SET/R－RUN 开关拨至 SET 位置。

（4）使用 SHIFT 键和 ADVANCE 键设定时间码。

- SHIFT：选择要设定的位置。每按一下此按键，闪烁位向右移一位。按住 HOLD（显示保持）按键同时按下此按键，闪烁位向左移一位。
- ADVANCE：递增闪烁位的数字。按住 HOLD 按键的同时按下此按键，递减闪烁位的数字。
- RESET：按此键可将现有数字直接复位到 00：00：00：00。

（5）将 F－RUN/SET/R－RUN 开关拨至 F－RUN 或者 R－RUN。

- F－RUN：自由运行，无论录像机部分是何种操作状态，时间码发生器连续运行，此情况下时间码可能不连续。
- R－RUN：记录运行，时间码发生器仅在记录时运行。

2.4.2 工作状态显示

ENG 摄像机在使用过程中，如果出现不正常情况，具有自动诊断的能力，并能够通过录像机上的显示面板和寻像器显示信息提醒摄像师和技术人员，因此，在拍摄过程中，需要经常注意摄像机的工作状态指示灯，确保设备能够正常工作。

1. 显示面板上的信息

显示的信息主要有以下方面：

（1）当 VTR 发生故障或者电池状态、录像带状态、音频电平、时间数据不正常时，显示面板上的 WARNING 指示灯变亮或者闪烁,并由内置扬声器发出告警音。

(2)显示面板上包含时间码状态指示灯和警告指示灯两种。

①时间码指示灯有:
- PB:录像带重放时 PB 亮灯。
- VITC:时间码模式选择为 VITC 时亮灯。
- NDF:在 Non-Drop 模式时亮灯。
- EXT-LK:此摄录一体机被外部时间码同步时亮灯。
- HOLD:时间码发生器处于保持状态时亮灯。

②警告指示灯有:
- RF:如果录像机磁头出现堵塞,RF 灯亮。
- SERVO:伺服显示灯。如果伺服马达出现故障,此灯亮。
- HUMID:结露显示灯。如果出现结露现象,此灯亮。
- SLACK:松弛显示灯。如果磁带没有被录像机带舱穿带系统正确卷起,此灯亮。

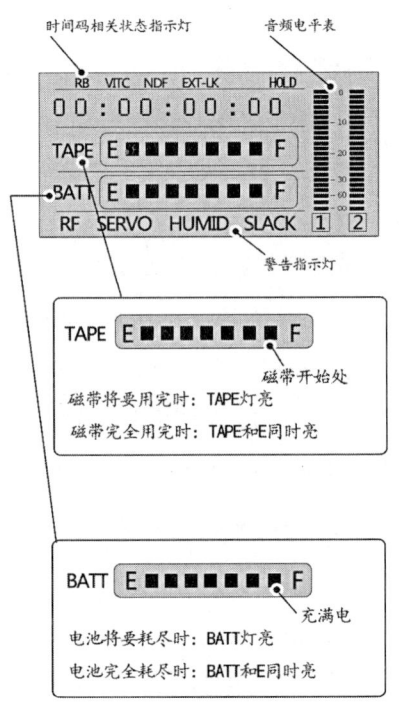

图 2-51　显示面板的警告和指示灯

2. 寻像器显示信息

ENG 摄像机的寻像器除了帮助摄像师取景、构图和聚焦外,还能在拍摄过程中给摄像师不少的提示信息,确保拍摄顺利进行。主要有:

(1) TALLY 指示灯:在寻像器内以绿色显示,当摄像机处于图像缓存模式和接收到摄像机控制设备发送的绿色提示信号时,此指示灯变亮,在间隔记录模式中会闪烁。

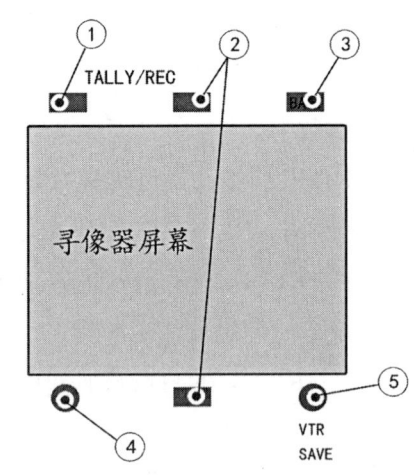

图 2-52　寻像器中的指示灯

(2)REC 指示灯:磁带开始记录时指示灯变亮,在记录过程中一直亮红灯。在接收到摄像机控制设备的红色提示信号时,此指示灯变亮并闪烁以表示警告。

(3)BATT(电池)指示灯:当摄像机连接的电池电量将要耗尽时此指示灯开始闪烁,在电量完全耗尽时它仍然发亮。开始闪烁的时间可以根据电池剩余电量的多少在摄像机的

MAINTENANCE(维修菜单)中设置。

(4) !(警告)指示灯：在以下非正常拍摄条件下使用摄像机时，如果 USER(用户菜单)"!"LED 页上的相应项目被设置为 ON，此指示灯会亮，用于提示。

- 将增益开关打开，且增益设定为除 0dB 以外的任意值；
- SHUTTER(快门)处于开启状态；
- WHITE BAL(白平衡)开关设为 PRST(预置)状态；
- 启用 ATW(自动白平衡)功能；
- 使用了扩展镜(EX)，且在寻像器上 EX 灯会亮；
- 将 FILTER 选择器设为除 ND:1/CC 和 B 以外的任意值；
- 自动光圈调整的参考值不是标准值。

(5) SAVE 指示灯：将 VTR SAVE/STBY 开关设为 SAVE 以使 VTR 处于节电模式时，此指示灯变亮。

本章作业

思考 1：ENG 摄像机在调整白平衡过程中为什么要先通过色温滤色片进行粗调？

思考 2：ENG 摄像机中经过分光棱镜和 CCD 光电转换产生的信号为什么还要进行一系列的放大、补偿和校正处理？

实训 1：参照 ENG 摄像机，了解和熟悉摄像机各部分的基本功能。

实训 2：实际操作 ENG 摄像机，掌握镜头的聚焦、变焦和光圈的基本操作。

第 3 章　ENG 视频制作

本章包括两部分内容:视频制作技术和视频制作工艺。

ENG 视频制作技术主要是指在 ENG 前期拍摄过程中与视频制作技术相关的方面,包括准备设备,设备调试,视频技术支持和保障,实施拍摄,设备的清点、清洁归位等过程。

视频制作工艺指在拍摄过程中涉及的画面、构图与镜头的剪接等方面的相关内容,目的是为了保证画面符合基本构图原则,获得更好的画面感知,让画面具有一定的艺术美感。

▶▶ 3.1　ENG 视频制作技术

ENG 视频制作技术主要是从设备的角度出发,通过摄像机基本使用方法的介绍,较好地掌握拍摄过程中的一些技术特点,确保设备正常工作,以获得能满足拍摄技术要求的电视画面。

这部分从制作流程上可以细分为四个阶段。

1. 拍摄前的设备准备工作。根据节目具体要求,选择适合节目需求的设备种类、型号、数量等,比如摄像机的型号、数量和其他周边配套设施等。

2. 拍摄前的设备调试工作。主要是指摄像机的调整,比如黑平衡、白平衡、杂散光、拐点的调整。

3. 拍摄过程中的视频技术支持和保障工作。包括镜头的调整,菜单的调整和音频电平的调整,摄像机等设备的现场管理和保护,拍摄质量的技术保证等。

4. 拍摄后的设备清点、清洁和归位工作。

3.1.1　拍摄前的设备准备工作

进入 ENG 拍摄前,设备准备工作非常重要,必须由专业视频技术人员认真完成。准备工作主要包含两方面的内容:设备选型,租用并测试设备,目的是保证所选设备在项目预算范围和技术指标内都能满足要求。

1. 设备选型

通常用于 ENG 视频制作的设备主要有摄像机、镜头、三脚架、监视器、电源和各种附件，比如电缆连接线、转接头等。

不同节目使用的 ENG 制作设备是不一样的，设备类型和数量相差很大，因此，作为技术人员需要非常熟悉当前的设备的性能、技术特点和设备的性价比（包括本身的性价比和租用性价比），这样才能做到物尽其用，既不浪费资源和资金，同时又能保障项目的正常运行。如附录 10 所示，是《环球汉语》剧组视频制作所使用部分设备的清单表，包括设备的名称、数量、型号和设备的序列号。涉及的设备有摄像机、各种镜头、镜头转换器、存储卡和磁带、三脚架、监视器、电源、连接电缆等。附录 10 中所列的设备序列号是设备用以确定身份的唯一号码，在租赁设备的时候必须予以登记。

选择好了适合节目拍摄的设备型号、数量后，可通过租、借的途径来解决。在租赁设备前，一定要先做好设备的测试工作，确保设备都能正常工作，以免出现不必要的问题。

2. 设备测试工作

租用设备时，需要对每一件设备，包括各种附件进行测试，确保所有设备都能正常工作。下面以摄像机为例，介绍设备的基本测试过程。

(1) 先检查一下外观，如有损坏及磕碰等，一定要登记清楚；

(2) 安装一块充满电的电池；

(3) 将摄像机的电源开关打开，检查寻像器屏幕是否显示正常，是否出现各种警告指示灯。如果出现，等待该灯消失后再进行下一步；

(4) 检查镜头的变焦、聚焦、光圈环及后焦点是否能够正常工作，并实时观看寻像器图像是否同步变化；

(5) 检查摄像机是否能够正常调整白平衡、黑平衡等各种参数；

(6) 检查音频通道部分是否能够正常工作，是否能够通过摄像机机身侧面显示面板显示各种相关参数，是否能够通过寻像器监看到实时变化的音频显示条，是否能够通过监听喇叭或耳机监听声音；

(7) 检查并确保录像带舱盖附近没有任何障碍物，然后按 EJECT 键打开录像带舱盖；

(8) 将试机用磁带装入录像带带舱并关闭带舱盖，穿带过程结束后启动录像机记录开关，录制一段视、音频信号，通过回放检测录像机单元是否能正常工作；

(9) 检查外接监视器是否能够正常监视监看所拍摄图像；

(10) 检查摄像机的菜单调整功能是否正常；

(11) 检查电源适配器是否能够正常工作。

上述各项测试通过后，才能确定这台摄像机是符合最基本的拍摄要求的。其他相关的每一件设备都需要按照正常工作流程进行测试,只有测试合格后,才可以在租借单上签字办理租赁手续。在拍摄前还需要进行拍摄前的设备调试工作。

3.1.2 拍摄前的设备调试工作

设备在租赁前都进行了简单的测试工作,但是在正式拍摄前,由于拍摄环境、拍摄条件经常变化,因此,为了保证设备能够在各种环境要求下正常运行,还需要对比较重要的设备进行更为复杂的调试工作。

比如摄像机的调试就是一项非常重要的工作,主要包括寻像器、镜头、基本电路、音频、录像机及菜单等,下面针对摄像机的调试进行较为详细的说明。

3.1.2.1 寻像器调试

寻像器的调试包括两个部分:寻像器工作状态的调整和利用寻像器屏幕信息检查摄像机的工作状态。

1. 寻像器工作状态的调整

(1)寻像器的观看位置的调节。松开寻像器的限位旋钮,就可以前后左右地移动,找到最适合自己观看的位置后固定限位旋钮。

(2)通过屈光度调节环可以从上下左右四个方向进行景物取景器的图像显示调整。

(3)调节 BRIGHT、CONTRAST 和 PEAKING 控制旋钮,让寻像器里的黑白图像更容易聚焦。需要注意的是,方便聚焦的同时也要考虑保护眼睛,高亮度、高对比度的黑白画面虽然有助于画面聚焦,但是长久观看对眼睛伤害很大。

(4)设置好 TALLY 指示灯,以便能够知道摄像机的工作状态。

图 3-1 寻像器调整及显示设置

(5)设置好 ZEBRA(斑马纹)开关,从而有效帮助控制镜头光圈。

(6)设置好 DISPLAY(显示)开关位置,以便更好地控制寻像器提示字符的显示。

2. 寻像器显示信息的调节

调整好寻像器的工作状态后,需要利用寻像器画面检查摄像机的工作状态,检查内容包括下列各项:

(1)利用寻像器屏幕检查菜单显示功能。通过配合旋转和按压 MENU 旋钮来选择并改变菜单及其参数值,详见之后的 3.1.2.6 部分的菜单调整说明。

(2)利用寻像器屏幕检查滤色片、滤光片状态功能。将 OUTPUT/DCC 开关设置为 CAM,通过改变滤色片和滤光片的位置,检查寻像器上是否显示相应的参数值。

(3)利用寻像器屏幕上所显示的信息,检查摄像机是否以正常状态工作:

如果寻像器显示屏上出现"!"符号,确认摄像机出现了以下哪种情况,并明确是否是自己需要的正常设置。

- 通过 GAIN 选择器和 OPERATION 菜单中的 GAIN SW 页面,将增益设置为除 0dB 以外的值;
- 将 SHUTTER 选择器设置为 ON;
- 将 WHITE BAL 开关设置为 PRST;
- 使用了镜头倍率镜;
- 将内部滤色片设置在 3200K 以外的任意位置;
- 将中性滤光片设置在 1 以外的任意位置;
- 将光圈优先设置为除 0 以外的任意值。

(4)将快门 SHUTTER 选择器从位置 ON 反复移到 SEL,检查寻像器屏幕上快门的数值是否改变,图像的亮度是否随之变化。

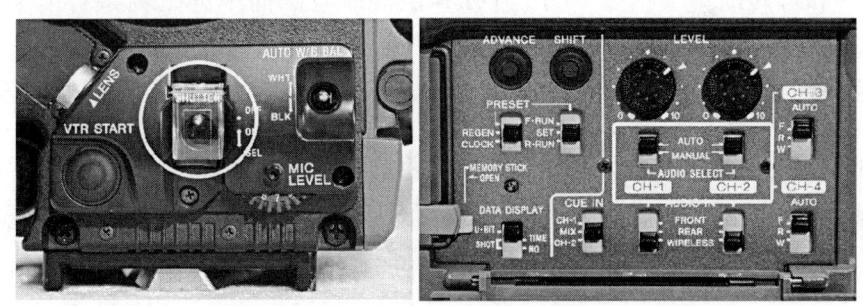

图 3-2 摄录一体机电子快门设置与音频输入的选择

(5)将摄像机对准合适的物体,再调节摄像机的焦距,然后检查取景器屏幕上的图像是否能够清晰聚焦。

(6)将机身侧面板上 CH-1 和 CH-2 两个音频输入通道 AUDIO IN 开关均置于 FRONT 位置,将随机麦克风输入通道 MIC IN 作为摄像机 CH-1 和 CH-2 两个声道的输入信号源,当周围环境有声音信号时,检查寻像器屏幕上是否出现音频电平指示信号。

(7)将 ZEBRA 开关分别设置为 ON 和 OFF 时,调整镜头光圈,观看寻像器屏幕上的高亮度区域是否显示斑马纹图形。

3.1.2.2 镜头的调整

镜头的调整主要包括变焦、聚焦、光圈和后焦距的调整,下面分别介绍。

1. 变焦

将摄像机变焦镜头上伺服开关 ZOOM 设置为自动变焦模式 S(Servo),然后通过改变给予变焦开关 W、T 的力量,检查变焦操作是否正常;将变焦镜头设置为手动变焦模式,然后通过检查利用手动变焦推杆能否轻松转动变焦环,确定变焦功能是否正常。

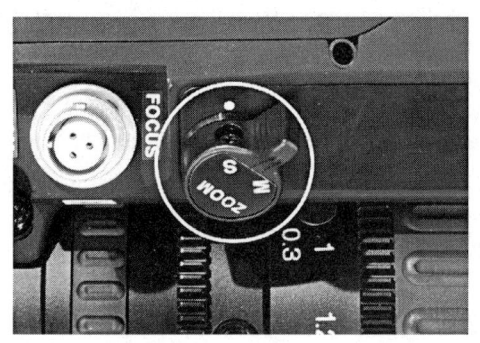 

图 3-3　摄像机镜头的自动与手动变焦

2. 聚焦

拍摄景物时,转动镜头的聚焦环,通过寻像器监看画面中的景物是否能够准确清晰聚焦。

3. 光圈

光圈的控制方式有三种:自动光圈、手动光圈和瞬时自动调整。

自动光圈 A:将镜头伺服系统中的光圈开关被置于自动 A 的位置,摄像机将根据被摄物的亮度自动调节光圈值。现在的数字摄像机可以通过菜单设置画面中的单点、多点或区域位置的平均电平值为标准自动电平参考值,从而更加准确地控制画面的曝光。亮度均匀、反差较小且景物移动不大的情况下适合使用自动光圈模式。

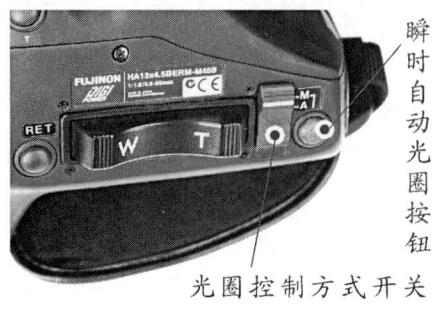 

图 3-4　摄像机光圈的调整

手动光圈 M：将镜头伺服系统中的光圈开关被置于手动 M 的位置，通过调整镜头上的光圈环位置来手动改变光圈读数。这种方式可以很好地控制被摄景物的正确曝光，尤其适合高对比状况下的景物拍摄。绝大多数情况下都需要采用手动光圈模式进行拍摄，该模式下可以适当配合自动光圈、瞬时自动光圈或者斑马纹的方式来进行。

瞬时自动模式：镜头伺服系统中的光圈开关被置于手动 M 的位置时按住此按钮，光圈就处于瞬时自动调整光圈模式，这时的光圈读数为自动光圈值，此时松开按钮，光圈将停留在刚才自动调整后的位置上，再次进入手动光圈调整模式。此按钮可以在手动光圈模式下为摄像人员提供一个参考值，对初学者很有帮助。

尽管自动光圈在拍摄过程中有许多优点，但由于它反映的是整个画面的平均亮度，所以在高对比度环境中景物亮度反差过大，或者画面中人物动作幅度较剧烈的情况下都不太适宜采用此模式。前者造成的后果是高亮度的景物可能曝光过度，而低亮度的物体曝光严重不足；而后者造成的结果是整个图像的电平一直处于动态变化之中，画面图像会因为随时变动的亮度电平出现"忽闪"效果。因此，在实际拍摄时，可先用自动光圈模式测定一个参考光圈值，然后根据环境的整体亮度和景物主体的实际亮度用手动光圈进行修正，用修正后的手动光圈值进行正式拍摄，并根据景物变化情况适时调整光圈。

4. 后焦距

在拍摄过程中，如果镜头的后焦距发生了偏移，那么随着镜头景别的变化，拍摄画面的焦点也会发生偏移。

(1) 后焦距偏移现象

正常的拍摄流程是先用变焦环将需要聚焦的景物推至最特写景别（即镜头最长焦位置），利用聚焦环将景物变得最为清晰，保持聚焦不变，通过变焦环将被摄景物变换到需要的景别（可能是中景或全景景别），完成景物的构图拍摄。

聚焦清晰的景物，在景别发生变化的过程中，其清晰度应该保持不变，这种情况称为后焦距正常。如果聚焦清晰的景物在景别发生变化的过程中，其清晰程度也随之变化，这种现象就称为后焦距偏移。

(2) 后焦距偏移的原因

由于运输途中的颠簸或者使用环境的温度变化，可能会导致镜头后焦距发生改变，从而影响景物拍摄过程中的正常聚焦。因此，在 ENG 节目拍摄过程中，如果发现后焦距出现问题，需要对其进行适当的调整。

(3) 后焦距调整用的工具

调整后焦距一般采用专门的后焦距调节卡，也称为西门子星卡，如图 3-5 所示。如果现场没有，可以通过黑白对比分明的景物暂时替代西门子星卡进行简单调节，等有条件时再进行严格的后焦距调整,才可以确保后焦距正常。

(4) 调整方法

①根据图3—5的要求,将西门子星卡和摄像机固定好位置。

②打开摄像机电源,将镜头推至西门子星卡中心点的特写景别,调节聚焦环,使画面最清晰。

③将镜头拉开至最大景别,如果画面不能保持清晰,则要保持焦点位置不动,松开后焦F.f环的锁定螺钉,调节后焦F.f环位置直到画面完全清晰。

④将镜头推至星卡中心点的特写景别,手动调节聚焦环至画面清晰聚焦。

⑤保持焦点不变,再拉出镜头至最大景别,观察画面是否清晰,如果清晰,后焦距调整结束;如果不清晰,再改变F.f环直到画面清晰。然后重复④和⑤步骤,直到西门子星卡的特写景别和最大景别在同样焦距的位置上都能保持清晰,这样后焦距才算调整好。

⑥调整好后焦距位置后,将后焦距F.f环的锁定螺钉锁好,后焦距调整结束。

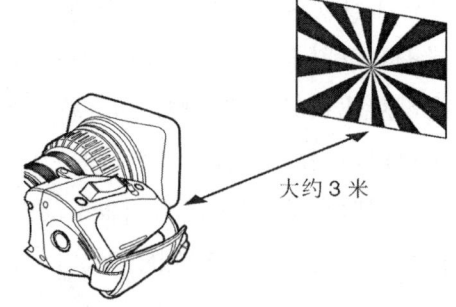

图3-5 摄像机后焦距的调节示意图

图3-6 ENG摄像机镜头后焦距调整F.f环及锁定螺钉

3.1.2.3 基本电路调试

这里主要介绍黑平衡调整、白平衡调整和快门的调整。

1. 黑平衡的调整

黑平衡是否正常对于摄像机所拍摄的画面能否真实还原色彩具有非常重要的意义。

出现以下三种情况时需要对黑平衡进行调整:初次使用摄像机、长时间不使用摄像机和遇到突然的温度变化。

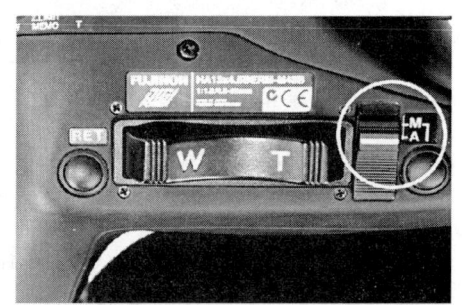

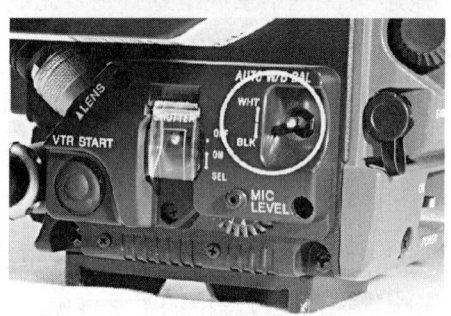

摄像机的黑平衡调节比较简单,调整方法如下:

图3-7 摄像机黑平衡的调整

(1) 打开摄像机电源,关闭DCC功能(自动拐点控制功能),关闭增益开关。

(2) 将摄像机光圈开关置于自动位置,如图3—7。

(3) 将用于调整摄像机自动黑/白平衡的开关往黑平衡(BLK BALANCE)位置按下,摄像机将自动对黑平衡进行调整,调节过程中寻像器将显示 EXCUTING,如果出现 COMPLETE 字符,说明黑平衡调节完毕,否则需要重新调整。

2. 白平衡的调整

调节白平衡是绝大多数 ENG 摄像机拍摄前和拍摄过程中遇到环境照明光源的色温发生变化时,必须完成的一项工作,否则不能确保摄像机正确还原被拍摄景物的色彩,其调整过程相对黑平衡调整要稍微复杂一点。

图 3-8 ENG 摄像机白平衡的调整的相关按钮

(1) 白平衡调节步骤:

①在景物照明光源情况较复杂的环境下,需尽量保持所有光源色温一致,避免在多色温环境下拍摄。

②打开摄像机的电源开关,关闭 DCC,即自动拐点功能,关闭增益开关。

③根据当前光源情况正确设置滤色片和滤光片的位置。

④将白平衡的存储开关从 PRESET 位置拨到 A 或 B 位置。

⑤将摄像机的光圈控制开关置于自动位置 A。

⑥将反射率为 89.9% 的标准灰度测试卡(现场也可以用表面为白色的平整物体替代,尽量避免使用白色复印纸进行调白,因为白色复印纸在灯光照明下会呈现蓝色,这样调整后摄像机拍摄的画面呈暖色调,偏色)置于光源照射环境下,利用摄像机的变焦功能尽可能地使成像后的测试卡图像在画面中所占面积不少于 75%(灰度卡在画面中所占面积与摄像机品牌有关,为保证成功,要求尽量占满屏),并将焦点调到最清晰。

⑦将摄像机面板上的 WHITE/BLACK BANANCE 开关向 WHITE 方向扳动,此时自动白平衡调节开始,摄像机寻像器上将显示 EXCUTING,如果出现 COMPLETE 字符,说明白平衡调节完毕,同时在寻像器上可读出色温值,如果出现 NG 字符,说明调整失败,需要重新调整。也可以通过更改色温滤色片位置,或改善景物照明照度来完成,具体情况需要具体分析。

(2) 白平衡调整需要注意的事项:

若拍摄环境有彩色照明光源,调整白平衡时必须关闭彩色效果灯,调整白平衡后再将彩色照明光源打开,这样拍摄时才能呈现出所需要的色彩效果。

3. 快门的调节

摄像机的快门调整包含两个方面:快门模式的调整和快门速度的调整。

快门模式主要包括标准模式和 ECS 模式。ECS 模式也被称为扩展的清晰扫描模式,该模式主要用于拍摄监视器或计算机显示器,此时能获得没有水平噪声带的清晰图像。ECS

模式一般又可以分为 SLS 模式和 EVS 模式两种。SLS 又称为慢速快门,主要在光线条件较暗的环境下拍摄时使用,快门速度可以在 1/25、2/25、3/25…8/25 秒和 16/25 秒之间选择;而 EVS 是指超级增强垂直分辨系统,主要用于提高垂直分辨率,这种模式是以降低摄像机的灵敏度、缩小摄像机的动态范围为前提条件的。

ENG 摄像机经常需要拍摄一些高速运动的物体或计算机、监视器的屏幕,如果不调节摄像机的快门速度会出现拍摄图像模糊或闪烁现象,如图 3-9(彩图 1)所示,具体的调整办法如下:

(1)将摄像机机身 SHUTTER 开关拨到 ON 位置,此时寻像器上将显示最近一次调整过的快门速度。

(2)如果快门速度不合适,将快门开关继续向下按,此时快门速度将会随着按压快门开关的次数而改变,直到寻像器上的图像变得清晰或不再闪烁为止。

(3)摄像机的快门模式处于标准模式下,适用于拍摄高速运动物体的快门选择,此时的快门速度调节档位较少,且变化幅度较大,一般有 1/60、1/125、1/250、1/500、1/1000、1/2000 等,单位为秒。ECS 模式主要用于拍摄显示器之类的景物,此时的快门调节速度相对比较连续,针对不同扫描频率的显示器都能找到合适的摄像机的快门速度。在拍摄显示器时,如果寻像器上显示的图像出现黑色带,说明摄像机的快门速度高于显示器的刷新频率,这时要降低摄像机的快门速度;如果出现白色带,则要加大摄像机的快门速度。

图 3-9 拍摄计算机屏幕时出现的闪烁现象

在调节摄像机的快门速度时需要注意的是快门速度越高,单位时间内通过镜头到 CCD 靶面上的光越少,此时应该适当增加照明或加大摄像机镜头的光圈,在某些情况下可以利用这一特性来控制画面的景深。

3.1.2.4 音频调整

音频调整主要包括输入调整和监听输出调整两部分。输入调整较为复杂,从输入信号的类型来分包括麦克风输入和线路输入两种,按外接输入方式可分为随机麦克风输入(MIC IN 有一个输入口,只能麦克风输入)、外接信号输入(CH1 IN 和 CH2 IN 两个输入端口,可以是麦克风输入,也可以是线路输入)和无线麦克风输入(摄像机内置一个端口,可麦克风输入)三种。不管是按照输入信号类型、还是根据外接输入方式来区分,都需要通过机身上相应的开关和按键,根据输入信号的类型,选择适当的输入方式,送入到录像机相应的通道进行信号的记录。

录制信号电平的大小可以通过音频电平调节功能进行控制,分为自动电平调节和手动电平调节两种方式,在时间允许的条件下尽量采用手动方式进行。

监听输出调整部分比较简单,包括扬声器监听和耳机监听两类。

由于外接输入端口较多,我们按输入信号类别进行调试更为简单。由上可知,麦克风信号和线路信号都可以进入录像机,麦克风信号可以通过随机麦克风通道、外接信号输入通道和无线麦克风通道三种途径输入,这三种途径的拾音方式和信号控制方式基本一致,而线路信号只能从外接信号输入通道进入。下面分别介绍不同输入方式下的不同电平控制方法。

1. 随机麦克风的调试过程

(1)自动音频电平调节功能调试

①按图 3—10 连线方式接入随机麦克风。

②将摄像机机身侧面板音频设置单元中的 AUDIO IN CH—1 和 CH—2 开关设置为 FRONT。

③将 AUDIO SELECT CH—1 和 CH—2 开关设置为 AUTO,此时输入音量电平与音频电平控制旋钮无关,由摄像机内部自动增益控制电路决定。

④将监听通道开关 CH—1/2、CH—3/4 设置为 CH—1/2,具体监听内容由监听选择开关决定,包括 CH1、CH2 单声道声音或者两者的混合声。

⑤将 MIC IN 接口上连接的麦克风对准合适的声源,分别检查通道 1 和 2 的电平指示是否与声音大小相符。

⑥将 AUDIO IN CH—3 和 CH—4 开关设置为 F。

⑦将监听通道开关 CH—1/2、CH—3/4 设置为 CH—3/4,具体监听内容由监听选择开关决定,包括 CH3、CH4 单声道声音或者两者的混合声。

随机麦克风接入处 Mic IN

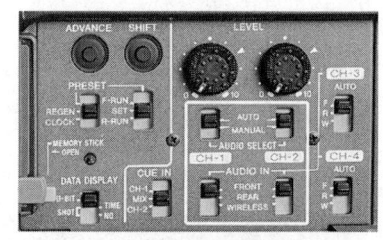

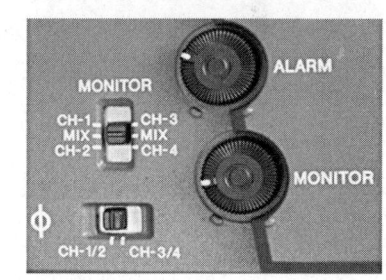

图 3—10　随机麦克风输入方式及自动音频电平控制

⑧将 MIC IN 接口上连接的麦克风对准合适的声源,分别检查通道 3 和 4 的电平指示是否与声音电平相符。

⑨检查完通道 CH3 和 CH4 后,确保将 CH—1/2、CH—3/4 开关重新设置为 CH—1/2。

全部过程完成后,自动音频电平调节功能的调试结束。

(2)手动音频电平调节功能调试

手动音频电平调节功能调试过程如下:

①采用随机麦克风,将麦克风连接到 MIC IN 接口。

②将 AUDIO IN CH-1 和 CH-2 开关设置为 FRONT。

③将 AUDIO SELECT CH-1 和 CH-2 开关设置为 MANUAL。

④通过旋转位于机身前下方的 MIC LEVEL 旋钮(如图 3-11 所示),可以控制外部音源信号进入录像机的音量输入电平。面向摄像机逆时针旋转该控制器,控制器对应的数字逐渐加大,查看显示面板中通道 1 和 2 音频电平表是否显示越来越多的发光段;顺时针旋转控制器,对应的数字逐渐变小,显示面板中通道 1 和 2 音频电平表显示越来越少的发光段,直至不显示。此时,需要注意的是通过改变机身侧面板

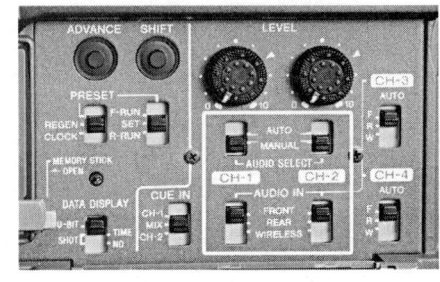

图 3-11 MIC LEVEL 旋钮

上的音量电平旋钮 LEVEL 位置无法改变输入信号电平大小。

⑤对于一个音量基本固定的声源来说,调整音量控制旋钮,使得音频电平表的发光段基本保持在-20(dBu)的位置附近即可。如果声源音量起伏较大,需要适时调整音量控制旋钮,保持电平表的发光段在-20(dBu)的位置附近。声音质量如何有效保证,详见本章 3.1.3 中的掌握标准磁带的制作规范中的相关内容。

以上是随机麦克风两种音量电平控制的调试方法,下面介绍外接麦克风的拾音调试过程。

2. 外部麦克风的调试过程

使用 ENG 摄像机拍摄时,人声、环境声等重要的声音都需要通过外部麦克风通道进行信号的录制,因此,在开始拍摄前必须对该部分进行认真的测试,具体的调试过程如下:

(1)将外部麦克风连接到 AUDIO IN CH-1 和 CH-2 接口上,如图 3-12 所示,如果声源较多,可以同时将两个麦克风分别接入 CH-1 和 CH-2 通道。

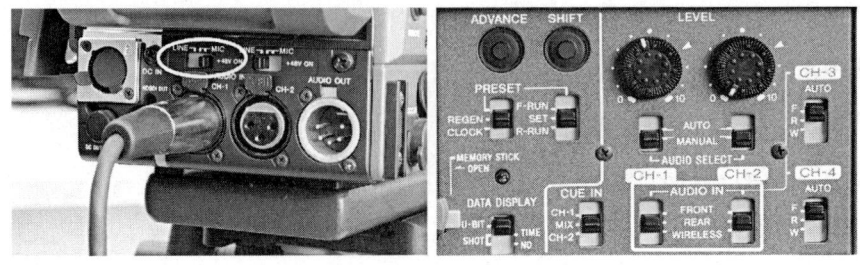

图 3-12 外部麦克风调试

(2)根据外来信号的类型设置 LINE/MIC/+48V ON 开关位置。外接线路信号开关设置为 LINE 位置;外接动圈麦克风或者本身由电池供电的电容麦克风,开关置于 MIC 位置;本身不提供电源的电容麦克风,将其开关位置置于+48V ON 处。

(3)将 AUDIO IN CH-1 和 CH-2 开关设置为 REAR。

(4)将麦克风对准不同声源,检查显示面板上的音频电平表以及取景器中的音频电平指示器是否能随着声音信号大小和音频电平控制旋钮位置的变化而变化。

需要注意:利用机身后面的两个输入通道 AUDIO IN CH-1 和 CH-2 可以实行分声道录制。通过 AUDIO IN CH-1 输入接口将人声录制在录像机的 CH-1 声道中,利用 AUDIO IN CH-2 输入接口将环境声和背景声录制到录像机的 CH-2 声道中,这样在后期的声音制作中具有较大的灵活性和方便性。

3. 无线麦克风输入调试

无线麦克风的调试,首先需要将内置于机身上的无线接收机电源、无线手持麦克风或者无线胸麦上的发射机电源开关打开,并将两者的无线频率调成一致,根据声源音量大小适当调整无线麦克风接收或发射单元的灵敏度,然后再根据前面介绍过的随机麦克风和外部麦克风音量电平调整方法进行调试,就可以完成无线麦克风的拾音。

如果是对外接线路信号进行拾音,只需要将上述"外部麦克风的调试过程"中的 LINE/MIC/+48V 开关设置在 LINE 位置,其他所有相关设置按照以上步骤进行就可以完成信号的输入。

4. 耳机和扬声器调试

利用耳机和扬声器在正式拍摄过程中可以实时监听所记录的音频信号的大小和信号质量,在没有专门的音频技术人员的情况下需要由摄像师实时监听录制过程,具体的调试过程如下:

(1)旋转 MONITOR 音量控制旋钮,检查扬声器的音量是否发生相应变化。

(2)将耳机连接到机身前或机身后的 EARPHONE 插孔上,检查扬声器的声音是否被切断,能否用耳机听到来自麦克风的声音。

(3)旋转 MONITOR 音量控制旋钮,检查耳机的音量是否发生相应变化。

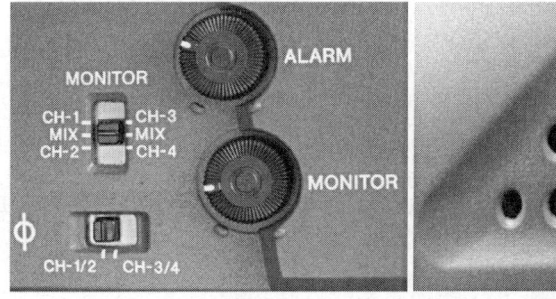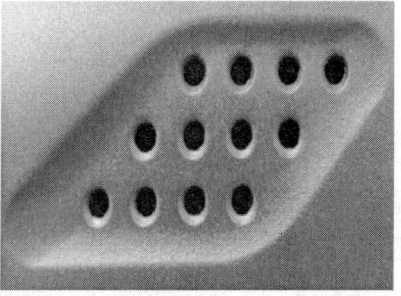

图 3-13 ENG 摄像机耳机和扬声器调试

需要注意的是：在正式拍摄过程中，一定要避免扬声器的声音通过拾音麦克风再次进入节目声中，影响节目声音的清晰度。可以通过耳机的方式实时监听，或者在拍摄前将所有的声音电平调试好，开始拍摄后再关闭扬声器监听音量。

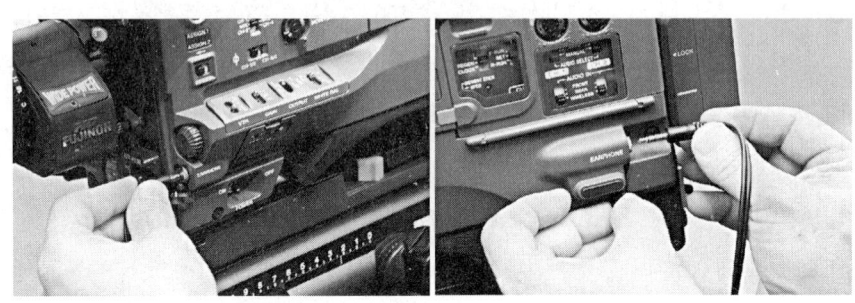

图 3-14　ENG 摄像机前后耳机插孔

3.1.2.5　录像机单元调试

对于磁带 ENG 摄像机来说，录像机单元主要由磁带带舱及录像机控制单元构成。带舱是录像机上一个非常精密的装置，是否能够正常走带直接影响信号的记录质量，因此在使用过程中需要严格保护，避免震动和撞击。控制单元主要包括磁带的走带控制，视频、音频及时间码信号磁迹的控制等。

图 3-15　ENG 摄像机录像单元及控制部分

录像机单元功能调试：

将 VTR SAVE/STBY 开关设置为 VTR SAVE，然后检查寻像器中的 SAVE 指示灯是否变亮；将 VTR SAVE/STBY 开关设置为 VTR STBY，检查寻像器中的 SAVE 指示灯是否熄灭；将 F-RUN/SET/R-RUN 设置为 R-RUN；将 DISPLAY 开关设置为 CTL。

插入一盘磁带，按 VTR START 键，然后检查下列情况：

（1）录像带卷轴是否转动；计数器指示是否变化；取景器中的 REC 指示灯是否变亮；显示面板上的 RF 和 SERVO 指示器是否熄灭。再次按 VTR START 键，检查录像带是否停止以及取景器的 REC 指示灯是否熄灭。

(2)检查镜头上伺服的 VTR 键是否具有同样的功能。

(3)按 RESET 键,检查计数器是否显示为"00:00:00:00"。

(4)检查时间码系统是否能够正常工作,是否能够正常赋值并记录。

(5)打开 LIGHT 开关,检查显示面板是否变亮。

(6)检查录像机磁带控制键:按住 REW 键倒带片刻,然后按 PLAY 键,检查倒带和播放功能是否正常,按 STOP 键并按 F FWD 键,检查快进功能是否正常。

3.1.2.6 菜单调整

摄像机菜单采用树形结构方式,根目录下为总菜单 TOP,下分七类子菜单,每一类子菜单又可分为不同的种类,见表 3—2。

就像 USER(用户)子菜单一样,每个子菜单由许多页组成,在此可以进行各种设定和调整,有的页面提供一个窗口进行更多、更详细的设定。

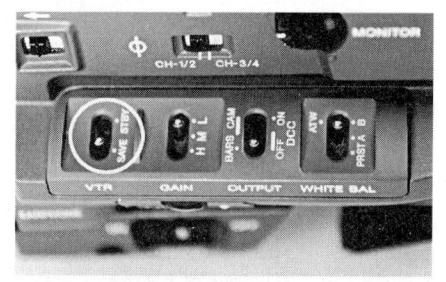

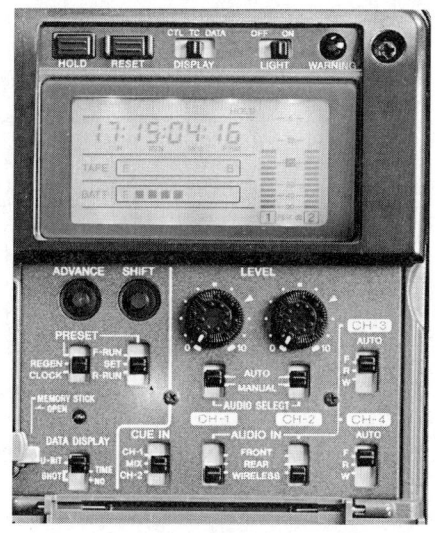

图 3—16 ENG 摄像机录像单元走带测试

菜单调整的过程是,首先确定需要调整的项目,然后再通过参数进行修改。具体操作如下:

表 3—2 ENG 摄像机菜单结构示意图

TOP(总)菜单
USER MENU CUSTOMIZE(用户自定义菜单)子菜单
ALL(所有)子菜单
OPERATION(操作)子菜单
PAINT(调整)子菜单
MAINTENANCE(维护)子菜单
FILE(文件)子菜单
DIAGNOSIS(自检)子菜单
USER(用户)子菜单
OUTPUT SEL(输出选项)页
FUNCTION1(功能 1)页
VF DISP1(寻像器显示 1)页
VF DISP2(寻像器显示 2)页

续表

USER(用户)子菜单
！LED(！指示灯)页
MAEKER(标记)页
GAIN SW(增益开关)页
VF SETTING(寻像器设定)页
AUTO IRIS(自动光圈)页
SHOT ID(镜头号)页
SHOT DISP(拍摄数据显示)页
SET STATUS(设置状态)页
USER FILE(用户文件)页
LENS FILE(镜头文件)页

(1)将 MENU ON/OFF(菜单打开/关闭)开关从 OFF 位置拨至 ON,菜单出现在寻像器显示屏上。

(2)转动 MENU 旋钮,直至出现所需页面。

(3)按压 MENU 旋钮,在页面上当前选择的项目的左边出现"→"标记。

(4)转动 MENU 旋钮,将"→"标记移到所需设置的项目。从摄录一体机前面看去,逆时针方向转动菜单旋钮,"→"标记连续向上移动;顺时针方向转动菜单旋钮,"→"标记连续向下移动。

(5)按压 MENU 旋钮,选择的项目左边的"→"标记变为"●"符号,而设定值左边的"●"符号变为"?"标记。

(6)转动 MENU 旋钮改变设定值:

增大设定值:从摄录一体机前面看去,逆时针方向转动 MENU 旋钮。

减小设定值:从摄录一体机前面看去,顺时针方向转动 MENU 旋钮。

在转动 MENU 旋钮的时候,菜单的设定值一步一步地增大或者减小。如果很快地转动 MENU 旋钮,数值将变化很快;如果很慢地转动 MENU 旋钮,则可以进行仔细的调整。

(7)在设定值 ON 和 OFF 之间更改:

从摄录一体机前面看去,逆时针方向转动菜单旋钮,则选择设定值 ON。

从摄录一体机前面看去,顺时针方向转动旋钮,则选择设定值 OFF。

(8)取消设定/恢复初始设定:

在执行(7)之前,将 CANCEL/PRST/ESCAPE (菜单取消/预置/退回)开关拨至 CANCEL/PRST

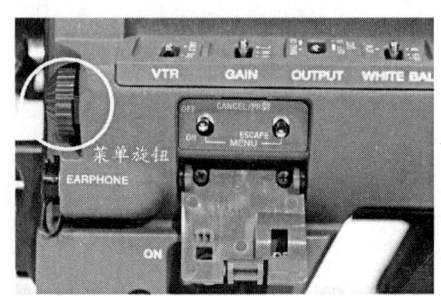

图 3-17 摄录一体机的菜单操作旋钮及开关

(菜单取消/预置)位置时,则可以取消设定并复位至初始设定(一组出厂设定值,或者预置值)。当把 CANCEL/PRST/ESCAPE 开关拨至 CANCEL/PRST 位置时,显示信息"CANCEL?"(取消设定?),如需取消前面的设定,则再按一次 CANCEL/PRST 开关。如需恢复初始设定,则需第三次将 CANCEL/PRST/ESCAPE 开关拨到 CANCEL/PRST 位置,此时出现"PRSET?"(恢复?)显示,然后再次将此开关拨到 CANCEL/PRST 位置。CANCEL/PRST 的功能对于有些项目的设定是不同的。一些项目仅能对其进行 PRST(预置)操作。详细说明,查看每个项目的设定步骤。

(9)中断更改设定:

将 MENU ON/OFF(菜单打开/关闭)开关拨至 OFF 位置,寻像器屏幕上的设定菜单消失。再次将 MENU ON/OFF 开关拨至 ON 位置,显示中断设定操作时所显示的值,这样,又可以继续进行设定了。

3.1.3 拍摄过程中的技术支持和保障工作

了解了设备的基本构成和性能后,就可以利用设备进行 ENG 节目的拍摄了,但是,要保证拍摄到的素材能够满足节目后期编辑在技术上的要求,还应该掌握以下原则和规范。

1. 掌握标准磁带的制作规范

由于摄像机的品牌和型号多种多样,用于记录信号的磁带也各不相同,基于安全性和通用性考虑,所有磁带都有标准的制作规范,下面对我国标准清晰度数字电视节目磁带制作规范作一介绍。

录像机磁带制作规范分为三个部分:记录信号的内容、记录信号的标准和记录信号的排列顺序。

记录信号的内容包括音频信号、视频信号、控制磁迹和时间码信号四个部分。

音频信号又包括校准测试信号、提示信号和节目内容信号,节目内容信号又由环境声、效果声、音乐和人声构成,前三者构成国际声信号,所有声音构成混合声。

视频信号包括标准彩条信号、字幕提示信号、黑场信号和节目内容信号。

控制磁迹信号是一个用时、分、秒、帧来表示磁带节目相对时间的信号;时间码信号是一个用时、分、秒、帧来表示磁带节目绝对时间的信号,包括纵向时间码(LTC)和场消隐期时间码(VITC)。这两个信号数字必须绝对保持一致。

记录信号根据信号的不同,标准也有所区别。音频信号中的校准测试信号为 1000Hz 的正弦波信号,校准电平为 -20dBFS(对应的模拟信号电压电平为 $+4$dBu),节目信号电平一般保持在 -9dBFS,最大不超过 -6dBFS,而语言节目电平最大值不超过 -12dBFS。对于两个声道磁带录像机单声道信号的分配规定:1 声道用于记录混合声,混合声包括人声、环境声、效果声和音乐等全部声音；2 声道用于记录国际声。对于四个声道的信号分配，前两个声道不变，3、4 声道不做特别规定。而对于立体声信号的分配规定是：1 声道用于记录左声道，2 声道用于记录右声道，3 声道用于记录国际声左声道，4 声道用于记录国际声右声道。

视频信号中的校准测试信号为 100/0/75/0 彩条信号，峰值电平保持在 700mV 以下，消隐电平标称值为 0mV，黑电平与消隐电平差应该保持在 0mV 到 50mV 之间。

对于以线性方式进行排列的磁带，所有的信号应该遵循什么样的排列顺序呢？如图 3－19 所示，首先是引带，其后是正式节目内容，最后是带尾信号。简单来说，磁带带头为引带，总长度应该超过 1 分 40 秒，包括保护引带、标准测试信号、黑场信号和提示信号四部分。磁带最前面为保护引带，不记录任何信号，长度应该保持 10 秒以上；之

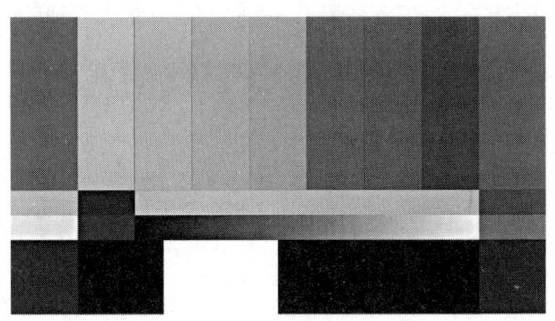

图 3－18　SMPTE 高清彩条信号

后开始记录校准测试信号，包括彩条视频信号和音频校准 1KHz 信号，时间长度为 60 秒，音频信号记录在 1、2 两个声道；校准测试信号后为黑场信号，时间为 30 秒，音频信号为静音，期间也可以在黑场 5 秒到 20 秒间用提示字幕视频信号和提示语言音频信号替代，根据具体情况而定；引带后开始记录正式节目信号；节目结束后为带尾信号，带尾信号包括黑场视频信号和静音音频信号，长度大于 30 秒。

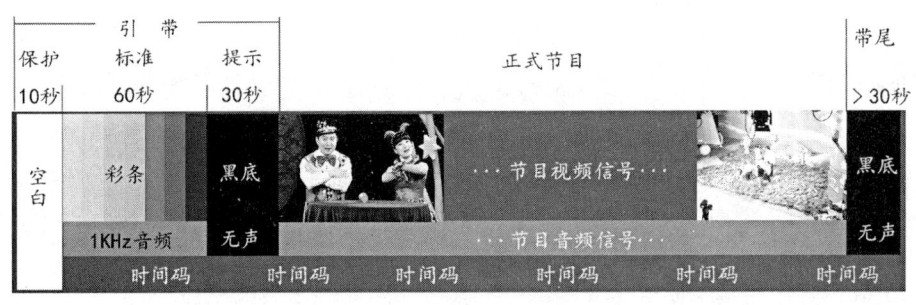

图 3－19　标准磁带制作规范示意图

控制磁迹和时间码信号从引带开始计数，以时：分：秒：帧的方式显示，有条件时必须从 00：00：00：00 开始，以连续增加的方式计数。如果引带开始处不为零，以后的计数必须以该数字为基准顺序增加，并保持连续。在拍摄过程中通过场记的方式来记录时间码信号，以便和节目内容形成对应关系，节省后期编辑寻找节目带的时间，这一点非常重要。

以上就是标准磁带的制作规范，下面再以图表方式加以说明。

表 3-3 标准磁带的制作规范

磁带段		持续时间(秒)	图像	声音		控制磁迹	时间码
				磁迹 1	磁迹 2		
引带	保护	≥10	空白或黑场无声				
	校准	60	100/0/75/0 彩条信号	基准电平 1000kHz 信号		连续	连续
	提示	30	黑底	无声	无声		
正式节目		节目实际运行时间	节目				
带尾		≥30	黑底	无声	无声		

在 ENG 节目制作过程中,可以参考上述磁带制作规范适当修改引带的时间长度,但是必须严格遵守信号的技术标准。

2. 拍摄过程中应该把握的基本原则

拍摄过程中需要把握的原则是：前期拍摄能够克服的困难和能够解决的问题,一定不要留到后期。另外在以下一些具体方面需要特别引起重视：

(1)拍摄前,根据拍摄要求设定好拍摄记录格式,尤其是高清拍摄环境下,不同的格式将会有不同的效果,包括画面的色彩效果和制作播出环境的效果等。

(2)对于需要使用监视器进行辅助拍摄的环境,需要对监视器进行非常专业的色彩调整。对于画面要求较高的拍摄,尽量采用与示波器配合的方式来进行。对于需要使用摄像机菜单调整来确认画面色彩的,一定要使用示波器与调整好的监视器进行监视,确保色彩还原正确。

(3)时间允许的情况下,尽量保证拍摄环境的照明条件。光源色温发生变化时,及时调整白平衡,保证色彩还原正常,调整白平衡时尽量保持光源色温一致。应注意的是,在同一个节目中要处理好整个节目的色彩衔接和不同光源色温的色彩正常还原的关系。

(4)拍摄过程中要有专人记录场记单,以便后期编辑使用,提高工作效率。

(5)拍摄过程中尽量避免摄像机在非正常状态下工作,比如使用增益、倍率镜、快门等方式,随时注意取景器里的告警信号指示。

(6)尽量控制环境噪声给拍摄带来的负面影响。

(7)拍摄过程中时刻注意拍摄环境的状况,确保设备和人员的安全。

(8)在进行拍摄时,尽可能使用三脚架,确保画面稳定,总体上要求做到平、稳、匀、准、清,这几点是画面符合要求的最基本条件。

平：是指所拍摄画面中的水平线一定要与地平线平行,也就是说,通过摄像机的寻像器看到的画面应该横平竖直,这可以通过寻像器的水平与垂直标尺来定位,特殊画面要根据实际要求来决定。

稳：是指画面稳定，表现为在寻像器上所看到的画面没有出现整体的晃动。画面稳定是一般画面镜头的基本要求，因为画面不稳，镜头晃动，会影响内容的表达，给人一种不安定的感觉。没有特殊的要求，各种镜头都必须保持稳定，消除不必要的晃动。因此，在拍摄过程中就必须使用摄像机的支撑设备，比如三脚架和摄像机稳定设备。如果需要用肩扛或手持的方式，就必须采取特殊的姿势，比如摄像师应该双脚叉开站立、双膝略为弯曲、重心降低、呼吸平稳。另外，要尽可能地利用外来的依靠物来保持身体的平衡和稳定，消除不必要的晃动，尽量使用广角镜头或镜头的广角位置来拍摄画面。在拍摄移动镜头时，一定要先在落幅位置保持身体的平衡，并处于最放松状态，然后转动身体寻找起幅位置，稳定后再开始拍摄，逐渐向落幅位置转动直到镜头的结束，只有这样镜头才能在整个过程中保持稳定。同时在拍摄整个运动镜头时，确保镜头起幅与落幅之间有超过3秒的稳定镜头，中间运动力求匀速。

匀：是指在操作摄像机的过程中，包括推、拉、摇、移或其他运动形式中，施加速度要匀，不能忽快忽慢，否则会破坏节奏的连续性。这些和摄像师的基本技能有很大的关系，同时也与能否熟练运用摄像机及相关配套设备有密切关系，比如在操控镜头的变焦和聚焦上，在使用摄像机支撑设备时，云台的阻尼合理调整等等。

准：有两方面的含义，即镜头构图的准与画面色彩的准。镜头构图的准主要是指技巧性镜头的起幅、落幅画面要准确无误。首先，必须通过寻像器安全框调整好寻像器的有效取景范围，以便确保实拍后监视器上所看到的图像范围就是实际要求的范围；其次，运动镜头的起幅位置要找好，落幅位置要准确，中间运动过程也要按照要求去操作；最后，整个运动的节奏也要把握好。画面色彩的准在ENG节目制作中主要表现为是否满足节目本身所要求达到的实际效果，这主要通过控制光源的色温和调整白平衡的方式来实现。如果需要某些特殊的色彩效果，还应该借助于示波器和标准的彩色监视器来判断。

清：就是指所拍摄的电视图像力求清晰，也就是镜头的聚焦问题。这一点是对摄像师最基本的要求。画面的清晰不光是指要保证固定镜头的画面清晰，运动镜头也要始终保持清晰，对于某些焦点始终处于变化的景物，我们需要通过跟踪焦点的变化来保持画面的清晰，这需要长期的锻炼和不断的经验积累，尤其在高清电视节目拍摄过程中，景深变小的情况下更是如此。

为了更好地做到平、稳、匀、准、清，需要注意几种常见的拍摄问题：

①采用三脚架拍摄时，首先要检查摄像机三脚架是否平衡和稳定。平衡可以通过观察云台上的水平气泡仪是否处于中心位置来判断，可以通过调整三脚架支撑腿的高度或者云台下的球形碗的角度来完成。稳定需要检查三脚架下面的固定设施。另外，还需要检查云台的上下左右阻尼情况，是否能够满足拍摄过程中对画面运动节奏的要求。

②不采用三脚架,扛机拍摄也是很多节目常用的拍摄方式,尤其是 ENG 新闻制作。可用站立或跪立的姿势拍摄。两种拍摄方式都应该面向被摄体,站立拍摄时要求两腿叉开,全身正直放松,重心处于两腿之中。右肩扛着摄像机,右手手掌穿过圈手皮带,同时用大拇指控制镜头伺服上的录制开关,用食指和无名指控制变焦开关,左手扶持镜头的聚焦环,随时调整焦点,眼睛紧贴在寻像器趋光镜上,保持四个支撑点于摄像机上,以加强摄像机的稳定性。

③另外还有一种跪蹲拍摄的方式,一般在文艺类节目或者需要追求特殊角度的情况下采用。比如需要仰拍或降低拍摄高度时,往往会采用跪姿或蹲姿来拍摄。跪姿最好一腿曲立,另一腿膝盖着地,这样可以加强稳定性。摄像机可托于胸前,也可以置于腿上,右手控制变焦,左手跟住焦点。

以上三种拍摄方式,不管采用什么样的姿势,拍摄者一定要让自己的身体在起幅位置时处于最不放松状态,落幅时处于最放松的状态,并尽可能保持身体的平衡和稳定。这样,才能确保拍摄的平、稳、匀、准、清。

(9)另外,声音信号的前期录制需要注意以下几个方面:

第一,要控制好拍摄环境,尽可能将不需要的噪声降到最低。

第二,若需要分声道录制,将节目人声等重要声音信号记录在 1 声道,效果声、环境声记录在 2 声道。

第三,不管是新闻节目还是其他类型的 ENG 节目,即使不要求记录声音,或者整个环境都没有人说话,只有环境声和背景声,我们也需要将麦克风的开关打开,尽可能地将声音信号记录下来,这对于后期节目制作是很有帮助的,尤其在新闻类节目中更是如此。

第四,在条件允许的情况下,首先完成声音信号电平校准,采用手动电平调整方式完成信号记录,并在拍摄过程中使用耳机进行监听。紧急情况下或声音动态范围过大时可采用自动电平调整方式进行声音信号的录制。

第五,录制后的信号及内容检查非常重要。开始拍摄后,第一个镜头往往需要通过信号的回放来检查是否正常,重要的镜头需要及时检查,阶段性工作完成后也要检查,整个节目结束后要对所有内容进行有选择的检查,并根据节目要求检查是否全部完成拍摄任务。

前期的漏拍和失误给后期的补拍带来的难度往往超出想象。

3. 特殊条件下的拍摄应该注意的问题

正常情况下,只要按照上面的要求进行操作就基本可以完成拍摄任务,但是,自然界一些特殊情况会在技术层面上对拍摄造成一定的影响,在此先予以简单说明,在之后章节中将结合光线特征再进行专门介绍。

当然,不管什么样的特殊条件,只要在技术上把握两个方面就不至于出现重大失误,即正确控制画面亮度和画面色彩。

下面针对不同条件进行简单分析。

(1) 日出、日落

日出、日落是大自然最为壮美的景色之一，具有很高的审美价值，在 ENG 节目制作中，常常被作为拍摄的主要场景，但是拍摄过程存在一定的难度，需要重点注意。

日出、日落之际，环境亮度较低，而太阳本身亮度较高，两者反差大，基本上超出摄像机能够允许的亮度宽容度，因此，光圈控制较难。同时，此时色彩偏暖，色温较低，大约在 2000K 左右，并且光线的亮度和色温变化较大。所有这些条件都给画面色彩还原带来困难，需要从技术上、思想上解决以下几点：提前做好所有前期准备，工作效率一定要高，保证画面色彩，尽量携带标准彩色监视器。

(2) 雨天

通常在雨天拍摄时，滤色片和滤光片应当配合使用（5600K＋1/4ND），这样能较好地拍摄出雨水的形象特点。除此之外，还应该注意以下问题：

正确选择摄像机的位置，采用侧逆光或逆光拍摄，能够凸显雨丝或雨线的晶莹剔透，清晰可见。同时应该考虑到雨丝或雨线背景的选择，此时不适合采用明亮而又宏大的背景，而是应当选择较暗而又不失层次的背景，比如层叠的山峦、鳞次栉比的建筑物等，这样不但能够突出雨的细节，而且又能保持画面的纵深感和层次感。

当然，在拍摄雨天的时候，摄像机的安全非常重要，如何处理防雨与正常拍摄的关系是拍摄雨天场景的最为重要的一个环节，比如防水与结露等。

(3) 雪天

雪天拍摄需要注意三个问题：镜头光圈的控制、色彩的单一和摄像机的防寒。

由于雪表面有极高的反射率，很容易让拍摄的画面曝光过度，从而失去画面的层次，因此光圈的控制变得非常重要，要把握好正确的曝光量和整个画面的层次体现，也就是要解决好画面亮度的宽容性问题。最有效的办法是合理利用滤光片来适当减少光线的进入。同时还应该注意雪天高色温的变化，选用适当的色温片调整白平衡。

由于雪天里几乎所有的物体都被白雪所覆盖，整个画面的色调和影调变得非常单一，这种画面不具有长久的观赏性，为了丰富画面的影调色调层次，制景和服装的配合在 ENG 节目制作中显得很重要。高亮度和高饱和度的色调和影调比较适宜雪天拍摄。

另外，雪天还需要注意的是摄像机的保温和防雪水问题。如果室外温度过低，可能会影响到摄像机的正常工作，同时摄像机在工作的过程中，机器的温度较高，雪遇到高温的机器会融化，因此防止融化后的雪水进入摄像机也很重要。此外，在低温的雪天拍摄，摄像机磁鼓的结露问题也要注意。

(4) 雾天

雾可以形成强大的透视效果,形成丰富的影调层次,具有很好的艺术创造力,可以创造出含蓄、幽深、轻柔、淡雅的影调。

为了能够在雾蒙蒙的天气里拍摄出具有层次感的画面,需要像雨天拍摄一样,合理地选择摄像机的机位,有效地控制摄像机的光圈。在雾天,一定要选择逆光或侧逆光拍摄,特别是在有强光的照射下更是如此,否则没有办法体现雾的流动性和层次感。

由于雾本身具有比较明亮而又低对比度的特点,有效地控制光圈才能拍摄出雾的层次和特点。

在雾天里拍摄人物时,应该明确画面要凸显的主体和内容是什么。当强调雾中的人物时,比较适宜小景别的构图方式。

由于雾天的色温大致在 5600K 左右,因此调整白平衡时应该选择 5600K 档的滤色片。

3.1.4 拍摄结束后应该注意的事情

ENG 拍摄结束后,还需要完成以下工作:

1. 拍摄结束前,在现场利用摄像机回放,检查所有拍摄内容的质量是否符合技术要求,并在磁带上标明具体的拍摄信息,并将保护锁打开。

2. 在导演宣布当天拍摄任务结束前,需要由专门人员(比如场记)根据当天的拍摄计划逐条检查是否完成,确认无误后由导演宣布拍摄结束。

3. 将摄像机电源关闭,检查摄像机的其他开关,保持光圈位置为关闭状态,盖上镜头盖。

4. 取下用于录音的麦克风线缆和麦克风,并将线材和麦克风整理好。

5. 用专用的清洁工具清理摄像机,特别是摄像机的镜头等部件。

6. 将拍摄用的电池取下,做好充放电工作,以备下次拍摄时使用。

7. 清点所有设备,装箱放在安全地点。

8. 回到驻地后,根据导演安排,主要部门负责人审看当天拍摄的节目内容,并进行总结。

9. 安排第二天的拍摄。

只有以上过程全部结束后,一天的 ENG 拍摄才算结束。拍摄后的工作和拍摄前的设备准备工作具有同等重要的意义,需要每一位从事 ENG 节目制作的人员给予特别重视。

▶ 3.2 ENG 视频制作工艺

ENG 视频制作工艺包括两个方面:技术上的制作工艺和艺术上的制作工艺,这两者贯穿整个 ENG 制作流程中的每一个环节,是技术和艺术的结合。

技术上的制作工艺主要是指充分利用设备，挖掘设备性能，保证所拍摄图像在画面质量、画面色彩上达到最高水平。同时，在项目的组织管理上，最大可能地提高制作效率，确保在制作成本、制作周期上做到最好。

艺术上的制作工艺则是指运用最基本的艺术手段，确保所拍摄图像在画面构图、光影结构和色彩上的美感，同时在画面的后期剪辑上，力求蒙太奇效果具有一定的艺术美。

关于技术上的制作工艺，针对数字摄像机的技术特点，第七章将作详细介绍。如何对制作项目进行良好的组织管理工作，提升制作工艺，前面的章节有了一定的介绍，即按照制作流程，尊重制作规律，了解制作特点，掌握设备性能，调动制作人员积极性，确保做好每一个环节。如果达到这些要求，技术上的制作工艺就一定能够得到充分的保障。

艺术上的制作工艺由于篇幅有限，这里只介绍与画面和构图有关的基础知识。

3.2.1 画面构图

ENG 画面构图和 ESP、EFP 节目制作的构图一样，源于摄影中的静态构图，静态构图是电视摄像构图的基础，电视摄像构图属于动态构图，因此，电视摄像构图是静态构图的延伸，两者在艺术和美学上是一致的。

构图来源于英文 composition 一词，是造型艺术的意思。可以理解为把构成画面的各要素按照一定的规律和要求，组成、结合、配置并加以整理，使之成为艺术性较高的画面。也就是说是把人、物、景安排在画面当中以获得最佳布局的方法，是把形象结合起来的方法，是揭示形象的全部手段的总和。构图需要讲究艺术技巧和表现手段，一幅作品的构图，凝聚着作者的苦心与安排的技巧，体现了作者表现主题的思想与具体方法。因此，它是作者艺术水平的具体反映。概括地说，构图就是艺术家利用视觉要素在画面上按照空间逻辑关系把它们组织起来，是在形式美方面诉诸视觉的点、线、形态、光线、明暗、阴影与色彩的配合。

对画面进行构图是电视节目制作中一个非常重要的问题，同时也贯穿于节目制作过程中的每一个阶段，包括节目的构思、形象的再现、节目的创作出品。创作者通过对构图的艺术处理，把所要表现的客观对象，根据主题思想的要求，用以现实生活为基础，同时又高于现实生活的表现手法，有机地组织、安排在画面里，使主题思想表达得更为充分。

一个好的构图应该是形式和内容的完美结合，任何脱离主题思想的构图都不可能是好的构图。

要想在 ENG 拍摄中获得较好的画面，首先需要了解画面构图的一些基本概念。

电视画面是由一个又一个相互独立而又互为因果关系的镜头按照蒙太奇的艺术效果组接起来的，因此，电视画面中最小的单位是镜头，镜头可以分为固定镜头和运动镜头两大类。

固定镜头指被摄对象与摄像机均处于静止状态，镜头内的景物关系基本固定。

运动镜头指被摄对象与摄像机同时或分别处于运动状态,使得画面内视觉形象的组合及相互关系连续或间断地发生变化,可以分解为起幅、运动、落幅三个过程。起幅和落幅属于固定镜头,中间的运动将起幅和落幅平滑地连接起来构成一个完整的运动镜头,从某种意义上说,固定镜头只是一种缺少中间运动环节的特殊的运动镜头。

不管哪一类镜头都是由一帧一帧单独的静止画面构成的,都存在构图的问题,因此静态构图是所有摄影构图的基础,只有充分掌握静态构图的相关技巧,再了解运动构图的一些基本特点和规律,ENG 构图才会变得简单,具有可操作性。

3.2.1.1 静态构图

众所周知,摄影构图和绘画构图存在着本质上的区别,从某种意义上说,摄影构图是减法构图,绘画构图则是加法构图。如何理解呢?摄影构图是将自然界广泛存在的各种景物按照减法的原则,剔除不需要的景物,留下最需要表现的,并按照一定的组合方式排列于画面中;而绘画构图则是在空白的纸上将需要表达的景物根据一定的布局一点一点地添加上去,是累加的方式。

当然,这两者也有共同点,那就是力求在画面上用最少的元素、最简洁的画面及最和谐的色彩将需要表达的思想表现给观众。因此,构图需要把握三个基本的要素:画面中的元素数量、元素的组合方式和元素间的色彩搭配。

1. 构图元素

画面构图主要包含以下几点:主体和陪体、前景和背景。

主体是画面所要表现的主要对象,是画面的中心内容。拍摄中有时会出现主体群,即画面的主要被摄对象不止一个,有两个甚至更多,称之为主体群。

陪体是画面中对主体起陪衬作用的人物、景物,陪体的使用往往更能表现主体。要处理好主体与陪体的关系,后者是凸显主体而不要喧宾夺主。

前景是画面中位于主体前、离镜头较近的景物或人物,前景的加入能够影响画面的空间结构,有时还有交代环境的作用,当然在构图中并没有硬性规定必须加入前景。

背景是指画面中处于主体后面、离镜头较远的景物或人物,背景最能交代拍摄主体所处的环境,较好地利用背景往往能够充分表达画面的纵深感和立体感,有凸显主体的作用,当然背景处理不好也会让画面显得很凌乱,削弱主体的地位,这是绝大多数失败构图的典型特征。

在画面构图中,这几大元素并不都是必需的,要根据实际需要和情况决定。

2. 常用的静态构图方法

什么是摄影构图?摄影构图其实就是一种如何发现美、如何再现美和如何创造美的技术。对于人们所身处的环境，很多场景我们并没有觉得美，可是，这些场景经过摄影师精心的选择和巧妙构图后就会焕发出耀眼的光芒。当然，不同的摄影师面对相同的环境，所选取的拍摄角度和构图方法可能不一样，也许他们需要表达的思想不一样。

常用的摄影构图方法有很多种，不同的场合需要不同的构图，因此并没有一个固定常态的方法，需要根据节目主题，结合环境特点选择不同的构图方式。但是针对某些特定的主题和特定的环境，还是有一些基本的构图规律可循。下面简单介绍一些常用的静态构图方法。

(1) 平衡式构图

平衡式构图是构图的基础，掌握了平衡才会敢于变化。让客观图像在要拍摄的画面中能够立得住，这就是平衡，平衡是和谐美的根本。平衡式构图可分为形式上的平衡和内容元素上的平衡，如图3-20，上图是形式上的平衡，中图则是表达内容的平衡，左边大而空的画面，与右边小而实的山及塔构成了某种平衡。现在的电视新闻在构图时会经常在主持人左或右处预留一定的空间给字幕，加上字幕后的画面就显得平衡，这就是画面内容元素的总体平衡，如图3-20下图所示。

图3-20　平衡式构图

(2) 对称性构图

对称是指图形或物体的点、直线或平面，在形状、大小、长短和排列等方面都相等或相当，具有一一对应的关系。对称的形式有一个特点，就是在对称物的中心画一条直线，那么对称物体的两侧是相等的，如图3-21。

现在的对称性构图在此基础上还加入了视觉心理作用，除了形状上的对称外，还包括相对对称、同量不同质或者不同形态的某一局部的对称等，有一定的延伸。

图3-21　对称性构图

对称性构图首先应该是一种平衡式的构图，可以分为左右对称或者上下对称，往往在需要客观真实地反映事实时采用。

（3）三分法构图

三分法构图是指把画面横向分成三份或者纵向分成三份，每一份的中心都可以放置主体，这种构图适宜多形态具有平行焦点的主体，表现鲜明、构图简练，可用近景等不同景别。三分法是最古老也是最简单的构图法则，适合各种题材和类型的摄影构图，很多构图方式也是因此而诞生，如黄金分割构图法、九宫格构图法等。

采用三分法构图，可以使画面主体层次分明、协调平稳、通俗简单。如图3-22的上图采用九宫格构图法，两个人物分别处于九宫格的两个点上，显得画面简单，人物活泼可爱，整体协调平稳。下图完全采用三分法构图方式，天空、山峦和耕地各占画面的三分之一，层次感非常清晰，立体感和纵深感明显，画面显得非常和谐。

图3-22　三分法构图

（4）黄金分割法构图

黄金分割在数学上表示为1∶1.618，被欧洲中世纪的建筑师和画家以及古典派雕塑家广泛应用于创作中，他们普遍认为这是自然界最合适的分割比例，在造型上具有很高的审美价值。

在摄影中，运用黄金分割法构图，主要表现在黄金分割点、线、面的运用中。黄金分割点在全景构图中，一般是主要表现对象或者是视觉中心所处的位置，在中景或近景构图中，多是景物主要部位所处的位置。在人像构图中常常让人的眼睛位于黄金分割点上。黄金分割线一般用于风景或大场面摄影中，多用做地平线、水平线或者天际线所处的位置，如图3-23。

图3-23　黄金分割法构图

图3-24　框架引导法构图

（5）框架引导法构图

框架引导法构图的最主要作用是强调和突出主体，有以下几个优点：

一是可以把画面中的主体从杂乱的环境中独立出来,消除不必要的干扰,使读者的视线集中于画面的主要部位。

二是还能使画面产生强烈的明暗对比,作为前景的框架越深、暗,主体在画面中就显得越明亮,能加深读者对画面的视觉印象。

三是可以增加画面景物的纵深感,利用近暗远亮的透视规律使画面产生浓度感,有利于突出和表现主体。

(6) 曲线构图法

曲线构图法区别于直线构图法,主体以曲线的方式存在于画面中,视觉上显得更加活泼且具有一定的韵律,充满活力和灵性,能够使观众产生灵感和遐想。曲线构图法往往在较大的景别中使用。

图3-25 曲线构图法

经常采用的有S形构图法,S形实际上就是条曲线,这种曲线是有规律的定型曲线,它的优点是优美而富有活力和韵味,因此,这种构图具有美的特点,给人一种美的享受,而且画面显得生动、活泼。同时,观众的视线会随着S形向纵深移动,能较好地表现其场景的空间感和深度感。

(7) 对角线构图法

对角线构图法是静态构图中普遍使用的一种构图方法,在动态构图中也会经常采用。

图3-26 对角线构图法

对角线构图能够使画面具有不稳定感,产生极强的动势,表现出纵深的效果。它的透视作用也会使拍摄对象变成斜线,引导观众的视线到画面深处。

在摄影画面构图中,除明显的斜线外,还有人视觉感应的斜线,如物体的形状、影调、光线等产生的视觉抽象线。

对角线构图不仅可以加强画面由一角到另一角的纵深透视感,增强深远而开阔的感觉,使画面线条产生变化,富于动感,而且在视觉上显得活泼、自然。把主体安排在对角线上,能够有效利用画面对角线的长度,同时也能使陪体与主体发生直接的关系。

采用对角线构图需要选择合适的拍摄角度和拍摄位置,使得本身并不处于对角线的景物能够适合对角线构图法,产生较好的效果。

(8) 利用前景构图法

前景在构图中也是被普遍使用的,利用好前景可以给画面带来更舒适的感觉,让画面具有很好的纵深感和层次感。在某些特殊的场合,可以适当地增加前景以给画面营造氛围。图3-27的上图用长满绿叶的树枝作为前景反映春夏之交的颐和园充满生机,画面的整体层次感具有很好的递进关系,整幅画面显得非常和谐美妙。图3-27的下图以水面作为前景,使得画面中的主体建筑物威严中添了活泼,具有和谐美。

(9) 视线引导构图法

视线引导构图法往往在拍摄人物镜头时采用,属于主观镜头范畴,利用主体人物的视线引导观众跟随主体进行观察和思考。这种构图要求在视线的前方留下足够的空白,让观众有想象的空间。视线引导构图法在一定程度上也是平衡式构图法,尽管视线的前方是一片空白,但是观众的想象能够平衡视线的产生者,这样的镜头更加具有想象力。

(10) 色彩对比构图法

为了能够凸显主体的颜色,在画面的相关位置安排主体颜色的对比色,让陪体的颜色和主体的颜色形成一种强烈的对比。对比色指的是色轮

图3-27 利用前景构图法

图3-28 视线引导构图法

上相对位置成180°角的两种颜色，例如红色的对比色是绿色，紫色的对比色是黄色，如图3-29（彩图2）所示。

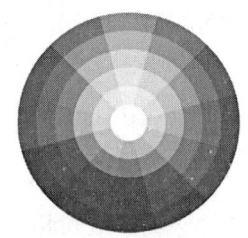

图3-29　色彩对比构图法

图3-30（彩图3）所示红色和绿色就是一种对比色，这种强烈对比显得绿色陪衬下的红色更加鲜艳，并且使得画面具有一定的动感。同时，这种强烈对比还间接地反映了自然界的大和谐。

在使用对比色进行构图时，不需要顾及对比色之间的强弱和比例问题。在自然界中，对比色的存在比比皆是，我们只要认真地观察就很容易发现。

（11）虚实对比构图法

虚实对比构图法在静态构图中经常被采用，在画面中往往将一两个虚化的陪体安放在主体的周围，或者干脆将运动主体置于虚化的背景前，主要目的是为了更加凸显主体，同时通过陪体的虚化效果展现主体的动感，使得画面充满活力。

图3-30　色彩对比构图法

除了上面介绍的构图法以外，还有很多种不同形式的构图法则，比如横线构图法、竖线构图法、十字线构图法、三角形构图法、半圆形构图法、圆形构图法、倒影构图法和剪影构图法等等，不管采用何种方法构图，我们需要明确构图的目的是什么？那就是用最简单的元素将自己要表达的思想和观点清楚地告诉观众。

3. 静态构图需要注意的问题

（1）处理好4∶3和16∶9的宽高关系

传统画面的宽高比是4∶3，而高清画面的宽高比采用16∶9。相对于4∶3的传统画幅，16∶9提供了更加开阔的视角，画面的叙事能力和延展性都得到了拓展，这就要求我们在构图时，充分利用这"多出来"的空间，安排好主体在画面中的位置、多个主体之间的距离、主体与陪体的距离，使画面饱满且内容丰富。

（2）注意头顶空间

我们在拍摄人物的静态画面，尤其是近景构图

图3-31　虚实对比构图法

时，要注意将人物的头顶与画面的上边缘之间留出一定的空间，这被称为头顶空间。如果头顶空间太小，会让人产生压迫感，但头顶空间也不宜过大，否则会破坏画面的平衡，让人产生不舒服的感觉。

(3) 留出鼻前空间与朝向空间

当我们拍摄的人物主体处于对话或交流的状态，从侧面构图时，就一定要注意留出人物主体视线前方的空间，这通常被称为鼻前空间或朝向空间。比如，拍摄人物侧面对着左边方向讲话时，以画面中心线为基准，将人物放置于中心线偏右一点的位置，让左边的空间腾出多一点，这样整体画面就会更加协调。对于运动的主体，也一定要留出足够的朝向空间。

(4) 心理补足

何谓心理补足？就是希望通过一幅静态图片内主体的表现让观众联想到一些画面内没有表现出来的更深层次的内涵来。静态构图的形式能够强化静的内容，给观众以深沉、宁静等画面感受。比如拍摄人在读书的情景，为表现其宁静，可以用多个固定画面加以记录和反映，如伏案读书的全景画面、聚精会神思考时的脸部特写画面等。同时静态构图也易于表现出"远"的感觉，如时间上的过去感、历史感和往事感等。比如表现一个人的回忆时，可以通过近景画面和脸部特写，捕捉其沉思的表情，用以表现人物的心理。

(5) 背景的运用

背景是处于主体后面的景物，它和前景一样，不是画面表现的主体，在视觉要素中占据次要的位置，但却对主体起着至关重要的影响和烘托作用。在新闻事件的拍摄过程中，背景的作用是点明时间、地点、人物身份、地理环境等重要新闻要素，使其具有新闻价值。在拍摄景物时，背景的选取同样重要，要尽量避开背景中的不和谐因素，让观众感觉到主体处于美好的自然环境当中。背景的使用要尽可能简洁，力求衬托主体，不可喧宾夺主。影调、色彩、虚实、亮度等要与主体形成对比。

(6) 平衡与不平衡

平衡的画面构图让人觉得稳固、坚实、可靠；不平衡构图容易产生动感，视觉上比较生动，同时给人带来不稳定感，要根据节目的内容和形式而定。比如我们在拍摄户外风景时，通常会拍摄天空与地面景物的场景，一般来说，天空与地面在画面上的比率大约是5:3，这是看起来最安定的构图，在一般的电影及电视画面中常被用到。如果想让画面感觉更开阔明朗，可以将天空的比率加大；反之，如果要表现一片花海或草原壮观的景象，那就将地面比率加大，如此更能表现出辽阔的一望无际的感受。

不平衡的画面构图，比如将摄影机倾斜了拍，虽然会造成不安定的感觉，但这是一种另类的拍摄手法，例如在MTV及综艺节目中常会看到这类拍摄手法。这种独特的不稳定感也能营造出画面的另一番风情，不同的画面比率有不同的感觉诉说，这就是构图的精妙所在。

(7)画面稳定

画面稳定包括表现形式上的稳定和艺术处理的稳定,以及色调和影调等的稳定。画面表现形式上的稳定要求画面横平竖直。色调、影调的稳定要求在一幅画面内左右上下要协调,相邻画面也要做到基本一致。

(8)近景和特写

近景包括被摄对象更为主要的部分(如人物上半身以上的部分),用以细致地表现人物的精神和物体的主要特征。使用近景,可以清楚地表现人物的面部表情和细微动作,能够反映人物的心理活动,与观众产生交流感。

特写是表现拍摄主体某一局部(如人物肩部以上及头部,手或脚等)的画面,它可以进行更细致的展示,提示特定的含义。特写反映的内容比较单一,起到放大形象、深化内容、强化本质的作用。在具体运用时主要用于表达、刻画人物的心理活动和情绪特点,起到震撼人心、引起注意的作用。特写空间感不强,常常被用做转场的过渡画面。因此在拍摄构图时要有明确的针对性和目的性,不可滥用。

(9)营造纵深感

在一个固定镜头中,可以有很多方法来强调深度感,例如运用景深原理,采用最小景深的选择性聚焦,突出主体,加强画面空间感。明确的前景、中景和背景能带来纵深感,重叠的前景与中景或背景也能加强纵深感。画框中物体大小的变化,以及在画面中的位置,也会产生纵深感,而颜色和亮度的对比和变化也可以起到这种作用。不平衡的构图和倾斜线条也可增加纵深感,并把观看者的视线拉进画框之中。

通过营造纵深感,可以让画面更加立体,产生一定的艺术效果。

3.2.1.2 运动构图

静态构图是运动构图的基础,前面介绍了静态构图的基本方法及注意事项,下面再介绍一些运动构图的基本规律,如果能够将这两者很好地结合,再加以实践,摄影构图问题就可以得到较好的解决。

所谓的运动构图就是指在运动中进行构图,这里的运动包含以下几个方面:

(1)摄像机不动,被摄主体处于运动中,即景物或人物在运动;

(2)被摄对象不动,而摄像机在运动;

(3)摄像机和被拍摄对象都处于运动状态中。

不管是哪一种形式的运动,都会使画面处于运动中,下面我们来了解一下镜头的运动形式以及拍摄时所涉及的基本概念。

1. 镜头的运动形式

镜头的运动形式主要包括以下几种:

推摄:摄像机向被摄物体的方向推进,或者变动摄像机的镜头焦距,使画面框架由远而近不断接近被摄主体的拍摄方法。推摄分为机位推和变焦推两种。

拉摄:摄像机逐渐远离被摄主体,或者变动摄像机的镜头焦距,使画面框架由近而远与被摄主体拉开距离的拍摄方法。也分为两种情况:移动摄像机位置拍摄和只改变镜头焦距的拍摄方式。

摇摄:分两种情况,一种是摄像机机位不动,借助三脚架和云台的活动进行摇摄;一种是通过摄像者本身的转动,变动镜头轴线进行拍摄。

移摄:通过移动机位,使景别发生变化的拍摄方法。

跟摄:摄像机始终跟随运动的被摄主体一起运动的拍摄方法。

转:常用两种方法,比较适合主观镜头和艺术处理。一种是拍摄时摄像机以镜头光轴为中心倾斜,引起画面中的地平线倾斜甚至转动,常配合仰拍和俯拍。另一种是利用广角镜头摇摄,使画面产生转动感,一般用于较宏大的场面。

虚:通过调节聚焦环改变焦点,使画面中原来清晰的景物变得模糊,或者反过来的一种拍摄方式。利用虚的拍摄技巧可以增加画面的纵深感,虚实结合,突出主体。

晃:特殊的表现手法,用在特殊场合,表现一种特殊的情感,要慎用。

甩:也是一种特殊的拍摄手法,类似于摇,速度比摇要快,可以没有起幅和落幅,可以用于镜头的转场。

2. 摄像三要素

拍摄距离:指摄像机与被摄对象之间的距离。不同的拍摄距离会产生不同的景深。

拍摄方向:指摄像机镜头与被摄对象在水平平面上360°范围内的相对位置,也就是通常所说的正面、背面和侧面。

拍摄高度:指摄像机镜头与被摄对象在垂直平面上的相对位置或相对高度,也就是通常所说的平拍、俯拍和仰拍。

3. 景深

当镜头聚焦于被摄物体的某一点时,这一点上的物体就能在电视画面上清晰地成像,在该点前后一定范围内的景物也能较为清晰地成像。也就是说,镜头拍摄物体的清晰范围是有一定限度的,这种在摄像机聚焦成像面前后能记录的"较为清晰"的被摄物体纵深的范围就是景深。

当镜头对准被摄物体时,被摄物体前面的清晰范围叫前景深,后面的清晰范围叫后景深。前景深和后景深加在一起,也就是整个电视画面从最近清晰点到最远清晰点的范围,叫全景深,一般所说的景深就是全景深。有的画面上被摄物体的前面清晰而后面模糊,有的画面是后面清晰而前面模糊,还有的画面上是只有被摄体清晰而前后模糊,这些现象说明景深

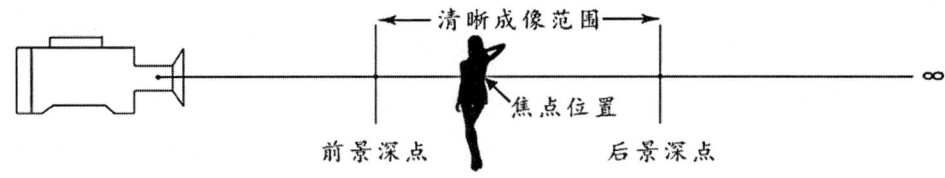

图 3-32 景深示意图

的范围是可以变化的,那么景深的变化与哪些因素有关呢?

决定景深的主要因素有三个:光圈、焦距和物距。

在镜头焦距不变,拍摄距离不变时,光圈越小,景深的范围越大;光圈越大,景深的范围越小。这是因为光圈越小,进入镜头的光束越细,近轴效应越明显,光线汇聚的角度就越小。这样在成像面前后汇聚的光线将在成像面上留下更小的光斑,使得原来离镜头较近和较远的不清晰景物具备了可以接受的清晰度。

在光圈系数和拍摄距离都不变的情况下,镜头焦距越短,景深范围越大;镜头焦距越长,景深范围越小。这是因为焦距短的镜头比起焦距长的镜头来说,对来自前后不同距离上的景物的光线所形成的聚焦带要狭窄得多,因此会有更多光斑进入可接受的清晰度区域。

在镜头焦距和光圈系数都不变的情况下,物距越远,景深范围越大;物距越近,景深范围越小。这是因为远离镜头的景物只需要做很小的调节就能获得清晰图像,而且前后景物的焦点被聚集得很紧密,这样会使更多的光斑进入可接受的清晰度区域,因此景深增大。相反,对靠近镜头的景物调焦,由于扩大了前后焦点的间隔,即焦深范围扩大了,因而进入可接受的清晰度区域的光斑减少,景深变小。也正由于这样的原因,镜头的前景深总是小于后景深。

4. 摄像机视角

一个摄像机镜头能涵盖多大范围的景物,通常以角度来表示,这个角度就叫镜头的视角。被摄对象透过镜头在焦点平面上形成的影像所具有的面积,是镜头的视场。但是,视场上所呈现的影像的中心和边缘的清晰度及亮度不一样,中心部分及比较接近中心部分的影像清晰度较高,也较明亮;边缘部分的影像清晰度差,也暗得多。

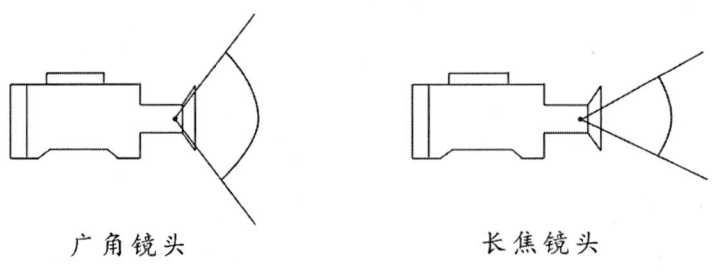

图 3-33 镜头视角与焦距的关系

当摄像机镜头的成像尺寸被确定之后,对于一个固定焦距的镜头来说具有一个固定的视野,常用视场来表示视野的大小。它的规律是:焦距越短,视角和视场就越大;焦距越长,视角和视场越小。所以短焦距镜头又被称为广角镜头。

5. 镜头的景别

景别:是指被摄主体和画面形象在电视屏幕框架中所呈现的大小和范围。

景别大小:全景对应大景别,特写对应小景别。

下面以人物主体为例,各景别所对应的画面大小分别为:

全景:摄像师给出被摄主体全身形象或某一具体场景全貌的画面。

中全景:摄像师给出被摄主体膝盖以上的图像或场景大部分的画面。

中景:摄像师给出被摄主体腰部以上部分或场景局部的画面。

中特写:摄像师给出被摄主体胸部以上部分或物体局部的画面。

特写:摄像师给出被摄主体肩部以上的头像或某些被摄对象细部的画面。

6. 运动构图的基本方法

通过前面的简单介绍,我们了解了运动构图的一些基本概念,下面需要掌握运动构图的一些基本方法。

在充分掌握了静态构图方法的前提之下,运动构图就变得相对简单。对于固定镜头的拍摄,采用与静态构图相同的构图方法即可,需要注意的是面对不同的拍摄对象和拍摄环境,根据节目的具体要求,需要采用不同的构图方法。

对于运动镜头,起幅与落幅镜头仍然可以采用静态构图的方法,中间的运动镜头只需要将拍摄主体按照静态构图的原则相应地放置在合适的位置上,并保持镜头的相对运动就可以完成。中间的景别大小变化,则需要根据起幅和落幅镜头的景别进行相应的改变。在整个运动的过程中要始终保持画面的平、稳、清、匀、准五个基本要素。

3.2.2 镜头组接

ENG 前期拍摄的素材需要经过后期的处理,并按照一定的要求进行组接,才能成为一个完整的 ENG 节目。为了确保前期拍摄的画面尽可能地为后期编辑所用,需要根据后期编辑的特点及要求,在前期拍摄时,了解并遵循一些最基本的规律。

1. 镜头组接应遵循的原则

ENG 镜头在后期组接时需要遵循以下几个基本原则:

①镜头的组接需要合乎人们的生活经验和逻辑规律。

②镜头的组接需要保持视觉的顺畅。

③镜头组接需要注意保持时间关系、空间关系的正确性。

因此，在进行分镜头工作过程中，需要充分考虑到这三个基本原则。拍摄过程中根据分镜头脚本，注意上下相连的镜头和转换场景的镜头的拍摄。

2. 镜头组接的基本方法

同其他节目形态一样，ENG节目的后期编辑也有一些基本的镜头组接方法，需要注意以下几点：

①不同景别的镜头组接：对于相同主体，一般情况下不能采用相同或相似的景别进行组接，而应该采用递进式的景别组接方式进行，如有特殊要求，可以采用跳跃式的衔接方式。

②镜头组接对亮度、色彩的要求：一般情况下，要求相邻的镜头在亮度和色彩上不能有较大的跳变，否则会给观众留下强烈的印象，从而影响画面思想的表达。

③利用声音完成镜头组接：声音是电视节目除图像外的另外一个重要元素，在某些情况下，声音能够优先于画面引领观众进入节目主题，从而引起观众思考。这种组接方式在讲故事和说理类的节目中显得更为普及。

④利用前后镜头的因果关系进行组接：如果前后镜头存在因果关系，可以不考虑其他的因素将两者组接在一起，这样既符合人们生活的逻辑，也能保持画面视觉的流畅。

⑤利用动作完成镜头的组接：在很多存在动作变化的场景里，经常需要利用动作的连续性将镜头组接在一起，这样更能展现主体在空间里的位置关系。

⑥利用观众心理因素，实现镜头组接：观众在观看影视节目时，由于故事情节等方面的原因，会使注意力高度集中于画面中的某个表现对象，表现为一种高度的关注心理，利用这种心理，选择合适的编辑点来淡化画面的连接痕迹，往往会产生视觉流畅的感觉。通常主观镜头的组接多采用这种方式。

⑦运动镜头的组接，往往会采用"静接静"、"动接动"和"动静相接"的原则。"静接静"是指固定镜头之间的组接，"动接动"是指摄像机处于运动状态的镜头组接，"动静相接"是指固定镜头和运动镜头之间的组接，这几种组接方式在不同的场合下需要注意组接后产生的不同效果。

⑧利用特技完成镜头的组接：运用特技进行镜头的组接是数字化时代的产物，很多无法用常规组接方式完成的镜头组接，可以利用特技来完成，这是数字化带给我们的好处，但并不是数字特技就能够解决一切问题，因此，数字特技一定要有目的地去使用。

3. 镜头间的轴线问题

在日常生活中，人们对事物的观察往往是连续不断的，所以获得的空间感是统一完整的。但在电视画面拍摄中，由于镜头要分开拍摄，之后再进行编辑组接，就容易出现人物空间位置关系混乱或运动物体动作的连续性被打乱的问题，这就是镜头的轴线问题。

为了使在不同位置、不同角度拍摄的镜头画面能保持位置、方向上的统一，做到视觉的自然过渡和镜头画面组接上的匹配,电视节目创作人员应充分重视轴线在拍摄中的作用和益处。拍摄时必须遵循轴线的规则、方法和要领,依据轴线进行各种镜头的设置、角度的安排和画面景别的处理与表现,可避免让观者产生混乱、跳跃的感觉,从而更好地完成电视节目画面的艺术创作与再现。为此,需要注意以下几点:

(1) 要有"轴线"意识

轴线是电视节目拍摄实践中依据被表现人物的视线方向、运动对象、运动方向和人物之间的交流而假想的一条虚拟的线。

轴线可以简单理解成被摄主体之间的连线,比如两个人物对坐着进行交流,在两人之间画一条假想的直线,形成了关系轴线;汽车向前行驶,沿前进方向画一条虚线,称为方向轴线;两组球队进行比赛,由一方进攻的点连成一条虚线,就是运动轴线。拍摄中,首先要从定向角度拍摄一个远景或大全景作为定向全景,这样在交代环境、介绍人物关系的同时,也确立起了轴线。以后拍摄的每一个镜头必须在这条确立好的轴线一侧,以保持空间方向的一致性。如果随意跳跃轴线,就会造成空间关系、人物关系混乱,镜头与镜头组接中产生"置换"的错觉。为此,电视节目创作中观察与确立轴线的意识是非常重要的。

轴线制约着摄像机的视角,电视节目创作人员必须遵循轴线的规则和要领,保持在轴线一侧180°之内区域进行镜头设置、角度安排和对画面景别的处理与表现。拍摄过程中,无论摄像机的位置高低,仰俯角度如何变化,镜头的运动多么复杂,也不论拍摄多少镜头,在屏幕画面上都应保持被摄主体位置关系及运动方向的一致,从而更好地完成镜头画面的艺术创作与再现。

当然,为了追求更加丰富多变的屏幕画面样式,以多变的视角,全方位表现客观时空,摄像人员还可以借助一些处理方法与技巧,打破轴线局限一侧拍摄的禁锢,创造镜头画面的合理"越"轴。可见,摄像中必须有把握与运用轴线的意识。

(2) 依"轴"拍摄的方法与益处

电视节目实际拍摄中,依"轴"拍摄是构成画面空间统一感、形成视觉方位一致性的基本条件。拍摄时依据轴线来确定所用的拍摄方法、技巧,至少具有以下两个好处:

一是能够明确空间方位和交代主体之间的关系。电视屏幕空间的表现是灵活的、全方位的,但其方向性却是模糊的。屏幕所建构的空间世界中,虽无方向性,但对方向性的要求却很严格,依"轴"摄像是明确空间方位的前提。摄像者应以大景别、主角度交代空间方位及人物、环境间的关系,从而确定被摄主体的轴线和屏幕画面的方向感。如在距离被摄主体较远的地方拍摄一个远景或全景,以此交代环境和介绍人物之间的关系,可以在屏幕画面形成假定空间方向的同时,确定被摄主体之间的关系轴线,随后的拍摄都必须在这条已确定轴线的一侧完成,将机位置于轴线一侧截取全景或中景。如果镜头是单人画面,则重点表现以人物为主，背景为次的场面；如果是依据人物视线方向来布局画面，那么画面在描述人物的体态特征以及人物与环境具体位置时就具有很好的表现作用。

二是能够保持主体运动方向的明确性与一致性。任何运动主体都会形成运动的轴线，在摄像机机位静止的状态下拍摄时，由于运动轨迹的不同，可形成横向运动、纵向运动、斜线运动和曲线运动等多种形态的运动轴线，摄像者应依据主体运动所形成的轴线选择与确定机位和镜头，以保持主体运动方向的一致。

被摄主体移动方向与摄像机呈90°角的为横向运动，这种镜头重点反映主体的侧面，常表现主体的入画和出画。被摄主体朝向镜头或背离镜头的为纵向运动，摄像镜头光轴与运动轴线重合，这种方法也称骑轴拍摄，利用这种镜头可进行转场。被摄主体与摄像机镜头呈斜线角度的是斜线运动，能表现较强的动感和纵深感。让摄像机处于运动轴线一侧，可借助反拍方法来表现运动物象。

被摄主体的不同运动可形成弧形、圆形、S形、横向运动、纵向运动等多种形态的轴线。无论何种形态的轴线，摄像者都应注意在轴线的一侧设置机位，这样拍摄的镜头容易组接、匹配，不会出现运动方向上的"错觉"。如图3-34，如果镜头1、2或3中的任一镜头后紧接镜头A，那么镜头内的物体运动方向就会正好相反，给观众造成混乱。此时，可以在这两个镜头中间加入一个中性镜头4，就可以很好地避免运动方向错乱的问题。

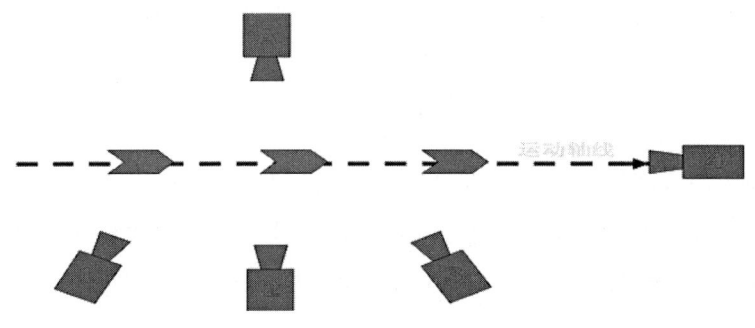

图3-34 拍摄要依轴线原则

(3)依"轴"设置拍摄机位，合理进行场面镜头调度

拍摄两个人的交流场景时，依"轴"拍摄有助于摄像者正确反映空间方向和交代主体之间的交流关系，以合理进行场面调度。可以通过以下三种拍摄方式来实现：

内反拍：指在轴线一侧两个方向相背的拍摄角度。内反拍镜头可以在画面中集中表现人物的神态、语气，可使观众对画面保持较为充分的关注。但要注意人物在画面中的位置和朝向，尽量保持人物视向的前方留有一定的空间。

外反拍：指在轴线一侧两个方向相对的拍摄角度。外反拍镜头又称为过肩镜头，表现主体交流中的画面，其中一个主体面向摄像机，另一个背向摄像机。画面可以形成前景和后景,具有明显的透视效果。

正反拍:让主体人物正面对向镜头,利用近景或特写,以骑轴拍摄的方式来表现两个位置相对的主体人物的交流关系。正反拍是一种较为特殊的带有主观角度的拍摄方式。

(4) 合理越轴的拍摄方法与技巧

摄像中,可以借助一些能起到视觉过渡作用的处理方法与手段,创造镜头画面的合理越轴。合理越轴,其实质是建立新的轴线,目的是获得丰富多变的屏幕样式和实现对画面再造空间的处理与表现。越轴的拍摄方法与技巧有以下几种:

① 通过被摄主体的运动越轴:在前一个镜头中,摄像者按照被摄对象原先的轴线关系拍摄,而在下一个相连的镜头中,应在主体运动后产生的新轴线的一侧进行拍摄。

② 利用摄像机的移动越轴:摄像者可在被摄对象位置不变的状态下,利用机位移动,跨越轴线进行拍摄。镜头画面可连续不断地记录和展示被摄对象空间方位关系的变化过程,起到视觉上的自然过渡作用,接下来的镜头再按照移动后建立的新的轴线选择机位、确定拍摄角度。

③ 利用中性镜头或细部特写镜头间隔越轴:间隔镜头是无方向性的中性镜头,能起到视觉上的过渡作用。摄像者可先拍摄一个越轴前的全景或中景镜头,接下来拍一个无方向性的局部特写镜头作为间隔镜头,再拍一个越轴后的全景或中景镜头,这样组接的镜头由于有间隔过渡,可缓和越轴后的画面跳跃感。

④ 利用空镜头或描写镜头穿插越轴:摄像者可利用无人物关系、无空间方向和视线方向的空镜头或表示过去一段时间的描写来越轴。

(5) 树立轴线意识的作用

在拍摄过程中具有轴线意识,可以节省时间,减少无用镜头,有利于后期编辑。轴线是摄像师保持被摄对象的空间方向、运动方向一致性的重要参照依据,按照确定的轴线来完成各种机位、角度、景别的预先策划和拍摄,可避免拍摄过程的盲目性,减少无用镜头和重拍、补拍镜头,对后期编辑有很大益处。

总之,在 ENG 节目创作中,摄像人员尤其应建立轴线意识并掌握轴线的运用规则和要领,在实际拍摄中,能灵活自如地运用轴线拍摄出所需要的镜头画面,使被表现对象的各种镜头在后期组接中避免跳轴现象,实现镜头画面在位置、方向和空间上的完整统一,从而创作出符合观众感知要求的、屏幕形式多样的电视节目佳作。

ENG 视频制作的制作工艺与很多因素有关,画面构图和镜头组接只是很小的一个方面。画面构图的好坏,仁者见仁,智者见智,获得好的构图最切实可行的办法就是在有效的理论指导下,不断实践,不断总结,不断进步。

本章作业

思考1：ENG视频制作过程中，如何处理好视频制作技术与视频制作工艺的关系？

思考2：摄像构图应遵循哪些原则？

实训1：充分做好拍摄前的准备工作，人员组织到位，注意摄像机的保养。

实训2：拍摄时注意环境光线的变化，及时调整白平衡，保证画面不偏色。

实训3：在ENG实际拍摄过程中，若后焦距发生偏移而又没有西门子星卡，如何解决问题？

第 4 章　ENG 音频制作

在 ENG 节目制作中,音频制作和视频制作同等重要,由录音人员利用音频制作设备对音源信号进行拾取、处理、记录和还原等一系列工作构成。它是一门综合性的学科,涉及声学的各个领域,如物理学、声源声学、建筑声学、心理声学、电声学及噪声学等。

录音人员包括录音师、麦克风操作人员及音频技术人员构成,根据 ENG 节目的复杂程度,录音人员的构成将会不一样。

音频制作设备包括拾音麦克风、麦克风吊杆、防风罩、调音台、信号记录设备及附件设施等。

音源信号包括人或各种发声体发出的声音信号,比如人声、环境声、噪声等,还包括已被介质记录下来需要通过专门的还音设备播放出来的声音。

声音拾取是指利用麦克风等设备将人耳能听到的声音信号转换成电信号的过程。

声音处理是指对音频电信号的幅度(声音大小)、频率(声音音调)和时间(声音效果)进行一系列的调整和改变。

记录是指将处理后的电信号用磁带或其他介质保存下来的过程。

还原是指将记录后的电信号通过音箱等扬声器再转换成声音信号的过程,是拾音的逆过程。

图 4-1　录音师在为电视剧录音

ENG 音频制作的好坏不仅与制作设备的性能有关,而且与录音师、麦克风操作员和音频技术人员的工作能力、相互配合也有很大关系。录音人员是否能够熟练使用音频制作设备,掌握不同节目形态的制作流程及制作技巧,决定了这个节目音频制作的成功与否。要成为一个好的录音师,首先要对声音的各个方面有较好的了解,对制作设备的性能也要好好掌握;其次还要在实践工作中善于总结经验,遇到不同的情况、面对不同的节目形态,需要采取不同的工作方式和方法。

本章主要介绍与 ENG 拾音有关的以下三个方面:

(1)什么是声音?

(2)ENG 拾音设备。

(3)常用的 ENG 拾音技术和技巧。

图 4-3 为 ENG 音频制作的信号流程。

图 4-2　电视剧音频制作现场

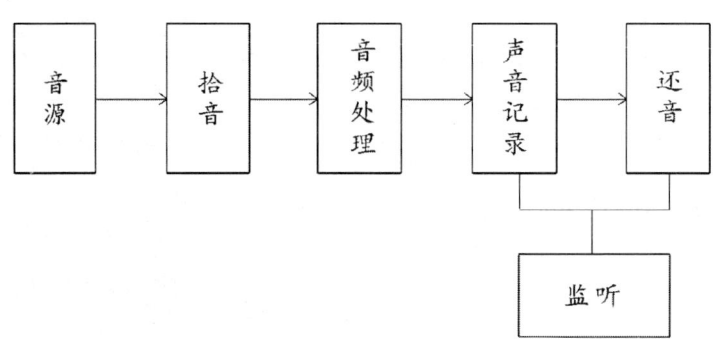

图 4-3　ENG 制作信号流程

ENG 音频制作信号流程包括将需要采集的声音信号(包括人声、背景声和噪声)通过麦克风拾取后直接送入摄像机,或者用多个麦克风将多种信号先送入调音台或混音设备进行混音处理后,再送入摄像机,然后被处理并记录在磁带或别的存储介质的全过程。

在拾音的整个过程中,需要随时监听声音质量,这是确保 ENG 音频制作成功的关键。

▶▶ 4.1　声音

要想做好 ENG 拾音工作,首先必须了解声音的一些基本物理特性,包括什么是声音,声音如何产生和传播,在传播过程中声音的传播速度、振幅、波长、频率和相位的相互关系,以及不同传播介质对声音传播的影响。其次还应该了解声音的一些其他基本参数,比如声音的频率响应、动态范围、空间感和时间感等。

4.1.1 什么是声音

声音是粒子运动的结果。当一个物体受到外力的作用后,产生一个往复的弹性振动,这些振动导致周围粒子也产生相应的运动,从而产生声波,声波通过介质向四面八方传播,人耳接收到声波的振动后,通过听觉神经传达给大脑,从而听到声音,这就是声音传播的整个过程。声波通过听觉神经产生的信号就是声音信号,人能够感觉到的这个声音并不是客观存在的,而是由于发生了某些改变而产生的一种听觉效应。

声音非常复杂,涉及的内容很广泛,因此,有一门专门研究声音的学科叫声学,按照研究对象不同可以分为语言声学、音乐声学、建筑声学、电声学和噪声学,这些学科与ENG拾音都有很大关系。

语言声学专门研究语言的结构和特性,其中声学技术就是语言声学领域中一个非常重要的课题。人声作为ENG拾音中最为重要的一个外部声源,充分了解人声的结构、特点,对ENG在各种环境下的拾音具有极大的帮助。

音乐声学是研究音乐与声学的学科,包括声乐声学和器乐声学两部分,其中研究发声、气息、共鸣等生理声学部分称为声乐声学;研究乐器的结构与制作、乐器的音域、音色的特性及乐器的艺术表现力等内容的学科称为器乐声学。

建筑声学是专门研究厅堂建筑设计与声学关系的一门学科,对于不同建筑的声学设计都属于建筑声学范畴。

电声学是指通过电子设备对声音进行各种加工处理的一门学科。比如使用麦克风对声音进行拾取、使用调音台或混音器对声音进行放大、使用录像机对声音进行记录的过程都属于电声学范畴。

噪声学是专门用于研究、分析、处理各种噪声问题的学科。合理利用和减少噪声,以便提高音频制作的信噪比,对ENG拾音具有非常重要的作用。

如果我们对以上学科有一定的了解和掌握,对于一个特定声场环境中的声音特征具有良好的分析能力,对拾音设备的工作原理及操作使用能够熟练掌握,并且能够熟悉ENG拾音的操作流程,那么,ENG拾音就会有保障。

4.1.2 声音的物理特性

1. 声音传播的基本特性

声音在传播过程中具有以下基本特性:

第一,声音是以波的形式进行传播的。

第二,声音只在有介质的媒介中传播,在真空中不能传播,空气和水就是最常见的介质。

第三,声音的传播速度与介质有关。在空气中的传播速度大约为340米/秒。传播介质的密度越大,传播速度越快。利用铁轨能够听到更远处的火车就是这个道理。

第四,声音在传播过程中能量具有快速损耗的特性。声音能量损耗随着传播距离的变化而变化。在理想状况下,声音的能量损耗与传播距离的平方成反比,也就是说,听音点与声源的距离增加一倍,声音的大小变成原来的四分之一。

第五,声音在传播过程中具有方向性。

图4-4 声波到电信号的转换

2. 声音的度量单位

声波的振幅、波长、频率决定了声音的基本属性。

振幅:是震动物体离开平衡位置时的最大值,振幅大小决定了声波的强弱,同时也决定了声音的强弱,常用声压级来表示,单位为分贝。人耳能够听到的声音的振幅范围非常广,介于听阈和痛阈之间,大约为0dB~120dB。什么是听阈和痛阈呢?听阈是指能引起人耳听觉反应的最微弱的声音,用数字表示,大体和分贝基准值0dB相同。痛阈则是指声音引起耳膜震动产生痛觉时的分贝值,根据实验,我们将120dB定义为痛阈值。

当然在听阈和痛阈之外,自然界还存在着更小声压级和更大声压级的声音,因此,在实际的声音处理过程中,需要充分考虑自然界声音的动态范围与人耳的听觉范围的关系。

频率:声波在单位时间内震动的次数称为震动频率,用f表示,单位是赫兹,简写为Hz。

周期:声波每震动一次所需要的时间为震动周期,单位为秒;频率和周期互为倒数关系。

波长:声波震动一次传播的距离称为波长,用λ表示,也就是任意相邻两个波峰之间的距离。声波的波长与振动频率存在直接的关系,并且与传播的速度构成以下关系:$f=c/\lambda$,c为在介质中的传播速度。

由此可以看出,在某一固定的传播介质里,声波的震动频率和声波的波长成反比,波长越长,频率越低,波长越短,频率越高。

实际生活中,人耳能够听到的声音频率在20Hz和20000Hz之间,由此可以算出可听见的声音在空气中声波波长范围在0.017米到17米之间。低于20Hz的声音称为次声波,高于 20000Hz 的声音成为超声波，这两者人耳都听不到。因此，在广播电视音频制作系统中，所处理的声音频率范围都在 20Hz 到 20000Hz 之间，涉及的电声设备的工作频率只要在这个范围之内就可以了。

3. 声音的波形

自然界最简单的声源，如音叉振动发出的声音，根据它的振幅、波长和频率可以简单地用一个正弦波来表示振幅与时间变化的关系，可是其他声音相对音叉发出的声音来说要复杂很多，很难用比较直观的办法来描述振幅与时间的关系。

通过傅里叶变换，任何复杂的信号包括声音信号，都可以被分解成许多个不同频率的正弦波信号，只是每个正弦波的频率、振幅和波长不同而已。在分析中发现，这些正弦波的频率存在着一种非常紧密的联系，其中有一个能量最大的正弦波被称为基波，它对应的频率被称为基频，其他正弦波的频率则是以基频的两倍、三倍、四倍甚至更多倍的形式存在，这些频率形成的波被统称为谐波，分别对应二次谐波、三次谐波、四次谐波及高次谐波等，谐波的振幅随着谐波频率的增加而减少。谐波成分的不同决定音源音色的不同，因此，在某些场合可以通过识别声源发出的不同谐波来辨别声源。谐波也被称为泛音。

如果把一个音源信号的基音和它所有的谐波信号按照频率为横轴、幅度为纵轴表示在一个坐标系里，就能构成该音源信号的频谱分析图。通过它就可以知道该声音的每一个频率点所包含的能量成分有多少，从而了解该音源的一些基本特性，比如幅频特性等。通过对频谱进行分析后发现，声音的主要能量都集中在基频和基频附近的谐波上，因此，在对声音进行处理的时候，只要注意这些能量最为集中的区域就可以了。

熟练掌握声音的频谱分析，就可以利用相关设备轻松改变原始声音的音色。实际工作中利用均衡器来对某些声源音色进行修饰就是利用了这一原理。

4. 声音的相位

相位是指同样频率、同样波形的周期性信号之间，在时间上的相对位置关系，通常用圆周的度数表示。

同一时刻两个声波信号由于起点不同存在一个距离，它所对应的圆周度数称为相位差，如果两个声波的相位差为 360°或其整数倍，称为同相；如果相位差为 180°或它的奇数倍，称为反相；其他情况都称为异相。

相位差对于声音信号的叠加具有很大的影响，通过实验发现，人耳是可以分辨出相位差的。相位相同的信号相遇，信号会加强；反相信号相遇，信号会相互抵消；异相信号相遇遵循代数和的规律进行叠加。

实际录音过程中，由于声源都是复合音，由基音和多次谐波构成，因此，一定要注意声音的相位问题，尤其是在使用多麦克风进行多声源录音时，应尽量避免出现声源的某些频率能

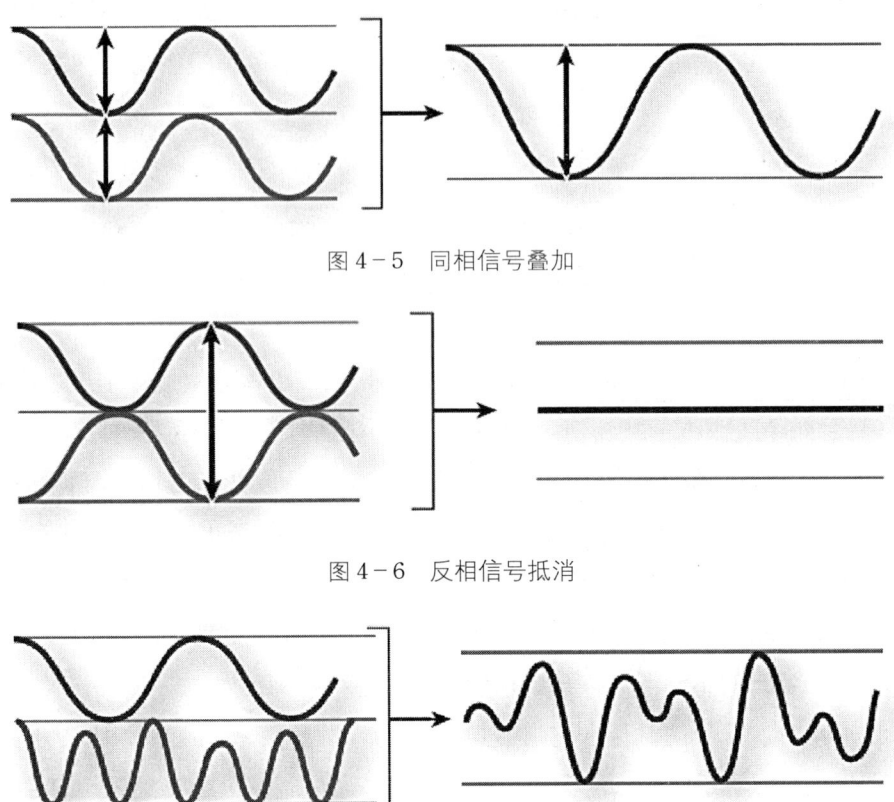

图 4-5　同相信号叠加

图 4-6　反相信号抵消

图 4-7　实际声场中声音的混合

量加强而另外的频率能量相对减弱,导致录制后的声音频谱与实际声音的频谱不同,从而引起声音的失真的现象。

5. 声音在传播过程中所受的影响

声音在传播过程中会受到传播介质的影响,主要包括传播介质对声音的吸收、反射、衍射、折射、绕射以及多普勒效应等。这些影响在录音过程中会改变录音结果,因此,针对不同环境,需要充分考虑声音被影响的程度。

声源在传播过程中具有声源辐射现象,并且大多数的声源在各个方向上的辐射并不完全相同,具有一定的指向性,并且这种指向性会随着频率的不同而改变,具体表现为基频的指向性往往不同于谐波频率的指向性。正是由于声源具有指向性,且指向性与频率有关,因此,我们在实际拾音过程中就需要找到能量最集中的基频及主要谐波声音的方向,利用麦克风的指向性来有效拾取所需要的声音,这也是为什么会提出麦克风的最佳有效位置的摆放问题的原因。

通过实践证明,人声的最佳拾音方向应该处于头部前上方与水平线成 45 度夹角延长线上。同时,由于声源在传播过程中存在能量与距离的平方成反比现象,因此,为了获得更多的声音能量,需要在充分靠近声源的位置进行声音的拾取。一般情况下,声源与拾音器件的直线距离最好保持15～30厘米。综合上述两种情况,就出现了拾音的最好位置,该位置也叫"吊杆麦克风位置",这样的拾音效果最为自然。

ENG重要的新闻场景拾音、电视剧拾音和纪录片拾音往往采用吊杆麦克风,并选择上述位置进行拾音。这种拾音方法需要注意两点:

一是,选择麦克风的位置和方向时,要避免吊杆和麦克风进入画面,或者它们的影子进入画面,影响画面构图。

二是,使麦克风尽量靠近音源,充分考虑声音的逼真性和透视感,处理好声音与画面的对位关系,力争做到景别大,声音小而虚,景别小,声音大而实。

在传播过程中,声音的一部分能量会被传播介质、各种反射物和障碍物吸收,这种现象称为吸声。被吸声的能量主要集中在短波(即声音的高频成分),因此,声音在传播过程中,随着距离的增加,高频能量损失得越来越多,导致声音变得浑浊、低沉,声音的清晰度下降(主要是因为高频声音相对于低频声音具有更好的清晰度)。因此,在拾音的过程中,一定要根据拾音的距离合理选择麦克风,对于必须远距离拾音的情况,可以适当选用具有高频补偿特性的麦克风,比如强指向性麦克风。

除了传播介质对声音能量的吸收之外,介质中的障碍物和反射体都对声音具有吸收作用,因此,在实际的拾音过程中要尽可能避开障碍物和反射体,直接将拾音麦克风对准声源。同时,声音还会被障碍物反射,存在反射现象。当然,合理利用声音的反射现象,对实际的拾音工作也是具有较大帮助的,比如抛物面的麦克风,就可以将散射的声音信号集中起来,有效地加强声音的能量,从而拾取到一些不可能近距离拾音的音源信号,在动物纪录片的拍摄中经常会采用抛物面麦克风。

当然,如果反射现象处理不好,尤其是室内拾音,会使室内声场出现漫反射现象,严重影响声音的清晰度,因此,室内拾音有时必须通过安装不同的吸声材料来消除漫反射现象,提高声音的清晰度。

声音在传播的过程中还存在着衍射和折射现象。衍射现象是由于声波在遇到障碍物时具有绕过障碍物的能力。这种绕射现象与声波的波长(频率)有关系,所以,衍射后的声音具有一定的特点,在后期声音的处理上,可以很好地利用这一特点。环绕声制作技术就是声音衍射原理的具体应用。折射现象是由于声波在遇到不同传播介质时会改变传播方向,这和光的传播特性是一致的。

运动的声音在传播过程中具有多普勒效应。在一个固定的观察点观察处于运动状态的发声体,随着发声体与观察点的距离发生改变,观察点处所听到的声音状况会发生改变,这就是多普勒效应。因为,随着发声体接近观察点,发声体本身的运动会挤压观察点周围的传播介质及声波,在观察点形成一些波长较短(频率较高)的声音,这样的声音更具有贴切性,感觉就在跟前。随着发声体的离去,观察点周围的声波会得到释放,形成了一些频率相对较低的声音,具有距离感。这种现象在电视剧的音频制作中经常会被用到,体育节目的转播也在越来越多地利用这种效应,这就是声音的真实性和贴切性的体现。

4.1.3 声场中的声音

1. 声场中声音的构成

任何声源都置于声场中,脱离于声场之外的声音是不存在的。置于声场中的声音由于声源本身的特性和声场特点不同,构成了特定声场下的声音特点。

对于一个确定的声场到底包含哪几种声音呢?

从人的心理声学的角度来说,直达声、早期反射声和混响声构成了声场中的声音全部。也就是说,在任何一个声场环境中,听音者能够听到的声音都会包含有直达声、早期反射声和混响声。

直达声是指声源以直线传播到听音者的那部分声音,它最先到达听音者的位置。在理想状况下,直达声在声压级与距离的关系上,遵守平方反比定律。直达声对声音的清晰度起决定作用,对人的听觉有领先效应,也被称为哈斯效应。直达声的长度和声源传播的时间长度相同,由于没有受到任何干扰,其频率响应特性与声源的频率响应特性相同。直达声是判断声源位置和声源宽度的重要依据。在现场进行同期录音的时候,要尽可能多地拾取直达声,缩短麦克风与声源的距离是最为有效的办法之一。在 ENG 拾音中,如何更多地拾取直达声是每一个录音师首先要解决的问题。

声源发出的声音遇到各种反射物都会被其表面反射,在一定的时间范围内(大约在声源发声后 35ms 以内),各种反射声相互融合并最终汇聚到听音者的位置,这部分声音称为早期反射声。早期反射声的方位并不是声源的方位,它取决于反射面,它的频响特性由于受到反射后的吸收作用影响,会发生一定的变化,因此,早期反射声不能真实反映声源的实际状况,但是,早期反射声可以传递空间信息,能够给人距离感。早期反射声作为声源的一部分,能使声源的声音变得更加柔和,对声场中的声音具有修饰性。

在早期反射声之后 20ms 到 50ms 左右的时间就是混响声进入时间。随着时间的推延,声波辐射到无数的反射面上,出现越来越多的反射声,几乎彼此重叠而分不清各自成分,我们把这部分乱七八糟、无法分辨的滞后反射声统称为混响声。混响声可以加强声源的响度,改变声源的主观音质,让声音变得丰满或者明亮,因此,合理利用混响声可以创造优美动听的声音感受。

由于声场中的声音由直达声、早期反射声和混响声三部分构成,位置不同,这三者的比例成分就不同,因此,在前期录制中,就可以通过不同的位置来调整这三者的比例,达到所需要的声音效果。如果最后的声音是需要后期加工处理的,在前期的录制过程中,就必须尽量将直达声的比例提高,录制清晰的直达声。由于早期反射声和混响声都是由于受到反射物和障碍物的干扰而改变了声源本身的频响特性,因此,过多地拾取这两者必将影响声音的真实性,并且,这些声音在后期制作中很难被过滤。而利用直达声在后期制作中根据需要制造出各种特定环境下的早期反射声和混响声是非常容易的。如果没有后期处理,同时又需要表达真实环境的效果,那就要充分考虑这三者的比例成分进行声音的录制。

当然,声场中除了所需声源的直达声、早期反射声和混响声外,还有各种各样的噪声以及由此而形成的声场。这种噪声可以是环境产生的,也可能是电器设备本身带来的。要尽量避免这部分声音进入最后的节目录制中,最好的办法就是先分析噪声产生的原因,然后再寻找减少噪声的方法,最后通过有效途径降低或者彻底抑制噪声。

前面分析了声音的一些基本特性及声场中声音的基本构成,这些都是声音的客观属性。客观存在的声音只有通过声场中人的主观感受才能展现出来。

声音能够引起人的主观感受的主要因素包括声音的频率、音量的大小和声音的时空感。

2. 声场中声音的频率不同引起的主观感受不同

人耳能够听到的声音的频率范围大致在 20Hz 到 20000Hz 之间,下面针对这个范围内的声音简单分析不同的频率段具有哪些典型的声音特质,以及它们让人产生的心理感受。

20Hz 到 40Hz:属于超低音范围,大多是风声和建筑物的共鸣声,以及空调系统的低音、远距离的雷声、卡车等的噪声等,在某些场合可以利用麦克风、调音台或混音器的高通滤波器功能直接过滤掉。

40Hz 到 160Hz:属于低音范围,大多是鼓、钢琴、电子琴、大提琴、电贝司等的声音。

160Hz 到 315Hz:属于低音和中低音范围,中音人声的低频部分和乐器中的喇叭、黑管、箫、长笛等都处于这个频率范围。

315Hz 到 500Hz:属于中低频段,给人以温暖、丰满、整体感等主观感受。

500Hz 到 1500Hz:属于中频段,具有号角般的音色,鼻音处于该频段。

1500Hz 到 7000Hz:属于中高频段,给人以临场感,尖利、清晰和明确的主观感觉。

7000Hz 到 20000Hz:属于高频段,给人以有光彩的和轻松、清脆等的主观感觉。

3. 声场中声音的动态范围

声音的动态范围是指发声体所发出的声音强弱之间的变化范围。发声体发出的声音大小,即它的振幅大小,并不是固定不变,而是有所起伏的,这种起伏大小就是它的动态范围。声音振幅的大小,表现为声音的强弱,而声音的动态范围则是指从最小声到最大声的范围,这是客观存在的。需要注意的是,它与人耳的听音范围是两个不同的概念,听音范围是主观的,因人而异,因听音环境而不同,人耳的听音范围介于听阈和痛阈之间。

人耳能够听到的最微弱声音与能忍受的最大声音在振幅上的比值可以达到1∶1000000,通常我们会采取对数方式来表示声强的具体数值,用分贝作单位,换算后的值应该在0dB到120dB之间。但是自然界声音的动态范围要远远大于这个范围。也就是说,在自然界的声场中,人耳能够听到的声音只占其中的一小部分。为了能够听到更多的自然界的声音,就必须通过一些专门的设备将更大范围的声音缩小到人耳能够接受的动态范围内,这就需要使用音频设备。

但是,绝大多数音频设备的动态范围还不如人耳的,如何利用这些还不如人耳动态范围的音频设备还原自然界的声音呢?那就需要针对不同的声音源采用不同动态范围段的音频设备,充分利用它们的放大和衰减功能,将低于人耳听阈的微弱声音采用高灵敏度的音频设备进行放大,直到人耳能够听到,将高于痛阈的声音选用低灵敏度的音频设施适当衰减后让人耳能够接收。因此,根据不同动态范围的音源选择相应动态范围的音频设备就变得尤为重要。ENG拾音环节中,具有动态范围的音频设备主要包括麦克风、混音器(调音台)、录音设备和还音设备等。

使用不同动态范围的音频设备时,能够不失真地拾音、处理、记录和还原,是拾音工作的基本要求。

4. 声场中声音的透视感和逼真感

声音透视感是指与视觉透视相对应的声音透视的方式,可以通过音量大小来表现。比如一列远方的列车在屏幕上显得很小,与之相对应的声音也比较微弱。随着列车的驶近,它在画面中占的比例越来越大,随之而来的是声音也必须逐渐变大,这就是声音的透视感,也就是我们经常提到的,声画同步中的声音的大小必须与声源在画面中的景别大小相对应。

这其中的道理看似很简单,可是实际工作中我们往往不太注意。尤其是新闻节目制作中很少重视这方面的要求,常常出现不同的景别采用几乎相同的音量电平的现象,而在电视剧的声音制作过程中,对于声画对应处理得相对比较好。

ENG现场拍摄场景中常常会遇到声音透视问题,画面的景别发生了改变,而麦克风的拾音位置却没有获得相应的变化。主要体现在以下两种情况中:

第一,使用随机麦克风录制声音时,由于麦克风固定在摄像机上,而画面景别经常会随着镜头发生改变,因此,它拾取到的声音大小只会随着音源声压级的变化而变化,并不会因为景别而改变。

第二,麦克风由麦克风操作员操作时,如果不能实时监看画面景别的大小,或者根本不考虑景别的变化,也会导致画面与声音的透视不同步。

声音的逼真感是指远处声源的声音和近处声源的声音听起来同真实环境一样。体现在两个方面：

第一，声音的大小与画面景别大小一一对应，具有良好的透视感。

第二，由于声源的空间位置不同而产生声音特性的差异，主要表现在景别越大，音量越小，音色就应该越显得空和虚，这是由于随着距离的增加，高频成分会损耗越多；景别越小，音量越大，声音越显得真和实。

这种逼真感可以通过麦克风的某些特性反映出来。拾音音量的大小可以配合不同灵敏度、不同指向性的麦克风和适当改变拾音距离两种途径来实现。近距离的拾音可以获得真实、饱满的声音，而距离较远，获得的声音就会显得空洞和虚幻。主要是由于声音在传播过程中，随着距离的加大，影响清晰度的高频成分的损失急剧加大的缘故。比如，远距离拍摄小景别画面，选用具有高频补偿的高灵敏度麦克风就变得尤为重要。

当然，不同形态、不同类别的 ENG 节目，对于声音的透视感和逼真感的要求是不一样的，因此，它们的拾音技术处理手段也是有所差别的。

不管怎样，声音的透视感和逼真感一定要自然，不要太拘泥于理论，不要过度地强化声音的透视和逼真，以至于忽视画面镜头的变化，声音在很大程度上还是要服务于画面的。后面我们将专门对新闻节目、电视剧、专题片和纪录片的拾音工作做一简单的介绍。

▶▶ 4.2　ENG 拾音设备

声音从声源发出后，表现为一种波在空气中传播，为了能够将这种振动的波转化为可以被电子设备处理和存储的电信号，需要由麦克风将声音能转化为电能，因此，麦克风就是一种能量转换装置，也叫换能器。

麦克风通过振膜接受声波的振动，将声音信号变换为随电阻变化、电压变化或静电容量变化并最终表现为电流变化的一种电信号。由于这些中间环节的不同形成了麦克风的不同类型，如动圈麦克风、电容麦克风、带式麦克风等。麦克风也常常被称为话筒或传声器。

麦克风作为 ENG 拾音中的核心设备，了解它的基本原理和性能，对 ENG 拾音具有重要的意义。

4.2.1　麦克风的发展

麦克风的诞生始于 1876 年贝尔发明电话机。由于宇宙音源信号种类繁多，为了把这些繁多的音源信号变成能够让更多人听到的电信号，在世界各国出现了很多的麦克风生产厂家，他们生产了多种多样的适合各种声源拾音用的麦克风。

目前世界上最著名的麦克风生产国家主要有德国、奥地利、美国和日本，主要生产厂家有：德国的纽曼（Newsmy）公司和森海泽尔（Sennhiser）公司，奥地利的 AKG 公司，美国的

EV公司、舒尔（Shure）公司，以及日本的铁三角（Audio-technica）公司和索尼公司等，他们针对不同的拾音环境、不同特色的音源、不同制作效果生产了大量的麦克风。

我国也有几十年的麦克风生产经验，典型代表就是北京的797厂。目前世界上比较著名的生产厂商多采用与我国生产厂家合作的方式研究和开发更为先进、性价比更高的麦克风。

4.2.2 麦克风的分类及基本原理

1. 麦克风分类

由于分类方法的不同，麦克风的种类繁多，主要有动圈式麦克风、电容式麦克风、带式麦克风、驻极体式麦克风、立体声麦克风、无线麦克风、有线麦克风、手持麦克风、胸麦麦克风、头戴式麦克风、桌面麦克风、鹅颈麦克风、指向性麦克风和非指向性麦克风等。

为了更好地了解麦克风的性能以便掌握其使用方法，下面将按照不同的分类方法进行分类。

按换能方式分：动圈麦克风、带式麦克风和电容麦克风；

按指向性分为：全指向性、单指向性（心形、超心形、强心形）和双指向性麦克风；

按信号传输分：有线麦克风和无线麦克风；

按形状用途分：手持麦克风、头戴麦克风、胸麦、超小型麦克风、界面麦克风和立体声麦克风等；

下面简单介绍ENG制作中常用的动圈麦克风和电容麦克风的基本组成及工作原理等。

2. 动圈麦克风的工作原理及特性

动圈麦克风通常由振膜、磁铁、线圈组成。将导线黏于振膜上，同时精确放于永久磁铁的缝隙中。当振膜在声波推动下振动时，带动磁场中的线圈产生相应的运动，线圈切割磁力线产生感应电流，因此在使用的过程中不需要外部电源为其供电就可以工作。

动圈麦克风由于其本身结构原因，灵敏度较低。为了增加其灵敏度，通常控制线圈的重量，利用质量较轻的导体材料进行多圈绕制来实现。

图4-8 动圈麦克风

动圈麦克风另一特点是频率特性较宽，使用方便，无需外接电源，且性能稳定，牢固可靠，低频响应较好，灵敏度较低，对动态范围较大的声源系统具有良好的拾音效果，对风声等噪音不敏感，比较适合外出采访等野外工作条件下使用。

由于动圈麦克风内含有一个强磁体，可能会有一些外泄磁场，因此磁带一定要远离动圈麦克风。

3. 电容麦克风的工作原理及特性

电容麦克风由膜片、固定极板和相应电路组成。

膜片和固定极板之间的距离很近,这样两者之间就形成了一个电容。膜片在声波的作用下产生运动,使膜片和固定极板之间的距离发生变化,从而使电容上的电荷量发生变化。电荷数量的变化导致两端的电压变化,这种变化实时地反映了声音的变化,通过外接电阻可以把这种变化的电压输出为声音的变化。

图4-9 电容麦克风

电容麦克风要正常工作,就要先给它的电容极板充电,即进行极化,所需电压称为极化电压;同时,放大电路要工作也需要电源,这也是所有电容麦克风需要外接电源的原因。电容麦克风的供电方式有多种,有些麦克风本身能够提供电池的安放位置直接供电,否则就需要通过摄像机、调音台或混音器的幻象+48V给它供电,或者通过专门的电源盒来供电。

电容麦克风具有频带宽广、频响曲线平直、灵敏度高、非线性失真小、瞬态响应好等特点,非常适合各种音乐的录音工作,但抗震性能不如动圈麦克风。电容麦克风在ENG节目制作中的应用越来越广泛。

4. 麦克风的指向性

麦克风按指向性又分为全指向性、单指向性(心形、超心形、强心形)和双指向性麦克风。麦克风的指向性在声音的录制工作中非常重要,只有了解麦克风的指向性,才能知道在什么环境下该选用什么样的麦克风。

什么是麦克风的指向性呢?按照麦克风振膜的受力方式来分,主要有两种:压强式麦克风和压差式麦克风。

压强式麦克风:这类麦克风的振膜一侧暴露在声场中,其背面密闭于一个空腔内。声波只作用于暴露在声场中的振膜的一侧,而另一侧不接受声波。如果忽略麦克风的尺寸,则任何方向上来的声波都可以直接或经过绕射达到振膜前表面,使之随声压的变化而振动,因此,压强式麦克风是一种无指向性麦克风,也就是全指向性麦克风,即振膜对来自任何方向上的声音都具有相同的

图4-10 不同指向性麦克风(一般相同型号的麦克风,尺寸越长,指向性越强)

指向性。

压差式麦克风：振膜两侧都暴露于声场中的麦克风称为压差式麦克风。压差式麦克风的信号输出大小取决于振膜两侧受到声波压力的差值。由于从不同方向来的声波给振膜的压力差不同，因此形成了麦克风拾音的方向性。由于振膜的安放特性，压差式麦克风的方向性为8字形。

压强式和压差式的组合构成了麦克风各种不同的指向性，比如全指向性、心形、超心形、8字形等，通过极坐标图可以非常清晰地表示麦克风的指向性。

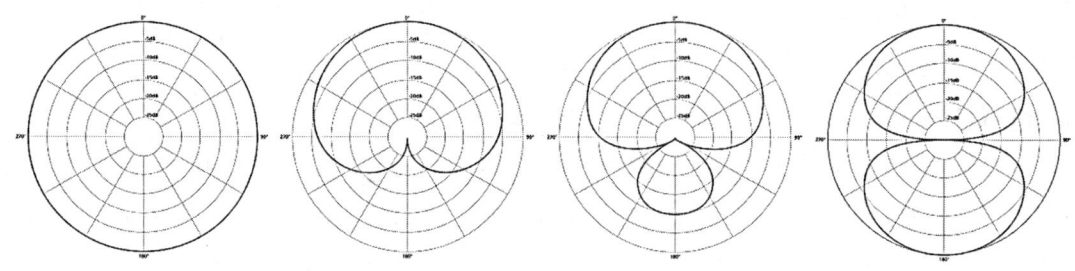

图4-11 不同指向性麦克风的极坐标图

全指向性麦克风一般适合在ENG节目制作中用于环境同期声或者大场面声音的录制，动圈麦克风中全指向性的比较多。单指向性麦克风包括心形指向性麦克风、超心形指向性麦克风和强心形指向性麦克风三种，它的指向性是指收音的灵敏度主要集中于心形范围之内。一般用在具有针对性的人声的拾音环境里，在ENG节目制作里被广泛采用。

4.2.3 麦克风的主要技术指标及应用

麦克风的主要技术指标有很多项，包括灵敏度、频率响应特性、动态范围、失真度、信噪比、输出阻抗，以及对外的抗干扰能力，比如对风噪的敏感度、对"噗"声的敏感度和对磁场的敏感度，等等，我们需要很好地了解和掌握这些特性，才能在实际的操作中针对不同的声源和不同的环境选择合适的麦克风。

1. 灵敏度(sensitivity)

灵敏度是指麦克风在声电转换过程中把不同强度的声压转换成电压的能力，实际上反映麦克风的声电转换效率。它是指在自由声场中，当向麦克风的振动膜片施加一个单位声压变化时，麦克风的开路输出电压多少，通常用mV/bar表示，表述为在麦克风的振膜上送入1bar的声压变化，测定其在麦克风的输出端能产生多少毫伏的输出电压。一般动圈麦克风的灵敏度在0.1～0.5mV/bar；电容麦克风的灵敏度在1～4mV/bar。

1mV/bar=-60dB；1V/bar=0 dB。

从上面可以看出,同样给予麦克风的振膜 1bar 声压,低灵敏度麦克风能输出 0.1mV 电压,而高灵敏度麦克风则可以输出 4mV 的电压,两者的区别还是非常大的。

录音师据此可以判断两个麦克风输出电平的差异,在相同声压级的激励下,具有较高灵敏度的麦克风比较低灵敏度的麦克风产生的输出电压大。

一般情况下,电容式麦克风比动圈式麦克风的灵敏度高。

采用灵敏度高的麦克风拾音,可以使较低声压级的声音获得较高的信噪比,有利于改善声音质量,但若要拾取大动态范围、大声压级的声音,则容易超出麦克风本身的动态范围而失真。灵敏度高的麦克风有利于反映出声源的种种细节,但同时也容易拾取到更多的噪声。在音色上两者的效果也不同,灵敏度高的麦克风拾音音色较明亮,色彩性强;灵敏度低的则音色较暗,但有时也会使音色柔和,带来温暖感。

灵敏度与声波入射角的关系反映出麦克风的指向性。全指向性麦克风对于各个方向的声波的灵敏度相同,8 字形指向性麦克风对主轴上的声音最为敏感,心形、超心形、强心形指向性麦克风对主轴正前方声音最敏感,对主轴后方的声音有所抑制。因此,在实际工作中需要结合麦克风的灵敏度、指向性和声源的具体情况来设计合理的拾音方案。

2. 输出阻抗(output impedance)

输出阻抗又叫源阻抗,用来表明一个信号源对下级负载(输入阻抗)呈现的信号提供能力。麦克风的输出阻抗通常采用 1kHz 信号作为测试信号测得,它是麦克风对 1kHz 信号的交流内阻,以 Ω 为单位。

麦克风输出阻抗基本上可以分为以下三种:

在 150Ω~600Ω 之间的麦克风是低阻抗型;

在 1kΩ~5kΩ 之间是中阻抗型;

在 20kΩ~150 kΩ 之间是高阻抗型。

高阻抗麦克风的缺点是它们的高阻抗电缆线容易拾取到静电噪声,诸如发动机和荧光灯等产生的噪声,这就要求使用带屏蔽的电缆。另外,围绕屏蔽的导体会形成一个电容器,它实际上是跨接在麦克风的输出上,当电缆的长度增加时,电容量就变大。它的特点是电容量越小,高频信号越容易通过,反之,高频信号越不容易通过。如果音频线长度达到 6 至 8 米时,麦克风拾取的许多高频信号无法通过,造成信号的频率特性严重下降,因此,使用高阻抗麦克风应避免用长电缆来连接,这种限制有时会给录音带来不便。

阻抗低于 50Ω 的麦克风称为极低阻抗麦克风,优点是它的连接线对于拾取静电噪声不敏感,但是,对于交流电源线产生的电磁场所感应的噪声非常敏感,这种噪声可通过使用双扭绞线来消除,因为双扭绞线所产生的电流方向与电磁感应相反,在调音台的麦克风平衡输入端上可互相抵消。

阻抗在150Ω到250Ω的麦克风属于低阻抗麦克风,这种麦克风信号损失低,不受电缆线的长度限制,最长可使用数百米的电缆线。它们比50Ω麦克风更不易拾取到电磁感应噪声,但对经典噪声的拾取相对明显。

目前,我们所采用的麦克风绝大多数都为低阻抗型麦克风。

3. 频率响应(frequency response)

频率响应指麦克风的灵敏度随频率变化的特性,即对于恒定输入信号的不同频率点,麦克风输出电压的大小。频率响应的范围指麦克风正常工作的频带宽度,又叫带宽。一只麦克风的频率响应可以设计成平直的,也可根据需要适当地提升或衰减高、中、低频。麦克风的频率响应与测量的角度有关,即对不同角度输入信号的频率响应不同。

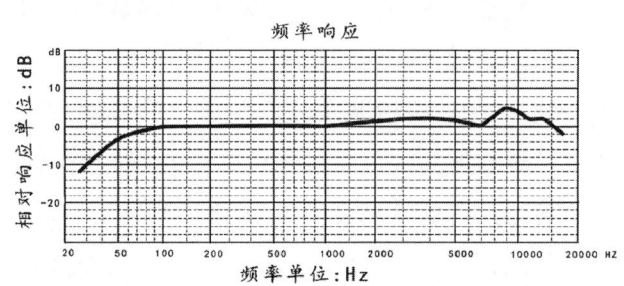

图4-12 麦克风频响曲线图

在实际录音中,我们需要针对声源声音的特点,结合声音的具体要求来选用不同频率响应的麦克风。由于超指向性麦克风在设计时,就给予高频段信号一定的提升作用,对于远距离拾音过程中信号高频成分的损失具有一定的补偿作用,因此吊杆麦克风往往都采用超指向性麦克风。

4. 瞬态响应(transient response)

瞬态响应是指麦克风的输出电压跟随输入声压级急剧变化的能力,是麦克风振膜对声波波形反应快慢的度量,能体现出不同的音色。电容式麦克风的振动系统质量小,对声波的机械阻抗小,瞬态响应好,音色清晰明亮。动圈式麦克风的振膜可以做得很大,再加上线圈和芯体,质量往往较大,对声波的响应就慢,因而得到的声音较粗实。同一类型麦克风振膜的大小也对瞬态响应有影响,大膜片麦克风的瞬态响应劣于小膜片麦克风,因而声音解析力不如小膜片麦克风。

5. 动态范围(dynamic range)

麦克风的动态范围上限由拾音系统(麦克风与前置放大器)的失真容许值决定,下限由拾音系统的噪声电平决定。

对于动圈式和带式麦克风来说,当激励声压很高时,动圈或带式的振动已到达磁路的非线性区域,因而产生非线性畸变。对电容式麦克风来说,由于电容极头后面紧跟着内装的前置放大器,因而非线性畸变往往是由于前置放大器的过载而引起的。麦克风的失真通常以谐波失真系数1%为容许上限,也就是说,以麦克风产生1%的谐波畸变时的输入声级为最大容许声压级。就失真而言,动圈麦克风是一种极结实的麦克风,经常能达到140dB的总动态范围,其对于高声压级和强振动的承受能力远大于电容麦克风,因而常用于高声压级的现场演出的拾音。

6. 近讲效应

声源在空间某点所产生的声压与该点和声源的距离成正比关系,因而距离声源越近,声压的变化量就越大。当麦克风距声源很近进行拾音时,振膜处于球面声场中,对于压差式或复合式声波接收方式而言,到达振膜两表面的声波除了相位差之外还有振幅差。对于低频段信号来说,其相位差很小,振幅差起主要作用,因而受距离影响较大,表现为近距离拾音低频提升,且随着距离的减小提升越为明显。在高频段,相位差的影响较大,因而近距离拾音对高频没有影响,这种由于近距离拾音而造成压差式或复合式声波接收方式的方向性麦克风的低频提升现象,称为近讲效应,低于200Hz的频率所受的影响比较严重。另外,该效应使得压差式声波接收方式的8字形指向性麦克风比复合式声波接收方式的心形指向性麦克风的低频提升更为显著。

在实际录音中,近讲效应所引起的低频提升会使得声音的清晰度降低,尤其是在语言录音中,为了避免低音过重,有些麦克风上有低频滤波器开关,可衰减由近讲效应产生的低频声,以恢复平坦、自然的声音平衡。另一方面,有些歌唱演员也利用近讲效应提升低频声的比重,以求得歌声的温暖并使声音更为饱满,因而故意靠近麦克风拾音。

7. 对风噪的敏感度

在室外环境拾音,风的影响在很大程度上是不可避免的。在拾音的过程中,风直接吹动振膜而产生低频噪声,压差式麦克风比压强式麦克风更容易产生风噪,并且这种噪声在后期制作中很难被修复,因此,在实际录音过程中,在有风的环境下需要使用防风罩并外挂毛衣来避免风噪。另外,在使用吊杆进行拾音时,尽量不要快速移动麦克风杆,以免产生风噪。

8. 对"噗"声的敏感度

当发音者过度靠近麦克风时,爆破音"p"很容易冲击振膜而产生"噗"声,这也是一种后期很难修复的噪声,最好的杜绝办法有以下几种:

(1) 保证清晰度的前提下,发音者离麦克风稍远些。

(2) 在外景拍摄时,尽量选用有内置"噗"声过滤器的麦克风。

(3) 条件许可的外景拍摄时,在麦克风前安装防噗罩。

9. 对磁场的敏感度

在充满磁场或布满电线的环境下拾音,一定要考虑磁场对麦克风的干扰,这就是麦克风对磁场的敏感度。磁场对麦克风的干扰往往表现为发出"嗡"的声响,尤其是电容麦克风或带式麦克风,因此,在上述环境下,应尽量避免使用这样的麦克风进行拾音。

10. 幻象电源

电容麦克风工作时,需要给极板加直流极化电压。幻象电源是指使用传输音频信号的电缆来传输直流极化电源的供电方式,是目前电容麦克风最主要的供电方式。它是在同一根电缆里既有音频信号电压,又有直流电源电压。幻象供电的应用使录音师无须为每个电容麦克风单独配备电源,并且该供电不会对同一条通路上的其他麦克风,如动圈式麦克风产生影响。

4.2.4 ENG 拾音附件

ENG 拾音附件主要包括麦克风杆、麦克风防风罩、防风毛衣、监听耳机、各种音频线材和转换头等。

图 4-13 ENG 拾音附件

对于较大景别的电视画面,不希望麦克风出现在镜头内,但为了保证拾音麦克风尽可能靠近声源,只能采用麦克风吊杆配合超指向性麦克风来拾音。目前这种拾音方式主要用于电视剧、数字电影和有关重要领导人的新闻制作上。

麦克风防风罩的主要作用是过滤风声等噪音,避免对节目正常声音产生干扰,影响拾音质量。现在的麦克风灵敏度一般较高,风声等很容易被高灵敏度的麦克风拾取,成为一种噪声而影响正常声音,为此,需要使用防风罩把这种噪声过滤掉,还可以在防风罩的外面加穿一件防风毛衣,以应对更为恶劣的拍摄环境。

监听耳机的作用是实时监听拾音的实际效果,包括音量大小的监听、信号质量的监听等。整个拾音过程中都应该实时监听声音质量。

各种线材和转换头在 ENG 节目制作过程中非常重要。实际的 ENG 节目制作环境多种多样,很多因素不可预测,音源的类型也不一样,为了能够把各种不同的音源全部记录下来,就需要准备各种不同的用于转换的线材及转换头。当然,使用各种线材与转换头时,要注意信号间的匹配与信号间的相互隔离。

▶▶ 4.3 ENG 拾音技术及技巧

目前,ENG 节目制作方式主要包括电视新闻制作、电视剧拍摄、专题片和纪录片的拍摄,以及广告片的拍摄,这几种方式的拾音稍有区别,广告片一般不需要现场拾音,所以这里不加讨论。

下面从拾音技术和拾音技巧两个方面进行说明。

4.3.1 ENG 拾音技术

不论哪种节目制作方式,ENG 拾音技术主要包括制作设备的选择、拾音通道的调试、麦克风的位置选择、是否进行分声道录制、录音电平的控制和拍摄环境噪声的控制等。

1. 麦克风的选择

麦克风的选择原则是根据声源的特性,包括声源的声强程度和动态范围,声源的指向性,声源的有效辐射距离,声源的拾音环境和声源的种类、数量等来选择麦克风。

比如,声源的环境噪声大就应该首先选择近距离拾音,其次可以采用灵敏度相对较小的动圈麦克风,并配有防风罩和防风毛衣等;动态范围大的声音则适合采用相同动态范围的麦克风来拾音;安静的环境适合采用灵敏度稍高的电容类麦克风;而拍摄动物类的纪录片,由于不能过度靠近拍摄主体,因此需要考虑指向性较强、灵敏度相对较高的电容类麦克风。

近距离拾音时应该首选具有低频过滤功能的防近讲麦克风;远距离拾音时一定要选择具有高频提升特性的超指向性麦克风;超远距离拾音时,可以选择带有抛物面天线装置的麦克风;所有外景拍摄,防风罩和防风毛衣是 ENG 拾音的必备品,吊杆能够拾取到更为自然和清晰的音源声音,使用场合也越来越多。

2. 调音台或混音器的选择

如果电视剧、纪录片或者数字电影采用同期声录制,往往需要使用调音台或混音器进行多个麦克风的信号放大和混音。采用何种混音器需要根据拍摄的具体要求、拍摄环境以及选用的麦克风的种类、型号和数量来决定。

选择混音器,一般需要考虑它的动态范围与麦克风的动态范围是否匹配,是否能够给电容麦克风提供合适的电源,是否能够提供足够的信号通道,是否具有足够的增益调整范围,还有本机是否带有信号记录的功能,以及是否具有足够的辅助功能,比如编组输出、SOLO、哑音、对讲通话等。

3. 麦克风的安放位置

麦克风的安放位置是非常关键的,它能明显影响声音的质量。通过分析,音源正前上方以及与水平方向成 45 度夹角处的声音最自然,如果画面构图允许,就可以将麦克风置于此处,但是往往不容易实现。这就要求我们针对具体的情况和具体的环境去灵活运用,原则是拾取的声音必须真实、自然、清晰、饱满。

另外,要随时根据画面构图的景别调整麦克风的位置,配合好画面形成真实声音的透视感和逼真感。

4. 录音电平的控制方式和录制大小

控制好录音电平是保证声音不失真的一个前提条件。可以从两个方面来解决,首先,从录制标准上严格要求。对于数字音频,我们规定正常的录制电平为-20dB,但是在实际的录音过程中,为了保证声音的响度,尽量保持录音电平在-9dB左右,最高不要超过-6dB。其次,可以通过有效控制音源音量大小

图4-14 拾音位置

的方式来控制录制电平,音源音量过大,加大麦克风与音源的距离或改用灵敏度相对较低的麦克风,反之,让麦克风靠近音源或采用灵敏度相对较高的麦克风。

另外,在条件许可的情况下,尽量不要使用自动电平控制的方式,而应该采取手动控制电平,随时调整增益的做法,这样能有效保证声音的真实感。当然,对于突发情况,尤其在ENG新闻采访过程中,自动电平控制是一种行之有效的好办法。

如果条件许可,请尽量使用外接调音台,由专门的录音师控制录音电平。

在录音的过程中,一定要实时监听所录制的声音信号的状况。

5. 外景环境的声学考虑

外景录音时最大的问题是噪声的控制。由于环境噪声往往不容易受人控制,所以也是一个比较棘手的问题。为了有效地解决噪声问题,我们需要了解一下什么是噪声,以及噪声有哪些类别。

简单地说,噪声就是节目录制过程中不需要的声音,与节目录制无关的声音信号统称为噪声。因此,噪声可以简单地分为自然噪声和人为噪声。自然噪声包括风声等空气噪声、机器噪声、建筑物噪声和环境噪声等,而人为噪声则包括与节目制作无关的人所发出的各种声音,比如小声的谈话声、走路声、咳嗽声、大气息的喷麦克风声等。

因此,在外景节目制作过程中,首先要很好地了解环境,这样才能了解噪声源在哪里,才能想办法解决或者回避。针对风声,如果是开放的环境,并且拍摄的时间不可更改,那就使用防风罩和防风毛衣。针对设备等机器噪声,一定要了解设备产生噪声的距离和噪声频率的特性,是固定单一频率还是多个频率,是否可以通过外界有效途径减少或减低噪声的能量,比如给噪声体覆盖吸声物的方式等。针对环境噪声,就要提前协商解决,有效地控制拍

摄环境的实际状况,从而达到消除或降低噪声的目的。由建筑物产生的噪声一般是振动噪声,不太可能消除它,我们可以从减少振动的思路去考虑如何减弱噪声的影响,比如通过架设隔振器或减振架的方式来有效避免。

4.3.2 ENG 拾音技巧

要想做好 ENG 拾音工作,需要有一定的技巧。不管是哪种技巧,首先要建立在彻底掌握拾音流程的基础之上;其次,才是根据每一种节目形态的具体要求,在各个制作环节中熟练掌握每一个细节,尽量避免失误,按照正常的标准进行操作,用最简单的手段、最适合的设备、最轻松的方式、最高效的工作完成 ENG 拾音,这就是 ENG 的拾音技巧。

1. 掌握拾音工作流程

现在的 ENG 节目拍摄流程很大程度上都是依照电影的拍摄模式进行的,越来越多的电视剧、数字电影的制作过程都是按照以下模式进行(在节目准备正式录制的前提下):

- 助理导演说"录音准备"(roll sound)。
- 录音师打开录音机,设备正常工作后,录音师说"准备完毕"(speed)。
- 助理导演等录音师准备好后,向摄影师说"摄影准备"(roll camera)。
- 摄影师打开摄像机开始记录并回答"开机"(rolling)。
- 助理导演随后说"打板"(marker)。
- 场记开始打板,摄影师拍摄打板画面。
- 打板结束后,导演喊"开始"(action),节目的一个镜头正式开始拍摄,随着"停"(cut),该镜头拍摄结束。
- 录音师停止录音,摄影师停止录像

掌握好 ENG 节目拍摄流程后,ENG 拾音按照具体的拍摄流程进行各种前期准备;拾音过程中,根据客观标准和录音师的主观感受,结合节目的主题进行拾音,这样才能保证拾音的成功。

2. 掌握最基本的拾音要求

掌握最基本的拾音要求对做好 ENG 拾音具有非常重要的意义,要求如下:

- 首先要了解你即将从事的是哪种类型的 ENG 节目拾音,然后设计一套比较通用的拾音方案,根据该方案选配符合要求的麦克风、调音台(混音器)和相关附属设施。
- 根据声源声音的特性选择灵敏度、动态范围合适的麦克风。
- 对于人声,尽量由专门的麦克风操作员使用超指向性麦克风,采用吊杆麦克风的方式进行拾音。
- 每次在导演喊"开始"前和"结束"后多录制一小段声音保证声音的延续性。

- 每次录制前先通过脚本了解画面的景别大小，从而确定吊杆麦克风的位置，对于需要移动的镜头，需要提前掌握好吊杆的移动路线。
- 根据画面的景别情况，保证声画同步，并确保能够较好地表现声音的透视关系。
- 根据实际环境和节目要求，决定声场中需要拾取的直达声、早期反射声和混响声的比例大小。
- 在进行声音的记录过程中，充分利用现有设备，争取分声道录制，确保后期剪辑的方便。
- 在纪录片和新闻的拍摄过程中，要重视现场声和环境声的拾音。
- 在拍摄电视剧或数字电影时，录音师要随时注意拍摄环境下动效声音的拾取。可以利用拍摄间隙短暂的休息时间，采用专门的音频记录单元进行现场环境动效声音的拾取，这样能为后期剪辑带来极大的方便。
- 对于采用混音器进行拾音的录音师，需要随时做好声音场记，包括填写节目最基本的信息，比如拍摄时间、拍摄场地、磁带号、场景号、镜头号、主要演员、景别、特殊动效等。

3. 了解摄像机噪声

在 ENG 拍摄的过程中，由于磁鼓和磁带的高速运转产生的摄像机噪声也是一个不可忽视的因素，尤其在安静的环境下拍摄时。如果拾音麦克风离摄像机较近，特别是采用随机麦克风进行录音时，这种噪声的影响将变得非常明显。有效的解决途径是给摄像机"穿"上一件吸声效果好的外套，尽量让噪声出不来；另外就是使用较好的麦克风安装架垫片，减弱由摄像机振动而带来的噪声。

4. 电视新闻节目的拾音技术

电视新闻节目制作是 ENG 节目制作的最原始形态，那么它的前期声音到底该怎样去拾取呢？为此，我们必须先了解电视新闻的声音特点和形态。

电视新闻的声音包含两个部分：节目原始素材的声音和演播室新闻主持人的串联声。在这里我们只讨论节目原始素材的声音拾取。这部分声音包括环境背景声、被访问者和访问者的对白声，这是由新闻的真实性特点决定的。因此，在声音的处理手段和方法上与纪录片相同，不同于电视剧和专题片。它追求自然、质朴，能真实反映新闻事件的过程和新闻事件当时的真实情况，而不像其他节目，需要对声音进行美化和夸张，因此，只要能够很好地捕捉原始声音，并将其真实再现就可以了，但是，在实际的工作中还需要在长期的实践中积累经验和不断总结。

由于新闻类节目中包含了多种新闻类型，有单条消息类新闻、专题类新闻和大型新闻事件直播新闻。其中大型新闻类节目不属于 ENG 节目制作范畴，这里不作介绍。

单条消息类新闻节目分为两种情况,一种是不包含任何被采访者声音和现场主持人的声音,而只需提供简单的现场背景声来作为对新闻事件的衬托,以表现新闻的真实性;另外一种就是除了上述声音之外还包含访问者和被访者的对话声。不管是哪种形式的新闻节目,一定要做到前期拍摄过程中必须进行拾音,也就是摄像机的麦克风始终处于开启状态,做到只要有画面,就一定有声音,甚至做到没有画面,也要有声音。同期声在新闻节目制作中尤为重要,有很多优秀的新闻节目都是同期声起了决定性作用。

对于需要拾取背景声的 ENG 拾音,首先可以采用随机麦克风直接录取现场声或环境声,也可以通过摄像机后置麦克风来采集。如果是电容麦克风,必须把摄像机后面专门给麦克风供电的+48V 幻象电源开关置于 ON 的位置,并选择该麦克风所拾取的信号送入录像机的哪一个声道。其次,选择全指向性并配合高灵敏度麦克风,通过摄像机的自动录音电平功能来自动控制就可以保证这部分声音的拾取了。

对于包含了人声和环境声的 ENG 新闻拾音,人声显得非常重要,要确保该声音万无一失。为此,必须采取分声道录制的办法,将所有人声送入磁带的第一通道,将环境声放入磁带的第二通道。为了完成该工作,必须采用至少两只麦克风来进行拾音。随机麦克风拾取环境声,另外一个麦克风拾取人声。在麦克风的选择上也应该有所讲究,用于拾取环境声的麦克风不需要有指向性,但灵敏度要高;用于拾取人声的麦克风需要具有指向性,但是灵敏度不能太高,否则环境的噪声很容易进入录制通道。声音的录制电平控制必须由专人来手动控制。如果采访者和被访者有较长的对话,最好通过便携式的调音台来处理,这样可以做到采访者和被访者都能有自己的麦克风,最大程度地避免由访问者随时移动麦克风而带来的声音"飘移"现象,同时对声音音量的电平控制更加到位。如果通过调音台输出信号给摄像机,就必须将摄像机的音频输入设为线路输入。

专题类的新闻节目的声音拾取比单条消息类新闻更复杂一些。这类新闻由于节目时间更长、涉及人物更多、牵涉内容更广、谈话形式更正规,因此,为了把声音录好,应该遵循以下程序:

第一,明确所需要的各种声音源,主要包括被访者声音、采访者声音和环境、背景声音;

第二,确定所需要的麦克风类型和数量;

第三,采用分声道录制的办法;

第四,使用外接调音台;

第五,录像机采用手动音频电平控制方式;

第六,实时监听录制信号。

下面我们来具体分析这种情况下的拾音技术。由于需要拾取三种声音,因此最好使用三只麦克风(背景声用随机麦克风,被访者和采访者各用一只麦克风,最好使用无线胸麦),

如果没有条件,使用两只麦克风也可以,由随机麦克风拾取环境声,采访者控制采访麦克风,并掌握好麦克风的使用,遵循谁说话给谁,麦克风不到不说话的原则。如果使用三只麦克风,则必须使用调音台,将三路麦克风全部接入调音台,用编组的方法,将用于拾取人声的麦克风全部编为一个组,输出给录像机的 LINE IN CH－1,将用于拾取环境声的麦克风编组输出到录像机的 LINE IN CH－2,调整录像机上的 LEVEL 音量控制旋钮,手动控制声音的录制电平。

在新闻类节目的拾音过程中,一定要注意麦克风的特性,比如方向性、近讲效应和灵敏度等。一定要很好地控制和掌握麦克风与声源的距离,低灵敏度的麦克风不要离声源太远,否则噪声也会随着增益提升而加大;高灵敏度的麦克风不能离声源太近,否则很容易因为超出其动态范围而失真。在新闻采访过程中一定要注意麦克风的指向性,因此不要在麦克风还不到位的情况下开始说话,否则很容易产生声音的飘移现象。

最后,在新闻采访过程中,需要再一次强调声音的重要性。在某些特殊场合下,声音可能比画面更有说服力。比如在一些批评类报道中,可以使用只录声音的方式来进行拍摄,往往能起到意想不到的效果,千万不要因为不能拍摄视频就放弃整个新闻采访工作。

5. 电视剧的拾音技术

电视剧的拾音一般都会控制环境噪声,采用高灵敏度的强指向性电容麦克风来拾音,并用吊杆麦克风远距离拾音,由专门的麦克风操作人员来根据画面的景别随时调整麦克风的位置,并将麦克风的信号送入专用的便携式的调音台,由调音师根据画面的景别实时处理,使声音具有透视感和逼真感。

具体操作步骤是:

首先,将麦克风信号送入调音台,如果使用电容麦克风,将调音台上＋48V 幻象供电开关打开,检查、调整麦克风到调音台的通道状况,调整电平增益旋钮位置,使得输入电平处于不失真的位置。

用平衡的卡侬线从调音台输出端输出信号,接入摄像机的后音频输入端口(最好采用两条音频线,一主一备),设置摄像机的音频输入为线路输入,主声音送入录像机的 CH－1 通道,备用声音送入录像机的 CH－2 通道。如果是两个人的对白,可以充分考虑一人占用一个声道的处理方法,能够有效解决声音的重叠现象。

由调音台输出一个标准的测试信号(－20dB,1000Hz 音频信号),将摄像机的音频电平控制开关置于手动位置,并调整电平控制旋钮使得输入电平正好达到－20dB,此过程为调音台与摄像机之间的"校表",至此,通道调试工作结束。

针对电视剧拍摄的特点,充分利用演员每次走戏或彩排的过程,了解画面的景别构图和演员台词音量的大小,根据声音的两个特点——声音的透视感和逼真感,做好电视剧的拾音工作。

电视剧的拾音工作除了拾取声音外,还要承担演员台词的监督工作,因此,录音师必须随时戴上耳机监听台词音量大小以及台词正确与否。当然还要有效地控制外部噪声。噪声问题在室内比较容易控制,如果在室外拍摄,如何有效地控制噪声便成了录音师的一项复杂工作。噪声经常是严重影响拍摄进程的一个重要因素。这要求录音师能够很好地了解环境噪声的特点、设备处理噪声的能力和人为避免噪声的手段等。

在电视剧及数字电影的拍摄中,录音师在完成上述工作之外,还需要承担声音的场记工作,在确保所有声音信号被记录到磁带或硬盘单元后,还要利用专门的数字音频记录设备对所有节目的声音进行备份记录,这些工作对于后期的音频制作有非常大的帮助。

6. 专题片、纪录片的拾音技术

专题片和纪录片的拾音技术大体与以上两种节目形态的拾音技术相同。专题片由于大部分需要经过后期配音,因此,没有电视剧的拾音那么复杂和严格的要求,对环境的同期声拾取类似普通单条消息类新闻,对人声的拾取类似人物类新闻或电视剧拾音,对声音的质量要求较高,所以,对于这类节目我们要根据具体的需求来不同对待。

纪录片的拾音非常特别,它的真实性要求我们对原声的处理要真实、客观、不夸张、不做作,它的艺术性又要求我们拾取的声音具有透视感、逼真感和清晰度。纪录片不允许故事的虚构和故事的彩排,因此声音的拾取都是即时性的,并且环境声和人物声音同等重要,分声道录音也许更为重要,多麦克风拾音成为必然。因此,录音师的经验与临场应变能力就显得更为重要。具有良好的声学基础,能够熟练操作各种拾音设备,面对不同的拍摄环境能够及时制订合适的拾音方案是纪录片拾音成功的关键。

专题片及纪录片拾音还可以参照以上几种节目形态的拾音方式,这里就不再赘述。

本章作业

思考 1:麦克风的分类及各自特点是什么?

思考 2:拾音工作的流程和基本的拾音要求有哪些?

思考 3:为什么在远距离拾音环境下要考虑高频补偿现象?

实训 1:如果在一个热闹的操场旁进行电视新闻节目的拍摄工作,请你制订一个完善的拾音计划。

第 5 章　ENG 照明

本章希望通过对灯光照明的一些基础知识,包括光的概念和属性、光的色温、光对画面的作用、不同光源光线的特点、环境光线的构成,以及基本的布光方法等方面的介绍,学会分析不同环境下光线的构成和特点,运用适当的照明设备,掌握一定的布光方法为景物布光、造型,确保电视画面:

在技术上,能够正确还原景物的亮度和色彩;

在艺术表现上,具有层次感、空间感和立体感;

在内容上,能够根据节目要求表现正确的冷暖色彩关系。

图 5-1　白天室外拍摄(纯日光或日光为主、电光源为辅)

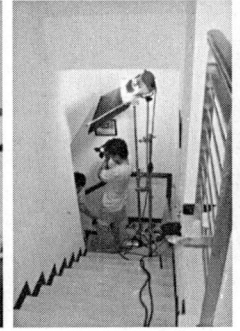

图 5-2　白天室内日光主光、窗外大功率电光源补光/白天室内电光源主光,日光副光/夜间纯电光源照明

5.1 电视照明概述

什么是电视照明？要想回答这个问题，首先要知道为什么摄像机不能像人的眼睛一样适应各种光源在亮度和色度方面的变化。

由于人眼本身具有良好的自适应能力，在不同的光源环境中，或者在同一环境中的不同亮度下观看同一景物，景物的形状、层次展现和色彩基本能够保持一致，没有太多的差异。比如一朵红色的玫瑰花在日光下看是红色，突然拿到白炽灯下观看，感觉玫瑰花的亮度稍有降低，饱和度也会下降，随着时间变化，它的亮度和饱和度慢慢增加，最后又会恢复到太阳光下的那种感觉。这说明人眼观看景物时在亮度和色度方面具有自动调节的能力，这是由瞳孔来完成的，它对亮度的调节范围非常广。

然而在这种情况下，摄像机拍摄后的画面差异却非常明显。白天室外条件下可以拍摄到正常的红色的玫瑰花的画面，但是，白炽灯条件下拍摄同一朵玫瑰花，即使将摄像机光圈开到最大，其亮度也远达不到日光条件下的亮度值，花的层次也得不到较好的展现，色彩暗淡且颜色不是正常的红色，亮度和色彩都出现失真，说明摄像机能够拍摄的亮度范围远低于人眼能够适应的亮度范围。

为了进一步解释这个问题，需要了解人眼的基本构成和摄像机成像单元的成像原理。

人眼由角膜、晶体、瞳孔和视网膜构成，摄像机成像部分由镜头和CCD感光器件构成，镜头的作用相当于角膜、晶体和瞳孔，而CCD就像视网膜一样具有成像功能。

人眼视网膜由椎体细胞和杆体细胞两种感光细胞组成，它能对景物亮度和颜色进行区分和辨别。

椎体细胞集中在视网膜的中央，呈黄色，叫黄斑，大约有650万个，这是最为敏感的视觉部分，称为明视觉。椎体细胞感光度较低，在高亮度环境下，对不同波长的光具有非常明显的分辨力，也就是说具有很强的颜色分辨力，并能够区分不同的形状细节。白天里，主要是椎体细胞起作用，所以白天能够看到五颜六色，还能分辨出景物的细节。

在椎体细胞的四周分布着更多的杆体细胞，大约有一亿多个，称为暗视觉。它对不同波长的光没有明显的分辨力，也就是说对颜色失去区分能力，对景物细节的分辨能力也有所下降。杆体细胞在暗环境下起作用，因此夜晚的景物看起来没有颜色，并且也不能很好地辨别细节。杆体细胞对光谱成分中的蓝色光较为敏感，因此，景物在夜晚看起来更具有蓝色调。

摄像机成像单元的构成和人眼基本相似，但是成像能力远远弱于人眼，表现在三个方面：

第一，镜头光圈部分对光的自动调节能力远不如人眼瞳孔对光的调节能力，对景物亮度的宽容度不如人眼，因此造成亮度失真。

第二,摄像机具有成像功能的CCD器件的感光像素数量远远少于人眼的椎体细胞和杆体细胞的总和。目前最好的标清摄像机单片2/3英寸CCD器件的像素数量为60万个左右,高清摄像机单片2/3英寸CCD器件的最高像素数也只能做到220万个,相对于人眼用于感光的细胞数量少了很多,因此摄像机对景物细节的区分能力不够。

第三,CCD器件上的感光像素不能像人眼椎体细胞和杆体细胞一样在不同照度环境下发挥不同的作用,使得摄像机在光源发生变化的时候容易色彩失真。

当前,随着广播电视技术高速发展,人们正在利用一切可能的技术手段来提高画面质量,改善画面层次,使得摄像机的宽容度已经接近或达到64∶1,但还是无法达到人眼的亮度宽容度。怎样才能让摄像机客观真实地还原景物呢?

(1)通过照明改善景物环境,缩小景物间的亮度差异,降低景物间的光比,保证所拍摄范围内的景物亮度范围落在摄像机的亮度宽容度以内,确保画面在亮度上不失真。

(2)统一光源色温,使得摄像机在拍摄同一个景物时色彩还原一致。

能够不失真地还原景物的形状和色彩,并不就是电视照明。只有在此基础上,使所拍摄的电视画面具有层次感、空间感和立体感,并根据节目需求正确表现出冷暖色彩关系,才是电视照明。

由于光是照明的物质基础,因此需要先了解光的基本属性和特征,才能合理地利用各种光源,真正掌握照明技巧,创造电视节目需要的各种艺术效果。

电视照明是最能够把制作技术与创造艺术紧密结合在一起的一项工作,也是最容易影响电视画面实际效果的手段之一,因此,灯光制作是所有影视节目制作环节中非常重要的一环,需要加以重视。

▶▶ 5.2 光与色温

5.2.1 光

1. 什么是光

光是电磁波中的一种,和宇宙射线、伽玛射线、X射线、紫外线、红外线等一样,都具有电磁波的属性,但是又和其他的电磁波不同,它是可以通过人和摄像机镜头看到的,因此,也被称为可见光。

波长是光的固有特性,波长不同决定光的颜色不同。可见光的波长范围为380nm～780nm,波长由长到短对应的颜色依次是红(620nm～780nm)、橙(590nm～620nm)、黄(560nm～590nm)、绿(490nm～560nm)、青(450nm～490nm)、蓝(420nm～450nm)、紫

(380nm～420nm)。需要注意的是每一种颜色对应的波长有一个范围,该范围内的光由多种颜色光构成,只是它们的色彩相互靠近,但并不完全一致。

能发光的物体都称为光源,光源可以分为自然光源和人工光源两大类。

自然光源包括太阳、月亮、星星(月亮和星星本身不发光,但是能反射太阳光而发光,因此也被称为光源)、闪电、萤火虫、深海发光鱼等。

人工光源主要包括火焰光源和电光源两大类。电光源根据发光原理和发光材质的不同,又可以分为很多种。日常照明用的光源几乎都是电光源,电视节目制作的光源也是电光源。由于摄像机的灵敏度远不如人的眼睛,所以用于节目制作的电光源,其强度远大于日常照明光源的强度,这是两者的重要区别。

2. 光的基本属性

光的基本属性可以通过对光的一些概念、度量单位与基本特性来掌握。实际的照明工作中需要经常使用的基本概念和单位主要有:

光源强度:即光源的发光强度,用光通量来表示。指光源在单位时间内向空间发射出的能使人产生光感的辐射能通量,用流明(lm)做单位。一个光源的光通量就是将可见光380nm～780nm 范围内的各个波长光的电功率累加起来,变成光的累计值。1 瓦白炽灯能够产生大约 10 个流明的光通量。

亮度:是指发光物体表面的发光强度值。发光物体表面可以是光源本身的表面,也可以是被其他光源照射后反光的物体表面,单位是尼特(nt),符号是 L。如果是光源本身表面发光,代表了光源的照射强度,光源表面越亮,光源强度越大。比如太阳比白炽灯看起来更亮,是因为太阳表面比白炽灯表面亮度更高。如果是反射后发光,则反映的是物体表面对光的反射程度,与该物体的材质和表面结构有关系。被同一个光源照射,物体表面反射率越高,亮度值越大;反之,反射率越低则亮度值越小,这也就是为什么白色物体比黑色物体亮度高的原因。将白色泡沫板作为反光板是此理论的具体运用。

在实际的电视节目制作过程中,需要注意,高亮度(反光率高,比如白色)的景物和低亮度(反光率低,比如黑色)的景物由于反光率相差较大,使用光源情况是不一样的。

生活中很多常见的物体,亮度相差非常大。比如最强的太阳,亮度值可以到达 1500×10^6～1800×10^6 尼特,白炽灯为 2×10^6～15×10^6 尼特,阳光下的白雪为 30×10^3 尼特,日光灯为 5×10^3～10×10^3 尼特,晴朗天空的亮度值在 6×10^3 尼特左右,满月时的亮度为 2500 尼特,夏天没有直射光的室内白墙的亮度在 100 尼特左右,暗色的物体亮度更低。由此看出,自然界亮度最高的太阳与室内白墙的亮度比值超过 1000 万倍,这种高亮度差异对于宽容度不高的摄像机来说是没有办法实现同时拍摄的。

自然界不同物体的反射率差异也很大,假设理想物体的反射率为 100%,那白雪的反射率最高为96%,白色泡沫板为95%,白墙为90%左右,白纸60%～80%,白布30%～60%,白种人皮肤30%～40%,黄种人皮肤20%～30%(男人平均25%,女人平均28%),黑布黑纸1%～10%,反射率最低的黑丝绒为0.3%～1%。

从这些数据可以看出来,物体的反射率与本身的颜色和材质有关系,同样的入射光照射不同反射率的物体,物体的亮度差异很大。因此,在拍摄场景内如何选择和搭配不同的景物,对于影视照明来说同样是非常重要的,灯光与美术部门协调工作也十分有助于画面亮度层次的改善。

照度:指被照明物体表面在单位面积上所接受的光通量,也就是景物表面被照亮的程度,单位是勒克斯(lx),1勒克斯等于1流明的光强度均匀地分布在面积为1平方米的物体表面上所产生的照度。

照度的大小与光源的发光强度成正比,与距离的平方成反比关系,并且与光源的投射方向直接相关。光源投射方向垂直于景物表面时,景物表面照度最大。

照度客观上反映的是光源的强度大小。自然界一般光源的照度是多少呢?最亮的阳光照度可以达到100000lx,白天室外没有阳光直射的环境下能够达到1000lx,而白天室内的照度一般为100lx～500lx。

普通的日光灯比白炽灯照明要亮一些,相同瓦数的日光灯比白炽灯的照度大约高8到10倍。40瓦的白炽灯的照度能够达到30lx～40lx,而40瓦的日光灯能够提供250lx～350lx的照度,夏天最亮的夜晚照度也达不到1lx。

标清摄像机在理想拍摄状态下要求的照度为1500lx左右。

了解这些常见的照度参数,对于电视节目制作是非常有帮助的,摄像机的灵敏度就是用lx作为计量单位的。

光比:光比在灯光制作中是一个非常重要的概念,具有三层含义:

(1)对于相同反射系数的景物的不同表面,在同一光源照射下所形成的照度之比;

(2)对于相同反射系数的景物,在不同光源照射时,光源产生的照度之比;

(3)相同反射系数的景物表面,在不同光源照射时,其受光处与阴影处所受光源照度之比。

合理运用光比,可以有效控制画面的影调、影像层次、色彩与色调层次,增强画面的艺术表现力和感染力。

一般情况下可以通过以下方面有效控制光比:

(1)对于高反射系数的景物,相应地降低照度;

(2)尽量不要把两个极端反射系数的景物放在相邻位置上,以免造成过大的对比度;

(3)对反射系数小的景物,可适当增加照度,来降低亮部与暗部的对比度。

光的波动性：光作为电磁波中的一种，具有波的一些基本特性。

首先，光线的传播具有方向性，沿着直线方向进行传播。

其次，光具有反射性、折射性、透射性和绕射性。光遇到物体表面，一部分光将按照反射原理反射出去，一部分会透过物体透射出去，同时还有一部分会被物体所吸收。掌握光的这些特性对实际工作非常有用。

3. 光在照明中的分类

在电视节目制作中，光的分类方法有很多种，下面分别介绍。

(1) 按性质可分为直射光、散射光和反射光。

直射光：具有明确的方向性，容易形成明显的光束，属于硬光，能明显感觉出光源的强度、色温，通过它能判断光源的方向和位置。直射光以直线的方式进行传播，照射到物体表面，会形成明显的受光面、背光面及影子，具有非常鲜明的立体造型效果，在电视节目制作中经常作为造型光源使用。比如被太阳光照射的房屋，被照射面非常明亮，房屋的背面相对暗淡，并且在房屋的背光面后留下长长的阴影，此时的太阳光就是直射光。

散射光：没有明显的方向性，属于软光，在被照射物体上不能形成明显的受光面、背光面和影子，它的特性就是光线比较柔和、照度均匀。常用做景物的基础光。比如在阴天里，房子的四周没有明显的受光面和背光面，房子的四周也不会留下阴影。

散射光是光源漫反射的结果，可以利用直射光人为制造出来。直射光源照射在凹凸不平的物体表面所反射出的光线就是散射光，比如光源照射到白色泡沫板上反射出的光线就是一种散射光，聚光灯透过白布的光线也是散射光。阴天里的太阳光就是经过各种介质反射、折射后的散射光。

反射光：光源照射物体表面后反射出来的光线称为反射光。反射光的强弱与入射光强弱和反射面的反射率有关，反射光的颜色由入射光的颜色和反射面的颜色共同决定。反射光可以是直射光，也可以是散射光，由入射光和反射面决定。

(2) 按照造型作用可以分为主光、副光、逆光、环境光、修饰光、效果光等。

主光：顾名思义就是画面中主要的光线，一般也是最亮的光线。照明中需要最先确定的光就是主光，它能够起到刻画人物和塑造环境的作用。画面中需要突出的重点可以通过主光的照射从其他陪衬中跳脱出，从而引起观众的注意。

副光：也叫辅助光。由于主光只负责照亮人和景物的受光面，将在侧面及背面留下阴影，使得景物明暗亮度的对比度过大，不利于画面的层次和质感展现，画面缺乏层次感和立体感，因此需要在景物侧面加上强度弱于主光的副光，以消除主光造成的阴影。由于不能留下副光的光影，因此，副光一般采用散射光。

逆光：也叫轮廓光，位于被拍摄人物及景物的后方，用于照亮人物与景物的轮廓，主要采用硬光,其强度可强于主光也可弱于主光而强于辅助光。逆光可分正逆光、侧逆光、顶逆光、低角度逆光等。逆光一般投射照度高,具有立体感、纵深感,并会形成逆光光影。

环境光:指用来照亮景物所处环境的光源,决定画面影调和色调的构成,通过光影表现的画面环境需要符合日常的生活习惯和逻辑习惯。

修饰光:是一种局部光,对画面的局部进行特定的修饰和加工,使造型、影调层次和色彩更加完美,起到画龙点睛的作用,但是需要把握好分寸,轮廓光和眼神光是常见的修饰光。

效果光:是一种特殊的光线,经常为了突出某种效果而刻意创造出来的一种光效,在电视剧的拍摄里会用到,具有夸张的成分。

(3) 按色温可分为高色温光和低色温光。

根据光源的色温值来判断是高色温光还是低色温光。一般情况下定义5600K色温以上的光为高色温光,比如白天的日光和高色温的镝灯光等,最高色温可以到达20000K甚至以上。3200K左右及低于3200K色温的光源被称为低色温光源,比如红头灯、白炽灯和演播室常用的灯具都是低色温光源,最低色温值可以低到1000K左右。

色温值越低,光的颜色越红;色温值越高,光源颜色越青、越蓝。

摄像机出厂时预设的正常工作色温值为3200K。

5.2.2 色温

1. 什么是色温

色温(colour temperature),即颜色的温度,是用于表示光的颜色的尺度,是利用绝对黑体辐射时光的色度与温度关系来表示白光色度的一种方法,单位为K(开尔文)。

绝对黑体是指不反射也不透射任何光的物体,即能把外部能量全部吸收并以光的形式通过对外辐射来实现能量转换的物体。

英国著名物理学家开尔文认为,假定在完全密封的空间里,没有外部光源作用下,连续加热某一绝对黑体,使其温度逐渐上升,绝对黑体便以光的形式向外辐射能量,光的颜色就会随着温度的升高相应地发生变化。就像铁在不断升温的过程中由暗红变浅红、再变黄、变白、变青一样。在此过程中辐射光的颜色与温度的变化形成一定的对应关系,因此,相对于某一白光,绝对黑体的温度值就是该光的色度值,简称色温。

色温零度(0K)对应的摄氏温度是-273℃,因此任何光源色温值都很大。节目制作常用的钨丝灯色温为3200K,属于低色温光源;镝灯色温值为5600K,为高色温灯。

色温实际上是一种光的颜色,与日常生活紧密相关。钨丝灯所发出的光为暗红色调,色温较低;天然气火焰为蓝色,色温值较高。烛光的色温约为1800K～1900K,日出或日落时的色温约为2000K～3000K,晴天日光的色温约为6000K,阴天日光色温约为7000K～8000K,

万里无云的蓝天,其色温约为10000K～20000K。

我们不难发现一个规律:色温越高,光的颜色越偏蓝;色温越低则越红。色温值与光的颜色对应关系参见图5-3(彩图4)。

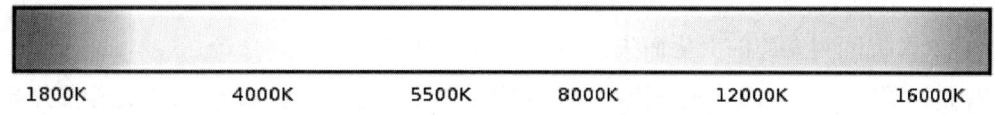

图5-3 光源颜色与色温值对照简易图

常见的自然光和电光源的色温值如表5-1。

表5-1 色温值与光源对照表

光源	色温值(K)
标准蜡烛	1930
家用钨丝灯(25W～250W)	2600～2900
演播室钨丝灯(500W～1000W)	3000
演播室钨丝灯(2000W)3275	3275
演播室钨丝灯(5kW,10kW)	3380
日光灯	3200～7500
氙灯	6000
镝灯	5600
日出、日落	2000～3000
没有太阳的昼光、早晨、傍晚	4500～4800
中午	5000～5400
夏日的阳光+蔚蓝的天空光	5500～6500
阴沉的天空	6800～7500
烟雾弥漫的天空	8000
晴朗、蔚蓝的北方天空	10000～20000

2. 色温与白平衡的关系

白平衡是一个很抽象的概念,最通俗的理解就是白色物体经过摄像机(照相机)光电转换和电视机或投影仪等显示系统电光转换后依然表现为白色,那么这个系统的白平衡正常,否则白平衡异常。

我们知道,任何颜色的光都是混合色光,均可以分解成红、橙、黄、绿、青、蓝、紫,这七种色光又是由红、绿、蓝三原色按不同比例混合形成,白光的三原色红、绿、蓝成分比例为1∶1∶1。如果将白光分解,在色彩还原的过程中仍然能够保持这样的比例,混合后的颜色还是白色,就能保证色彩还原正确。如果白色物体都能正常还原为白色,那么其他颜色也都会还原正确，这个系统的白平衡就可以称为正常。

前面我们知道，由于人眼具有独特的自适应性，光源的改变并不会影响我们对景物色彩的判断。但摄像机的感光器件CCD并不能像人眼那样具有自适应性。随着光源颜色的改变，所拍摄的画面景物颜色也会发生变化，这就导致画面色彩失真，称为失去白平衡。

(1) 摄像机因为光源的变化而失去白平衡的原因

首先来回顾一下摄像机成像原理。摄像机拍摄时，通过镜头将景物光线送入分光棱镜分解成三束独立的红、绿、蓝光，照射相应的CCD靶面，完成光电转换，将光信号变成三个弱小的电信号，通过放大电路放大，再经过多种电路处理后将这三种电信号编码混合形成理想的视频信号，完成景物的光信号转换，成为可以在电视机上显示的电视信号。

在上述光电转换的过程中，由于光源色温的变化，也就是光源光谱成分的改变，被送入分光棱镜分解后的红、绿、蓝光的比例成分发生改变，导致照射三个CCD靶面进行光电转换的光的成分发生改变，最后影响到构成视频信号的红、绿、蓝成分改变，导致颜色出现偏差。

下面通过简单实验来进行分析。

首先，在低色温3200K的光源下拍摄白色物体，此时白光分解成的红、绿、蓝光线比例为1∶1∶1，如果白平衡正常，完成光电转换的红、绿、蓝电信号放大比例也应该为1∶1∶1，仍然显示为白色。此时将光源改为5600K，光源色温升高，也就是蓝色成分增加，通过分光棱镜分解后的蓝光比例也相应增加，导致光电转换后的红、绿、蓝中的蓝色电信号比例增加，最终导致画面偏蓝。

(2) 摄像机调整白平衡的原理

摄像机在面对光源发生改变后，通过摄像机自动调整功能，分别调整红、绿、蓝三个放大电路的放大量，使得输出前与输出后的信号变化比值始终为1∶1∶1，从而确保输出后的电视图像正确还原景物原有色彩，这一内部电路调整过程就叫做白平衡调整，调整过程由摄像机自动完成。

白平衡调整过程可以通过图5-4、5-5、5-6进行说明。

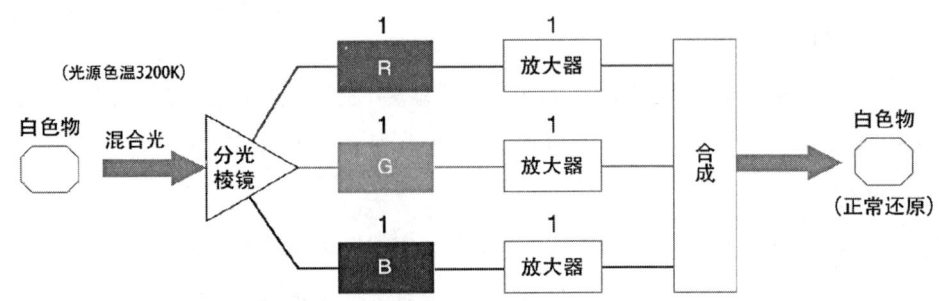

图5-4 ENG摄像机工作在3200K预置状态（光源色温3200K、色彩还原正常）

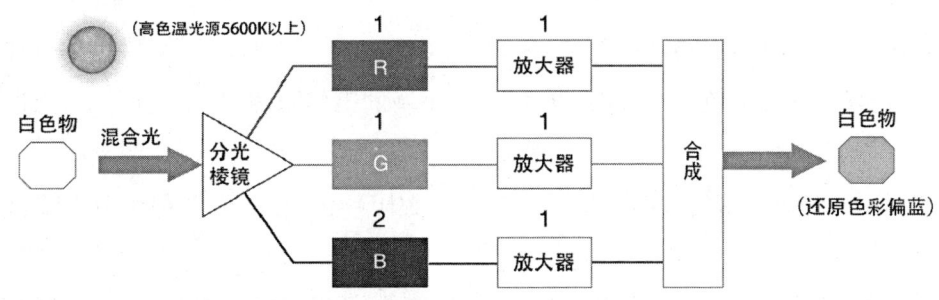

图 5-5　ENG 摄像机调整白平衡前(光源色温 5600K、色彩还原不正常)

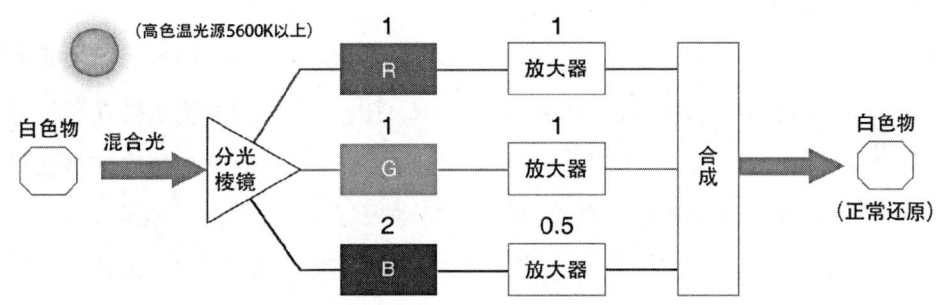

图 5-6　ENG 摄像机调整白平衡后(光源色温为 5600K、色彩还原正常)

首先,在低色温 3200K 的光源下拍摄白色物体时,白光分解后的红、绿、蓝光线比例为 1∶1∶1,如果白平衡正常,完成光电转换的红、绿、蓝电信号放大比例也应该为 1∶1∶1。此时将光源色温改为 5600K,光源色温升高,假如蓝色成分增加一倍,红绿蓝光线比例变为 1∶1∶2,通过分光棱镜分解后的蓝色成分增加一倍,导致光电转换后的蓝色电信号比例增加一倍。

为了使最后图像显示仍然为白色,摄像机通过白平衡调整电路,必须改变红、绿、蓝放大电路中红色和绿色通道的放大量,使之变为原先的两倍,也就是红、绿、蓝放大量的比例为 2∶2∶1,这样,通过提高红色和绿色放大电路的放大量,总体平衡了红、绿、蓝电信号的比例,维持了最后的白色不变,实现了白平衡。然而在实际的摄像机调整电路中,不管光源发生怎样的变化,摄像机内部三个调整电路都会以绿色通道作为基本参数值保持不变,而去调整红色和蓝色通道中的放大器的参数来进行白平衡的调节。

(3)摄像机白平衡的调整方法和应用技巧

摄像机在白平衡调整过程中,无法辨别调整对象的颜色是否就是标准白色,也是说镜头可以对着任何景物来调整白平衡。摄像机会将镜头前的景物颜色当成标准白色并与摄像机内部的标准白色进行比较,最后将镜头拍摄到的景物的实际颜色调成标准白色输出,导致实际输出颜色存在色彩偏差。在实际工作中,我们经常会利用这一特性来调整白平衡,创造一些特殊的效果。

大多情况下使用白色的调色板(卡)来调整白平衡,经验丰富的摄像师会利用蓝天来调白平衡,从而得到偏红黄色调的画面。理解了白平衡的工作原理之后,就可以大胆地尝试不同的效果。

电视画面中日出日落的太阳比生活中所见的太阳颜色更红,或者利用白天拍摄夜戏就是利用这一特性的结果。

在生活中,日光的色温是不断变化的,不同的地域、季节、地面环境、天气、早晚等都会对色温造成影响,还有大量的人工光源,色温也不尽相同,因此,随着环境等客观因素的变化,由色温变化而引起的白平衡问题需要及时调整。

摄像师调整白平衡的方法大体分粗调、细调和自动跟踪(ATW)三种。粗调指在预置情况下改变色温滤光片,使色温接近3200K或5600K的出厂设置。细调是指在色温滤光片的配合下,通过摄像机白平衡调整功能,针对特定环境色温得到一个更为精确的调整结果。自动跟踪是指依靠摄像机的自动跟踪功能,摄像机自动根据画面的色温变化随时调整白平衡。

精细调白的一般方法是在拍摄环境中用调白板(卡)来调整白平衡,这是一种最普遍的情况,还有几种非常灵活的精细调白方法:将一块透过性良好的标准白板紧贴镜头,在拍摄环境中对着光源照明方向或主拍摄方向来调整白平衡,专业的摄像机会给出一个色温读数,如果希望拍摄正常还原的画面就以这个白平衡结果来拍摄,该方法不太常见。在摄影创作中,有时希望得到有色彩偏差的画面来达到创作目的,可以利用任何景物来调整白平衡,被调白景物的色温同画面的色彩偏差呈补色关系,即以红色调白,画面偏向青色;以绿色调白,画面偏向品色;以蓝色调白,画面偏向黄色。

自动白平衡跟踪功能是随着镜头所摄取景物的色温变化而实时调整的。如果在一个推镜头或摇镜头过程中,被摄景物的色温(镜头摄入景物的色温同环境照明色温是不同的)发生变化,那么画面在一个镜头内就会发生色彩变化。如镜头由人物全景推到脸部特写,因为景别的变化摄入镜头的色温会不同,画面中人物的肤色也就会发生变化,所以非特殊情况不建议使用该模式。

在单一色温光源下可以通过白平衡的调整来解决问题,那么在混合光源照明情况下,系统又该怎样进行白平衡调整呢?

混合色温会导致摄像机所拍摄画面的主要颜色异常。解决的办法是采用色温变换滤色片,将非主要光源的色温变换成与主要光源相同的色温值,确保整个拍摄环境的整体光线具有相同的色温值,以适应系统的色彩平衡。

色温变换就是使用色温滤色片吸收光源中的某些光谱成分,使其光谱比例达到与主要光源的光谱比例相同的色温值,使得照射景物的所有光源具有相同的色温,从而保证光源色温与摄像机要求的色温一致。

实际工作中，可以合理利用混合光源来真实再现自然生活场景，同时也可以让画面产生对比强烈的冷暖关系，在电视剧的拍摄中应用更为广泛。

5.3 光与画面

为什么有的电视画面层次感清晰，空间感明显，色彩鲜艳并显得和谐，而有的画面则显得平淡而呆滞，色彩模糊，清晰度不够？这在很大程度上与能否合理用光有关。

光可以影响画面的层次和画面的色彩，对画面具有造型作用，因此了解光对画面的作用显得非常重要。

5.3.1 光对画面造型的作用

1. 什么是造型

在日常生活中，即使是同一个物体，因为观看角度和光线条件的不同，会呈现不同的形状和色彩。顺光的情况下往往不容易看出景物的表面结构和细节，但是逆光时，景物的结构和层次往往都很清晰。比如雨天，顺光很难看清雨丝，而逆光特别是强逆光下，雨丝表现得非常明显。同样，景物的颜色也会因光源的照射方向、光源的颜色和观看的角度不同而有所差异，这就是光线对物体的造型，在画面上表现得更为明显。

2. 光在造型中的作用

光可以用来给景物造型，使画面具有立体感、空间感和明显的质感。通过合理用光，还可以使画面颜色丰富多彩，创造各种各样的艺术效果。因此，光在形状、质感和颜色方面对景物具有造型作用。

（1）光对形状的造型

三维特性是影响画面立体感的重要原因。电视画面是通过二维的电视屏幕来展现三维的立体世界，这要求我们尽可能地展现画面中景物的三维立体特性。

三维的基本构成单位是点、线、面，任何三维物体都是由不同的面和线构成，因此正确地再现面和线的空间结构是再现立体感的关键。

一个二维平面上，景物如何能够更好地体现三维特性呢？如果景物在视觉上出现了尽可能多的不同面的信息，也就是各个面的影调和色调信息量越多，这个物体的立体特性越强烈，这就是光的造型作用的基础，所有用光的目的都是基于此。

影调就是景物的明暗调子，色调就是景物的彩色调子，有过绘画基础的都知道光线是产生影调和色调最有效的手段之一，因此光线是决定景物各个面的影调和色调的重要手段。

下面我们将利用光的这些特性具体分析光对景物形状造型的原理及具体应用。

同一光源下,物体由于各个面接受光的照度不同,呈现出的亮度也不同,出现了受光面、背光面和阴影,在受光面和背光面中间以及背光面和阴影中间还存在亮度过渡面,由此形成了一个亮度差异明显的景物影调,在视觉上产生了亮度不同的多个面的信息,具有较强的立体感和透视感。

光除了能够很好地展现景物本身的三维特性外,还具有突出其轮廓形态的特点,使画面更具有立体感、空间感和透视感,这主要是通过运用光线加强与背景间的明暗对比和色彩对比来实现。

在实际生活中,景物与背景如果在亮度、色彩上相差不大或接近时,其轮廓不会明显,立体感、空间感不强,没有明显的透视关系。而两者亮度、色彩相差较大时,景物的轮廓形态就会从背景中凸显出来,立体感、层次感较强。

因此,在实际工作中,对于不同亮度的景物,需要合理调配不同亮度的背景。明亮的景物一定要降低背景的亮度,暗淡的景物则需要明亮的背景做衬托。对于色彩的控制也是如此,景物的色彩和背景色彩的选择标准是尽可能选用对比色而不是近似色。

(2)光对质感的造型

质感是影响画面的一个重要因素,不同的光线让景物的质感具有不同的表现,也就是说光源的性质在某些方面影响景物质感的体现,这就是光线对景物质感的造型作用。

景物的表面根据材质大体分为三种:光滑表面、光泽表面和粗糙表面。由于材质的不同,对光线的反射程度相差也很大,拍摄时对光线的要求也不一样。

光滑表面如镜面、油漆面等,具有强烈的反光特性,在光源照射情况下,只能在反射的角度才能看到光源,有亮度的表现,其他地方没有亮度,因此这种材质的景物照明必须采用散射光源。

光泽表面如人脸、墙面等,对光源具有比较明显的反光特性,在反射光的位置上能够看到光源的影子,因此需要较好地控制光源的强度。实际拍摄中,有效降低光泽表面的反光是最有效的办法。

粗糙表面具有凹凸不平的特性,并且对光源的反射不明显,能否有效反映出景物本身的结构特点与光源的属性有较大的关系。适宜选用直射光照射、侧光拍摄的方法来展现景物表面的结构特性。光源的强弱大小根据物体表面的粗糙程度而定,越粗糙、表面起伏越大的,光源强度越大,粗糙不明显、起伏较小的不应采用强光源照射,否则会因为光线过强而掩盖物体本身的结构细节。

(3)光对色彩的造型

①光对色彩的影响

自然界的景物为什么会有颜色？这主要与以下两个方面有关：

一是与景物表面材质和结构有关系。不同材质和结构的表面，对于入射光光谱成分的吸收作用不同，从而引起视觉色彩的反映有所区别。光滑的表面由于具有反光特性，在反射角的位置将全部入射光反射出来，因此看到的是光源本身的颜色，而在非反射角的位置看到的是物体本身的颜色。而粗糙表面的物体由于受光源的反射作用较少，因此，容易反映其本身的颜色特征。

二是与光源照射强度有关系。照度过大或者过小都会降低景物色彩的饱和度，从而引起色彩失真。因此，为了保证景物色彩达到最佳饱和度，需要严格控制景物的照度。

另外，光线对景物色彩的影响还与入射光本身的颜色有关。比如人物脸色在日光灯下相对较白，在白炽灯下则显得较红润就是这个道理。

②光对色彩的造型原理

如果是多种光源同时作用则遵循加色法混合原理，即一种颜色的光源加到另一种上就产生一种新的色彩。比如红光和绿光相加得到黄光，绿光和蓝光相加得到青光，蓝光和红光相加得到品红光，在实际的灯光造型中常常会用到这一原理。

在一种光源作用下遵循减色法混合原理。其根据是入射光照射物体表面，由于表面具有吸收光的作用，将入射光的一部分波长的光吸收后反射出的光的光谱结构发生改变，从而影响了物体在光照后的颜色表现。比如白光照在红色物体表面上，由于白光里的蓝色和绿色被红色物体表面所吸收，只把红色光反射出来，因此物体看起来是红色。这就是减色法。如果将白色光照在黑色物体上，由于黑色物体吸收红、绿、蓝光的比例相同，因此根据减色法原理：白色－红色－绿色－蓝色＝黑色，所以黑色物体仍呈现为黑色。

当使用一种光源时，由于物体表面对某一波长的光具有吸收作用，因此通过物体反射出来的光线将小于入射光的光线强度，也就是光线变弱了，这在灯光制作中需要注意。

合理运用加色法和减色法，并结合物体表面的结构特性，就可以很好地控制光线对景物色彩的造型，拍摄出多彩绚丽的世界。

5.3.2 光对画面亮度的控制

光对画面亮度的控制，总体上要求充分利用现有电视系统在亮度宽容度方面的技术要求，通过光的作用使画面展现更多的景物亮度层次、更细腻的景物细节。

在具体实施和操作过程中需要把握两个方面，即局部亮度和整体亮度的有效控制。

首先是控制局部亮度，也就是控制好画面的最高亮度与最低亮度。保证画面中的每一个景物的最高亮度都不超出电视系统所规定的白切割电平值,即保证画面不要曝光过度(尽管现在的摄像机具有高亮度的动态对比度控制技术,但这也是在压缩了高亮度细节的基础上实现的,丢失了部分信息),也就是充分利用亮度宽容度的最高值。保证画面中每一个景物的最低亮度符合摄像机的最低照度拍摄要求,目的是充分利用亮度宽容度的最低值。

其次是控制整体亮度。在控制画面中的每一个景物的最高亮度和最低亮度的基础上,使画面的整体亮度最大可能地利用电视系统的亮度宽容度范围,从而充分展现画面层次和细节。

控制画面的整体亮度是保证画面具有层次感的一个最为重要的手段。这实际上是自然界高亮度范围的景物如何在只有1:32亮度宽容度的电视系统中得以最大程度的展示的具体运用问题。自然界中亮度最高的太阳表面和室内白墙的亮度差异在1000万倍以上,这在电视系统内显然是不能同时出现的,如何解决呢?这就需要通过灯光去合理控制画面的整体亮度,适当降低高亮度景物的光源照度,提高低亮度场景的亮度,使画面中的景物在亮度上形成一定的级差,保证最高亮度和最低亮度都处在摄像机的亮度宽容度内,这样的画面就会具有层次感,光线看起来也会显得更加柔和、温馨。

5.3.3 光对画面色彩的影响

不同光源照射下,相同景物所展现出的画面色彩是不一样的,因此,光对画面色彩有着决定性的作用,在实际的ENG照明过程中需要把握以下三个原则:

(1)首先保证景物色彩的正确还原。只要根据光源的实际情况,统一色温,调整好摄像机的白平衡,让摄像机以正常状态工作就能够做到。这是最基本的拍摄要求,尤其是新闻制作及纪录片创作时需要重点注意。

(2)真实客观地反映自然界景物在色彩方面的冷暖关系(同一环境下多色温光源照明)。允许在同一个画面内出现不同的色调,这是符合自然界客观规律的,经常运用在电视剧的创作中。它是通过在一个环境内使用不同色温的光源来实现的。

(3)为了创作需要,色彩还原有时需要采取"来源于生活而高于生活"的原则,结合作品要求,有目的性地利用摄像机对光源色彩的不适应性创造出符合要求的色彩,这是属于艺术再创作的过程。

▶▶ 5.4 ENG照明

ENG作为电视节目制作的一种形式,区别于其他的制作方式,有室内拍摄和室外拍摄。由于制作环境不同,照明要求也不一样。比如室外拍摄,自然光是主要的照明光源,并且是不太容易控制的光源,如何拍摄好室外场景,是ENG照明的一个重点,也是难点。

不管是在哪种环境下,都需要利用光源进行照明。因此,针对光源需要从以下两个方面进行把握：

1. 景物的亮度，包括整体亮度和局部亮度，也就是亮度平衡。
2. 照射光源的色温，单一色温的白平衡和多光源的色温统一。

由于光源是照明的基础，学习 ENG 照明前，需先了解 ENG 照明光源及主要光源的特性。

5.4.1　ENG 照明光源

主要分为两大类：自然光源和电光源。

自然光源是外景环境照明的主要光源，主要是太阳光。电光源是室内环境照明的主要光源，也是室外环境照明的辅助光源，这两种光源在 ENG 照明中并不是完全独立使用的，可以互为补充。

5.4.1.1　自然光源

1. 自然光源的特点

太阳光作为自然光最重要的光源之一，具有以下特点：

（1）照明强度非常大，很容易形成对比强烈的受光面和背光面，亮度差别非常明显，给摄像机拍摄带来困难。

（2）由于日光的照射面积非常广，不太容易对它进行亮度和范围的控制，给 ENG 照明带来困难。

（3）一天中阳光的变化非常明显，照射强度和色温变化很快，不同时间具有不同的光线特点。

（4）日光受季节、天气和环境的影响非常大，给 ENG 外景连续拍摄带来不便。

2. 自然光三种基本光线形态

太阳直射光、散射的天空光和环境反射光是自然光的三种基本光线形态。

（1）太阳直射光

是指太阳发出的以直线传播的方式、穿过大气层直接照射到景物上的光线。它具有以下特点：

①强烈的方向性，在景物上形成非常明显的受光面（亮面，也就是面对太阳的一面）和背光面（暗面，即背向太阳的一面），并在景物的背光面造成阴影。

②太阳直射光是自然界最强的光线，景物光比过大，容易超出摄像机的宽容度。

③直射光的照度和色温受大气层变化的影响，方向随时间发生变化。

（2）散射的天空光

太阳光经过大气层时，一部分光线直接穿过大气层成为直射光，一部分被大气层中的尘埃和水蒸气等物质吸收，还有一部分通过大气层后，被其中的各种物质多次反射、折射后穿过大气层，在地球表面形成一种几乎没有方向性的散乱性的光线，这种光线就成为散射的天空光。该光线具有如下特点：

①没有方向性。

②光线非常均匀、柔和，平均照射在地球表面。

③亮度远远小于太阳的直射光，在有太阳直射光的情况下，只能显示在景物的背光面上。

④散射光的照度和色温也随大气层的变化而变化。

散射光主要来源于大气层的尘埃和水蒸气等细小物质对太阳光的反射和折射，这些物质非常微小，容易对太阳光光谱中的短波造成影响，这部分短波对应的颜色为蓝色，因此散射光色温较高，色彩偏蓝，在景物背光面有散射光存在的地方具有蓝色特征。

晴天和阴天由于大气层结构的不同，其散射光也具有明显不同的光线特征，如图 5-7(彩图 5)所示。

晴朗天气中由于没有明显的云层，大气层中的尘埃和水蒸气相对较少，因此被反射、折射的短波所形成的散射光光谱成分相对固定，蓝色较纯，所以天空是蓝色的，散射光也是蓝色的，色温较高，约为 13000K～19000K。晴天时的直射光亮度远远高于散射光亮度，此时散射光

晴朗

阴天

图 5-7 天空散射光色温变化图

在景物的背光面无法发挥太多的作用，因此，需要有外部辅助光源来照亮背光面，达到平衡景物亮度的效果，满足摄像机拍摄时的亮度宽容度。

阴天时，由于大气层中的水蒸气增多，形成了较厚的云层，遮挡了直射的阳光，这时照亮景物的只有被云层扩散了的天空散射光。阴天条件下由于云层较厚，成分较复杂，导致散射光的光谱成分也比较复杂，色温只有 6800K～7500K，所以天空呈现灰蓝色。

(3) 环境反射光

太阳光照射在地球上，一部分被地球表面吸收转化为热能或其他能量，另一部分被反射回空间，照亮别的物体，这种由环境表面反射的光线称为环境反射光。

环境反射光的强度由入射光强度和物体表面反光率共同决定。同一个环境，光源强度越大，环境反射光越强，反之越弱；同一个光源，环境表面反光率越大，反射光越强，反之越弱。

环境反射光具有色彩特征，其色度是随反射面的色彩而变化的，同时也和入射光的光线

特征有关。比如早晨和中午，同样一个人在沙漠上，沙漠反射到人物身上的环境光是不同的。并且环境反射光也具有方向性，其方向决定于反射面的状态，有直线反射和漫反射（散射反射）两种，同样遵循光的反射原理。

室外环境的光线都是由以上三种形态所构成的，因此，拍摄时真实地再现自然光的三种形态，能增加光效的自然真实感，特别是有色彩的天空光和环境反射光，它们不仅能丰富画面色彩，形成色彩的寒暖关系，而且能使画面主体光效与环境互相呼应，形成画面效果，对ENG景物摄影造型具有重要意义。

3. 自然光的光线特征

仅仅了解自然光的三种基本形态还远远不够，因为自然光会随着地理位置、环境、季节、时间和天气条件的变化而变化，并且还形成了一些基本的规律和共性。

(1) 拍摄环境所处的地理纬度不同，位置高度不同，其受到太阳光照射的强度就会不相同。

(2) 海拔高度不同，阳光穿透大气层的厚度不同，直射阳光和散射天空光的强度也不相同。海拔高的地区，直射光很强，散射的天空光较弱，景物反差很大，天空呈现深蓝色。相反，海拔低的地区，天空散射光较强，景物反差较柔和。

(3) 太阳光光线的高度和强度还随季节的变化而变化，也就是说，四季中太阳光光线具有不同的特征，这在拍摄时需多加注意。

即使在同一天，太阳光也有5种不同的光线特征，ENG拍摄过程中经常会遇到这种情况，下面主要分析这部分光线特点。

4. 自然光一天中的不同光线特征

太阳光源本身的光谱成分是恒定的，因此它本身的色温和强度保持不变，但每天不同时间段里太阳的光线特征差异很大。造成这种差异的主要因素是大气层的密度和厚度。大气层的密度是指天空的混浊度，也就是空气中含有水蒸气和尘埃等微小杂质的数量多少，杂质多则密度大。大气层的厚度是指阳光直射地面时穿越大气层的行程。

由于太阳光线到达地球的过程中，穿越大气层的行程不一样，太阳光线被大气层中的微小杂质吸收、反射、折射程度不一样，导致到达地球的光线强度不一样、色温差异也很大。比如早晨和傍晚，太阳光穿过大气层的行程要长一些，被大气层吸收、反射、折射的光要更多一些，所以光线强度相对于中午要弱。受其影响的是短波段的蓝光，所以照射到地面上的光的色温相对较低。

一天中太阳光有哪些不同的光线特征呢？主要分为以下几个阶段，每个阶段都具有不同的光线特征，后面还将进行更为详细的介绍。

日出日落：阳光穿透大气层的行程较远，被扩散的光线较多，光线较弱而且柔和。直射的阳光色温较低,受光面较暖,光线较弱,背光面较寒,画面色彩多变化,寒暖对比鲜明,景物色彩丰富。天空散射光色温较高。另外,光线亮度、色温变化很快,转瞬即逝。

上午和下午:光线穿透大气层的行程较短,变化不大,被大气扩散的光线较少,因此直射阳光色温较高。这段时间较长,光线变化缓慢,照度和色温几乎恒定不变,色温大致在5600K左右。景物中垂直面和水平面

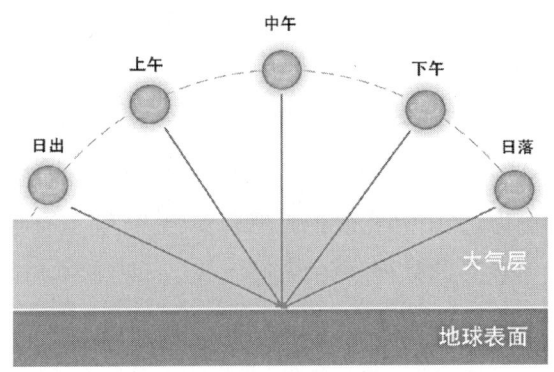

图5-8　自然阳光一天行程示意图

都受到均匀的照射,能较好地展现物体线条和立体形态。地面和物体经过阳光照射产生的反射光,以及天空的散射光照亮了景物的背光面,使景物获得了适当的反差,人物也有较好的造型效果。

中午:光线几乎垂直照射景物,景物的水平面较亮,垂直面较暗,使被摄体垂直面与天空形成强烈的反差。光线亮度非常强,色温也是一天中最高的时候,且变化都不大。

黎明和黄昏:太阳在地平线下,阳光把上部的大气层照亮,地面景物被来自天空的散射光照亮,景物亮度较低,并失去细部层次,只能看到概貌。这段时间持续非常短,色温低、亮度小,且变化很快。

5.4.1.2　电光源

1. 电光源种类及特点

(1)根据色温不同,电光源分为高色温光源和低色温光源两大类。

高色温光源主要用于自然光条件下的外景和室内日景拍摄,以便与高色温的日光进行平衡。主要是镝灯,也叫D灯。它的特点是光效高,色温高,为5600K,和日光光色相近,功率范围覆盖很广,主要包括575W、1200W、2500W、4000W、6KW、12KW和18KW等,不同功率的灯具使用范围不同,需结合环境照明来定。

图5-9　常见高色温镝灯

使用镝灯必须要有触发器和限流器的配合。使用交流镝灯时需要考虑频闪现象，尤其在高清拍摄环境时更应注意。

在使用镝灯时，由于其灯泡的发光机理特点，要求镝灯必须等到灯泡完全冷却后才能再次开启，中间最好间隔10～15分钟，这样能更好地延长灯泡的使用寿命。另外，在镝灯工作时，要尽量避免人眼直视灯头光线，以免灼伤眼睛，因为镝灯能够产生大量的紫外线。

低色温光源主要用于摄影棚、演播室和实景里的夜景拍摄，主要光源是卤钨灯泡，是目前电视照明中使用最为广泛的一种光源。色温在2900K到3200K左右。卤钨灯一般由石英玻璃制成，透光性能较好，发光效率较高且比较稳定，但是它的抗震性能较差，工作温度较高，灯丝很容易断，寿命较短。可以分为石英卤钨灯管和石英卤钨灯泡。

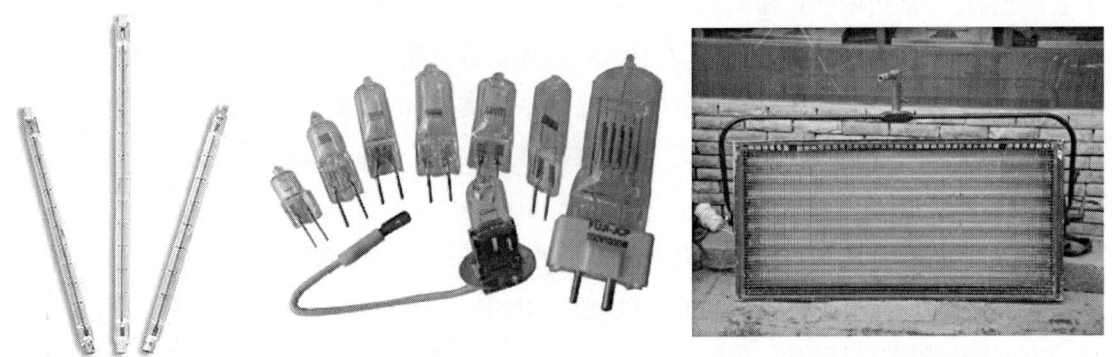

图5-10　常见低色温卤钨灯和低色温三基色荧光灯

另外还有一种被广泛使用的低色温灯是三基色荧光灯，因其光谱能量分布曲线由红、绿、蓝三原色组合而得名，其外形和家庭用的日光色荧光灯一样。色温为3200K，具有光线柔和、发光面积大、省电且不产生大量热量的特点，在ENG节目制作中一般作为基础光来使用。

(2) 根据光效的可控性，可以分为4个系列：聚光灯系列、散光灯系列、回光灯系列和散射灯系列。

①聚光灯：可分为高色温和低色温两大类，高色温在日光下使用，低色温可在室内环境使用。具有以下特点：照射光线投射距离较远、范围明显，光线方向性强，有较强的光强输出，具有日光的直射光特点，属于硬光型灯具，光斑质量高、均匀性好，是理想的具有局部投光效果的灯具，能够使被照物体形成明显的受光面、背光面和阴影，能使被照物体边缘清晰、轮廓鲜明。能够通过调节光源与光学系统间的相对位置，调整光线的强弱和光斑的大小；通过灯体的机械结构，调整光线的投光角度和照射范围；灯口处设有滤光器支架，可通过加装色纸或有色玻璃改变输出光线的颜色来改变色温。

聚光灯是ENG节目制作中比较重要的一种灯光设备，适合作为人物或场景的主光、轮廊光使用。

②散光灯：是一种柔光型灯具，效果类似于阴天的天空散射光，用来覆盖尽可能大区域的照明。具有以下特点：投射的光斑发散、柔和均匀、亮度低、边缘成像模糊、散射面积大、光线没有特定方向，可以用来减弱硬光型灯具所造成的阴影，掩饰景物表面的起伏或缺陷。主要用做基础光、辅助光或背景光。

常见的散光型灯具有新闻灯、四联散光灯、天幕散光灯、地排散光灯、外景散光灯和三基色荧光灯。新闻灯常用于外景摄像和现场采访，以弥补光线的不足，有单联新闻灯和双联新闻灯，双联新闻灯较常用。四联散光灯一般用在剧场等室内环境，常用做辅助光与顶光，前面有遮扉（遮光挡板），可以控制照明范围。外景散光灯的强度高，重量轻，配用管型镝灯，由于它的色温高，常用做外景辅助照明灯光。三基色灯具有使用寿命长、散热低等特点，色温为 3200K，常用在室内环境，用于新闻、会议、访谈类节目制作中。

③回光灯：也是一种反射式灯具，和聚光灯基本类似，也属于直射光，光质硬、射程远、照明范围大、光束不容易遮挡、光区形状不容易控制、光线分布不均匀，一般用在轮廓光照明上。

④散射灯：在灯泡的后面多装有凹凸不平的反光罩，所用灯泡为磨砂灯泡或乳白灯泡等散射光源，射出的光线呈喇叭形向外扩散，像散射光一样柔和，均匀地照亮被摄物体，没有明显的方向感。用散射灯拍摄，被射体没有明显的反差，因此立体感较差。散射灯一般作为辅助光的光源使用。

2. ENG 常用限光设备和反光设备

在电视节目拍摄中，有了好的灯具设备，只是给摄像机提供一个亮的照明环境，在技术上满足了拍摄要求，但是在景物造型上还需要限光设备来保障。

限光设备就是对光源所发出的光束加以控制的设备，主要有遮扉、挡光板、挡光纱（布）、挡光桶等。这些设备在修饰光的效果上起到非常大的作用。

反光设备也是照明工作中常用的设备之一，尤其在外景和新闻人物采访中经常使用，具有高反射率的材质都可以当做反光设备，主要有锡箔反光板、泡沫板、反光布等。外景拍摄时，充分利用自然光线，使用好反光设备，往往能够达到意想不到的效果。

在 ENG 节目制作中使用反光板比较常见，需要掌握其基本的使用要求和方法：

图 5-11　常见反光设备使用

(1) 充分利用自然光源,选择合适的高度、方向和位置。
(2) 结合被摄景物的实际情况,包括其反射率、对比度等,选择一定材质的反光板。
(3) 要求反光板表面光洁平整,确保反射光均匀。
(4) 拍摄过程中确保反射板稳定,避免反射光在画面中来回游动。
(5) 使用反射板时要注意由反射板材质带来的反射光的色温变化。

5.4.2 常用的布光方法

了解了照明光源后,就需要使用光源来进行布光,影视节目制作比较常用的布光方法主要有三点布光法、总体布光法和层次布光法。

三点布光法是最基本的布光方法,常用在以电光源为基础的演播室和摄影棚内,该方法比较简单,且最能表现景物的影调和结构层次。

总体布光法和层次布光法都是在三点布光法的基础上建立完善起来的。

1. 三点布光法

通过使用主光、副光(辅助光)和轮廓光(逆光)三个基本光对被摄对象进行照明的布光方法就称为三点布光法。

主光的位置要根据被摄对象的特征、环境特征、创作意图、画面构图等具体要求来确定,并要符合现实生活中特定光线的照明效果。主光在水平和垂直位置上的不同角度决定了物体的造型效果,一般来说,主光光源在被摄体左或右的前侧30°~45°,当水平位置和垂直位置上主光的角度越大,被摄体上的阴影部分越大,造型效果越强。主光一般采用硬光光源,如直射的太阳光线或聚光灯。

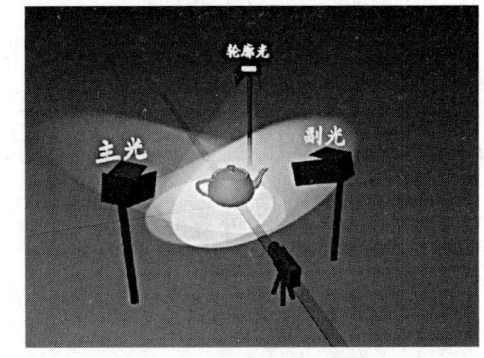

图 5-12 三点布光示意图

副光(辅助光)的位置要根据主光的位置和表达主题思想的需要来决定,通常在摄像机的一边和主光相对,或者与摄像机拍摄方向保持一致,水平位置的角度略大于主光,垂直位置高度比主光略低,一般采用散射光。其强度不得强于主光,不能破坏画面上主光的方向性和光线效果,但是必须减弱主光对景物所造成的阴影,降低主光对景物受光面和背光面所形成的明暗对比。在电视摄像中,主光和副光的光比一般为2∶1或者3∶1。

轮廓光(逆光)的位置在被摄对象的正后方或侧后方,一般和主光相对,垂直位置较被摄对象高,往往能够在画面上看到头顶和双肩上明显的光线效果。采用硬光光源来实现,强度与主光光源相匹配或者略强于主光,但不能过强,可以做到1∶1或者1.5∶1,需要根据具体情况来确定。

布光时，先布主光，主光布好后，关闭主光，然后布副光，布好后关闭副光，再布轮廓光，最后把所有的光全部打开，从监视器看画面总体效果，再进行适当调整。

布光是一个随意性很强的工作，每个人都有自己的意图和想法，所以，上面所说的主光、副光和轮廓光的位置也并不是固定不变的。在布光时，要对各种光加以灵活运用，根据具体的情况和自己的创作意图来决定它们的位置，总的原则就是尽量体现景物的层次和立体结构。

尽管三点布光法多用于电光源照明的场景，但是延伸到以日光为主的外景照明，只要配备适当的电光源或者反光设备、限光设备，同样也是适用的。因此，ENG 照明以三点布光法为基本布光方法。

2. 总体布光

先布基础光（这种光照度大约在 800lx 到 1500lx 之间），以满足摄像机拍摄对亮度的基本要求，然后再采用三点布光法。这时可以有多个主光、多个逆光和多个副光，值得注意的是，多个主光的照度应当是一致的，逆光和副光也是如此。

3. 层次布光

层次布光也叫分区布光，一般适用于场面比较大的拍摄环境，可能分为几个活动的景区，每一个景区的布光可以采用三点布光法来进行，不同的景区亮度可以有层次。这种布光法可以增强立体感和透视感。层次布光可分前区、中区和后区，这三个区域的照度是不同的，前区的照度应当在 2000lx~2500lx 之间，中区的照度应为 1500lx~2000lx，后区的照度应在 800lx~1000lx 之间，分区照明的目的就是要给人一种层次感和立体感。

5.4.3 ENG 外景照明

由于 ENG 外景拍摄环境在室外，光线结构差异也很大，因此 ENG 外景照明归纳起来主要有以下几种情况：

(1) 外景光线很好，完全依靠自然光就可以进行 ENG 拍摄。
(2) 外景光线较好，利用反光设备、限光设备对拍摄环境进行照明修饰后拍摄。
(3) 外景光线一般，利用电光源进行补光。
(4) 外景光线不好，完全采用电光源进行布光，比如夜景。

因此，在进行外景拍摄时，自然光是非常重要的光源，应该合理选择和利用自然光，同时电光源也是必不可少的。两种光源的配合使用，可以增强画面的层次感、空间感和立体感。

5.4.3.1 外景照明通用性原则

在进行具体的外景照明前，先要把握好几个主要的通用性原则。

1. 正确选择自然光效

ENG 节目,不管是新闻节目,还是纪录片或是电视剧,都是反映我们周围特定时间和环境的人和事,因此,恰当地为画面人物选择符合要求的光线效果,是渲染气氛、创造真实感、增加艺术感染力的重要因素。正确选择自然光效,是灯光师处理外景光线的首要任务。

2. 正确选择阳光的投射方向

一天中太阳的位置在时刻发生变化,太阳在不同位置时,其光线具有不同的特征,同时也就决定了景物中光影的结构、画面的气氛。

拍摄时间确定后,由于拍摄角度的不同,太阳、景物和摄像机构成的光线角度也会不同,画面影调也会有差异。因此,正确选择阳光照射方向,对造型及情节气氛具有重要意义,是灯光师和摄影师进行现场创作的重要因素。

3. 掌握照度和色温变化

随着时间的变化,太阳光对景物产生的照度也在发生变化,同时太阳光的色温也发生变化。照度的变化不仅决定了摄影技术手段的运用,而且也对画面气氛产生影响。色温的变化直接决定画面色彩的表现,也是摄影师进行艺术创作不可缺少的重要因素。

随着照度和色温的变化,人工光源的强度和色温也要随之变化。

4. 外景照明中人工光源的作用

外景照明中的人工光源主要是指电光源和反射光源两种,是对拍摄过程中自然光源的一种有效补充和修饰。体现在对画面中的局部自然光进行修饰、利用人工光平衡景物的自然光比,以及调整画面色彩三个方面。

其中,利用人工光平衡景物的自然光比包括:平衡画面中天空与地面景物的亮度反差;平衡景物受光面与背光面亮度的反差;平衡人物与景物之间的亮度反差;平衡特定条件下的光线亮度范围。

5. 整体画面亮度的平衡和多种光源色温的统一

在外景拍摄时,由于自然光的强度远远大于人工光源的强度,画面的亮度平衡显得尤为重要,这是影响画面层次感最重要的因素,因此,较好地控制画面中景物的最高亮度和最低亮度是外景照明最重要的工作,需要通过多种手段来配合实施。比如在同一个画面中使用多个光源,首先,要尽量保证光源的色温统一;其次,在某些特殊情况下,如果需要表现某些特殊的冷暖关系,可以通过使用不同色温的光源来实现。

5.4.3.2 典型外景条件下的光线特点和外景照明

第三章简单介绍了如何结合摄像机的技术特点,在一些特殊环境下拍摄出优美的电视画面的方法,这部分就灯光照明的相关知识再简单介绍如何在特殊的光线条件下配合一定的照明设备完成 ENG 照明。

1. 日出日落

日出日落是影视拍摄的黄金时刻。

此时的光线特点前面已经介绍过,由于光的亮度和光的色温变化很快,转瞬即逝,给拍摄工作带来一定的困难。如果日出日落镜头较多,必须采用抢拍的方法进行拍摄,否则一场戏要花费几个日出日落才能完成,并且镜头的衔接也变得更为困难。

这种光线下如何拍摄呢?可分以下几种情况进行处理:

(1)景物直接处于太阳光照射范围内

这种条件下,又分为两种情况,即顺光拍摄和逆光拍摄。

顺光拍摄是指摄像机拍摄方向与太阳光照射方向一致,面向景物受光面,此时太阳光的强度虽然不是非常强,但还是会让景物的受光面和背光面形成强烈的明暗对比,其亮度范围依然会超出摄像机的亮度宽容度,并且还会在画面中出现所有顺光拍摄时的平光特征。为了保证画面具有一定的层次感和立体感,还需要使用人工光源在景物的背光面和侧面位置增加补光,起到副光和修饰光的作用,光源的强度依据画面整体和主体的亮度而定,光源的色温要依据景物所处的环境来定。

逆光拍摄时,由于景物的受光面和背光面的亮度对比度超出了摄像机的亮度宽容度,此时景物的正面几乎失去层次,画面中的主体成为剪影。为了保证主体具有一定层次,根据三点布光法原则,必须在景物受光面方向增加人工光源,起到主光和副光的作用。主光和副光的强度需要依据画面整体亮度和主体亮度而定,色温也需要根据当时景物所处环境来定。

(2)景物不处于太阳光照射范围内

当景物不处于太阳光照射范围内时,在景物处不会形成比较明显的受光面和背光面,画面显得比较平淡,因此,为了突出景物主体,必须使用人工光源作为主光源进行布光。

2. 上午和下午

上午和下午的光线变化缓慢,照度和色温几乎恒定不变,能较好地展现物体线条和立体形态,景物的背光面获得了适当的反差,对人物的近景肖像也有较好的造型效果,因此在 ENG 外景拍摄中常常把这段时间作为主要拍摄期。

至于具体的拍摄环境和拍摄条件还要根据实际情况来进行适当处理,结合整体画面的亮度平衡和画面层次来决定。

3. 中午

此时阳光几乎是垂直照射景物,景物的水平面较亮,垂直面较暗,使被摄体垂直面与天空形成强烈的反差。

这时的光线处于景物的头顶,不适合人物近景和小景别画面的拍摄,如果确实要拍摄,还应注意平衡好画面的整体亮度。比较适合拍摄全景画面。

4. 黎明和黄昏

此时的太阳在地平线下，阳光把上部的大气层照亮，地面景物被来自天空的散射光照亮，景物处于深暗之中，并失去细部层次，只能看到概貌。此时水平面较亮，垂直面较暗，一切处于朦胧状态。多用于拍摄影视作品中的夜景气氛镜头。

5. 天空光

在外景拍摄中，天空是画面中不可缺少的一部分，也是画面构图的组成部分。

天空本来是黑暗的，但由于有大气层的存在，让天空有了亮度和色彩。晴天的天顶附近呈现较纯的蓝青色，愈接近地平线，天空色彩就由蓝青色变为青白色。太阳方位不同，天空的亮度与色彩也不同。逆光方向的天空较亮，色彩发白，而顺光方向的天空则较暗且偏蓝。阴天条件下，天空各部分的亮度和色彩缺少变化。

天空对摄影来说很重要。它不仅是被摄对象，有时还是景物的光源。从艺术角度说，天空有助于营造画面气氛。从造型角度说，天空有助于表现画面的明暗对比和色彩对比。

天空的颜色对被摄景物的颜色有较大的影响，它可以直接影响景物背光面和阴影的色彩表现。

6. 晴天

晴天外景的 ENG 拍摄中，日光是最主要的光源，并且光照强度非常强，景物容易形成明显的受光面和背光面，并留下阴影，此时即使选择好角度，也还是容易超出摄像机的亮度宽容度。因此，人工光源和适当的反光设备、限光设备的辅助是必不可少的。由于日光色温较高，电光源照明设备也必须选择高色温光源。

为了更好地表现景物的影调，拍摄角度很关键，晴天条件下往往选择逆光或侧逆光方式拍摄。由于日光光线过于强烈，景物有明显的暗面和阴影，为此，需要提高暗面和阴影的亮度来平衡画面的高低亮度，可以通过以下几种手段来实现：

第一，充分利用已有的日光光源强度，选用不同的反光器材，比如反光板、反光布等，在景物的背光面和阴影处，迎着日光的方向反射日光光线，增强背光面和阴影处的亮度，降低景物亮面与暗面及阴影的亮度对比度，平衡整体画面的亮度，就可以较好地反映画面景物的层次、立体形状和空间关系，使得画面具有层次感和质感。此时需要根据日光的强度大小来选择合适的反光设备，比如日光过强，可以选择反光率较小的具有强烈漫反射性质的反光布。光源方向性遵守三点布光原则，光源强度尽量保持主光：副光：轮廓光为 2∶1∶1～2。

图 5-13　晴天外景环境下拍摄使用大型反光器材的照明场景

第二,选用大功率、高色温的电光源来平衡画面的整体亮度。由于日光光源过强,一般功率的电光源根本不起作用,通常选用 6KW、10KW 甚至 18KW 以上的高色温聚光灯,具体根据照明范围和布光强度而定。

图 5-14　ENG 外景拍摄使用电光源辅助照明

第三,在条件许可的情况下,用限光设备降低整体环境光,比如使用挡光纱、蝴蝶布等将整个拍摄环境遮挡住,只让一部分日光进入,从而降低环境整体亮度,再用小功率、高色温电光源辅助照明。

图 5-15　ENG 外景拍摄使用限光器材进行照明

7. 阴天

由于云层的作用,阴天里没有明显的太阳直射光,散射光是最主要的光源。散射光光线柔和,照度均匀且不十分强烈,对于画面的整体亮度平衡具有很好的作用,因此,这种天气非常适合影视节目的前期拍摄。

对于云层不是太厚的阴天,散射光具有一定的强度,也有较为明显的方向性,能够给景物提供一个非常清晰的影调结构,画面轮廓清晰,基本不需要或只需要简单的辅助光源或辅助反光设备就能拍摄出具有层次感、色彩丰富的影像。在这种情况下,选择好的拍摄角度变得更为重要一些。

图 5-16　阴天环境下完全使用日光或采用电光源及反光器材补光进行照明

如果云层较厚,散射光失去方向性,且光线强度不足以将景物区分出明显的背光面和受光面,也没有阴影,这时候的景物将显得平淡、缺乏层次感和空间感,画面的色彩饱和度也会降低,如何拍摄好的画面呢?人工光源是唯一的选择。不过由于此时环境的散射光作为基础光源存在,因此,只需要功率较小的高色温光源就可以。具体的光源位置可以根据三点布光法来安排,主光、副光和轮廓光的强度也可以遵循 2∶1∶1～2 的比例,最好根据监视器画面来调整。

8. 雨天

雨天的光线和阴天的光线特点相似,没有直射光,只有散射光,如果需要在雨中拍摄,那可以参照阴天的光线条件来布光。

如果需要在节目中强调雨天这一特定场景,就需要用一些特定的元素来表现,比如雨丝。如何能够拍出雨丝呢?这就需要光的作用,并和背景的选择有关系。

生活经验告诉我们,夜晚坐在汽车里,透过汽车灯光,尤其是在一片漆黑的背景下,不但能够看到雨丝,而且还能明显感觉到雨丝的质地,晶莹剔透并泛着亮光,这种情况下的雨丝效果最为明显。因此,如果需要很好地表现雨天场景,需要注意以下一些方面:

第一,若要拍摄到雨丝,就必须选择亮度远远低于雨丝亮度的暗背景,两者亮度差异越大,雨丝越明显,并且需要有足够的景深,比如可以选择黑暗的山林或建筑物来做背景。

第二,需要采取逆光位或侧逆光位拍摄,才能将雨丝与黑暗的背景分离开。

第三,雨丝的亮度与照明光源强度有关,光源强度越大,雨丝越亮。

9. 雪天

由于白雪的反光率高达96%,并且被白雪覆盖的地方都呈现单一的白色,因此增加了拍摄的困难。在拍摄时需要注意以下几点:

第一,由于反光率极高,导致环境反射光过强,如果以雪为背景,背景亮度将远远高于景物亮度,非常不利于画面整体亮度的平衡。比如人脸的反光率不到30%,此时如果保证高亮度的雪景曝光合适,那么人脸的曝光将会严重不足,因此,不太适合大景别的拍摄,应尽量减少背景的面积。在较小景别的拍摄中,还需要采取必要的补光手段来提高景物的照明亮度,确保画面的整体亮度平衡。

第二,由于白色面积过大,颜色过于单一,画面色彩显得单调。因此,在避免大景别拍摄的前提下,还应人为地增加画面中景物的颜色来丰富画面的色彩。

第三,由于白雪亮度过高,因此需要尽量避免在画面中出现与白色亮度对比强烈的黑色,降低画面亮度宽容度,有利于画面层次的表现。

10. 雾天

雾天在日常生活中会经常出现,这样的天气具有比较独特的光线特点。由于雾本身是一种白色透明呈烟状并飘浮在空气中的物质,具有丰富的影调层次,但是给人的印象却是白茫茫的一片,没有纵深感和层次感,雾中的景物得不到表现,尤其是通过画面表现出的雾更是显得平淡、缺乏色彩。如何才能将雾和雾中的景物表现好? 光线的作用至关重要。

第一,为了增加画面的纵深感和空间感,表现雾的丰富的结构层次,可以使用和拍摄雨丝相同的手法,选择逆光或者侧逆光角度拍摄。如果需要表现浓雾,可以在逆光或侧逆光位置上加一束较强的光束。

第二,要选择亮度较暗的背景,如果有前景,亮度也要低于雾的亮度,否则画面会缺乏空间感。

第三,雾天也不适宜采用大景别拍摄,否则,整体画面会显得平淡,色彩较为单一。

11. 室外夜景的拍摄

ENG室外夜景不太适合大场景的拍摄,要尽量避免。因为摄像机需要有一定照度条件才可以表现低亮度景物,大范围的夜景在照明上不太容易实现,很难找到一种电光源能够像日光一样把

图5-17 大场面夜景外景拍摄需采用大功率电光源进行照明

较大的场景均匀照亮。天空还有光亮的傍晚是拍摄大场面夜景的较好时间,这时候的场面调度显得非常重要,因为这段时间非常短,需要很好把握。如果确实需要拍摄大场景的夜戏,大功率电光源灯具是唯一的选择,但拍摄成本必然会增加。

夜景适合小场景拍摄,而夜景小场景的布光同室内夜景的布光类似。

5.4.4 ENG室内照明

ENG室内照明也需要考虑拍摄环境的局部亮度和整体亮度以及它们之间的平衡,还需保证多光源的色温统一。

ENG室内照明分为两种情况:白天的室内照明和夜晚的室内照明。

ENG室内照明的主要光源不再是自然光,而是电光源,或者是电光源和自然光的混合光。

白天、夜晚环境下由于光源的情况不一样,因此照明解决办法也会有所区别,要做好ENG室内照明,就必须了解这两种情况下室内的光线结构和照明特点。

1. 白天室内ENG照明

白天室内光线的来源主要是自然光,日光透过门和窗户进入室内,从而将室内照亮。这部分光线由直射光、散射光和环境反射光构成。

这部分光线与以下因素有关:
- 门窗数量多少、尺寸大小、窗户玻璃材质、是否有窗帘;
- 室内家具材质、颜色,及其表面反射率;
- 室内墙体颜色;
- 距离门窗的远近。

通过分析,白天室内的光线具有方向混乱、亮度不均匀、色温不统一等特点,同时因房间布局不同,光线结构和特点也不一样。

总体来说,室内ENG照明基本上不外乎以下三种情况:

(1) 完全利用现有光方法

在满足以下条件的情况下可以利用现有光进行ENG拍摄:

一是,室内环境的照明亮度能够满足摄像机拍摄对景物亮度的最低曝光要求。

二是,室内光线能够给景物提供拍摄所需要的影调,也就是造型要求,使得拍摄后的画面不至于过于平淡而缺乏层次感和空间感。

图5-18 完全利用室内自然光源进行拍摄

此时,摄像机的拍摄角度、景物的摆放位置和人物的活动空间就会显得更加重要。在拍摄过程中,需要注意以下几个方面:

第一,采取侧光或侧逆光方式,拍摄效果会更好,人和景物具有良好的影调结构。

第二,尽量避免带着门窗和景物一起构图,使景物处于门窗高亮度的强逆光之中,这样景物不但由于光比过高使得曝光过度失去层次,而且还会使景物因亮度过低而失去本身色彩,引起画面失真。

第三,由于整个环境亮度不均匀,尽量避免画面中的人物大范围移动,多采用固定镜头或者小景别拍摄。

第四,画面中尽量避免对比度反差过大的景物同时出现。比如,低反光率的人脸或景物避免以高反光率的白墙做背景。

(2) 局部采用人工光修饰方法

如果室内光线不满足上述条件,就需要利用一些辅助光源。

首先,如果整体照度满足摄像机的曝光要求,那就只需要增加一些景物或人物的修饰光、轮廓光或者环境光进行局部修饰就可以了。这些修饰光可以采用小功率的高色温电光源等,也可以采用反光板,利用进入室内的太阳直射光的反射进行补光修饰。

其次,如果整体环境暗淡,不能满足曝光要求,那就需要通过增加电光源来加大环境亮度。比如在室内进行人物采访,人物脸上亮度不够、周围环境亮度也不够,如果直接采用一个光源照射人物,增加人物光,可能会造成人物光线过强,而环境光线依然不足的现象;如果此时在被访人物附近增加一个照射天花板的光源,让天花板的反射光来照亮人物和周围的环境就可以很好地解决问题,还可以减少专门照亮环境的光源。

图 5-19　室内环境下采用电光源进行部分补光照明

(3) 完全采用人工光源重新布光的方法

当现有的室内光无论在整体亮度上还是景物的光影结构上都不符合 ENG 拍摄照明的要求时,最好的解决办法就是重新布光。

如果不需要表现环境及时间,可以将从门窗透过的光线全部遮挡,这样处理光线要更容易一些,按照三点布光法,景物的光影结构可以有更多的塑造空间,无论在景物的亮度上还是色彩的表现上更加自由和方便。

如果需要表现环境和时间,也就是说画面中需要有门窗镜头,环境中必然会留下自然光。此时需要考虑两点:

第一,将自然光作为环境的基础光予以保留,在整个环境中重新按照三点布光的方法来对景物和人物进行布光,在亮度上满足摄像机曝光要求,在造型上满足节目要求就可以了。

第二,由于室内环境保留了自然光,因此在选择人工光源时需要注意光源的色温要与自然光色温相匹配,保证画面色彩的正确还原。

2. 夜晚室内 ENG 照明

室内夜景布光可以简单分为两种情况,第一种是完全的室内夜景,不需要同时表现室外环境;第二种就是在画面中带有窗户或者开着的门的镜头,这就需要表现出窗户或门外的光线结构。

第一种情况的 ENG 布光非常简单,同室内白天完全没有外来光进入环境的布光方法一样,使用三点布光的方法就可以了。

第二种情况的 ENG 布光,室内布光可以按照上述的方法来进行,只需要在门或窗户外增加一束光就可以了。需要注意的是这束光的色调要根据实际状况来确定,一般情况下处理成冷色调,和室内环境区别开来。室内环境用的光源采用低色温光,室外光源可采用高色温的聚光灯。亮度根据窗户的大小和具体的环境来确定。

另外,在室内处理光线时还需要注意一些比较常见的问题。

(1)一般用吊灯将整个室内照亮,用台灯照亮书桌,壁灯照亮室内一部分,这几种灯有利于表现环境的光线效果,也有利于表现人物。

(2)在处理夜景气氛时,必须考虑到以下几个问题:环境气氛往往以暗蓝色调来表现,同时也要

图 5-20 室内夜景完全采用电光源进行照明(环境光需要采用大功率光源照明)

考虑与环境色调相适应的对比色调,比如室内室外的关系。另外,不管是室内室外,始终要注意人物肤色的正确还原,这是判断画面色彩是否失真的主要依据。

在ENG电视剧的拍摄中,开灯和关灯是室内夜景气氛最常用的表现手段。如何处理开、关灯的光线呢？先布关灯时的光线,然后再布开灯后的光线。关灯时的光线要比开灯时的光线暗一些,室内较黑暗,但能看出物体轮廓来,比如,可以用冷调光线打到天花板上,再反射下来,也可以用小功率的灯照亮演员的面部等。根据三点布光法来布开灯后的光线,需要注意的是,开灯后的整体色彩应该是暖色调的,并且环境的整体亮度要高于关灯时的亮度,这样才能保证开灯后的暖色调压过关灯时的冷色调。

总之,照明对电视画面起着非常重要的作用,没有创造性的照明,很难获得有生命力的电视画面。它涉及的内容比较多,也比较复杂,需要在理论的指导下,到实践中去亲身体验,不断摸索、不断总结。

本章作业

思考1：色温的概念是什么？调整白平衡的意义是什么？光对画面造型的影响有哪些？

思考2：正常情况下,一天内太阳光的变化及特点是什么？

实训1：若在白天、室内、靠窗（室外日光较强）的条件下进行拍摄,请制订一个布光的方案。

实训2：雪天背景环境下进行采访拍摄,应注意什么问题？采用什么手段？

第 6 章　ENG 制作附属设备

ENG 制作的附属设备包括摄像机承托设备以及周边的监看、监听及供电设备等。这些设备虽然被称为附属设备，但在制作环节中，却是必不可少的。要想制作出优秀的节目，就必须利用好这些设备。

▶▶ 6.1　摄像机承托设备

摄像机承托设备能够使摄像机获得更稳定的画面，能够更灵活地操控摄像机，从而帮助摄像师完成艺术创作。ENG 节目制作摄像机承托设备通常包括便携式三脚架、摄像机稳定器和摄像机吊臂。

6.1.1　便携式三脚架

1. 什么是便携式三脚架

顾名思义，便携式三脚架是一种便携的摄像机承托设备（如图 6－1），三个可伸缩腿架既能提供稳定的支撑，又方便携带，比较适合外景拍摄使用。便携式三脚架的材料有合金材料、钢铁材料、碳纤维材料等。比较常见的是铝合金材料，其优点是坚固且重量轻，而碳纤维材料具有比铝合金更轻、韧性更好的特点。便携式三脚架根据其承重能力的大小可分为不同的档次，一般 DV 级摄像机选用承重能力 10kg 以下的三脚架，广播级摄像机至少要选用承重能力 15kg 以上的三脚架。

2. 便携式三脚架的结构

便携式三脚架包括云台、腿架、摄像机操控手柄、脚轮（或延伸器）四部分。

摄像机通过托板安装在云台上，云台安装在腿架上方的球碗上，腿架安装在脚轮（或延伸器）上，摄像机操作手柄安装在云台上。标准三脚架的各个部件是可以拆装的，而一些非标准的小型便携式三脚架，其主要部件通常是一体的，无法拆装。

图 6－1　便携式 ENG 三脚架

对于标准三脚架,使用完毕后,应该及时将手柄和脚轮等部件拆卸下来,腿架收起并装入包中。

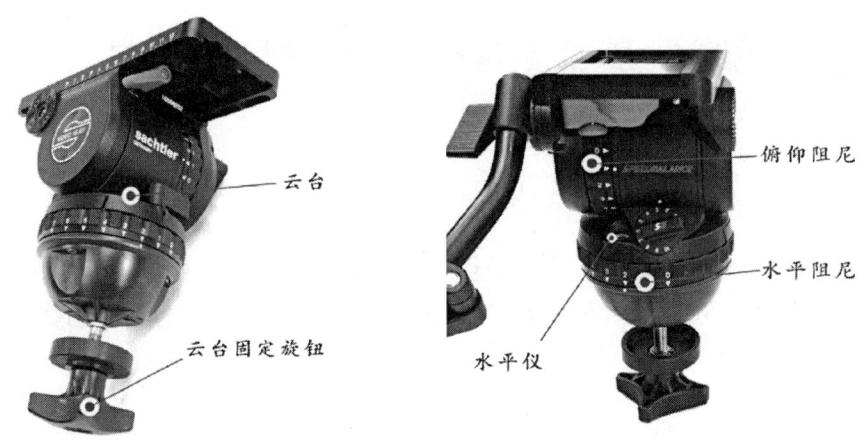

图6-2 三脚架的云台、旋钮、各种阻尼及水平仪

3. 便携式三脚架的使用

(1)云台

云台的作用是牢固地固定住摄像机,并通过水平和垂直双方向多级别的液压阻尼器件控制水平方向和垂直方向的平稳转动。云台上安装有水平仪,用于辅助摄像机水平调整,从而保证拍摄的画面水平不会出现问题。

- 操作要点一:首先将摄像机托板安装在云台上,摄像机底部有燕尾形状的卡头,将其安装到摄像机托板上的燕尾槽中。
- 操作要点二:云台在垂直和水平方向上都带有固定锁,操作云台俯仰或水平摇移前,检查固定锁是否打开,禁止在锁紧的状态下强行摇移云台。一旦打开固定锁,就要握住手柄,不能轻易松开。操作结束后须把固定锁锁住,否则摄像师一旦离开,摄像机很可能前倾或后仰,与其他物体发生碰撞,损坏摄像机等。
- 操作要点三:要适当地调整阻尼。阻尼的作用是平衡重力及操作力的阻抗,阻尼在水平和垂直方向上都可以进行调整,其档位越

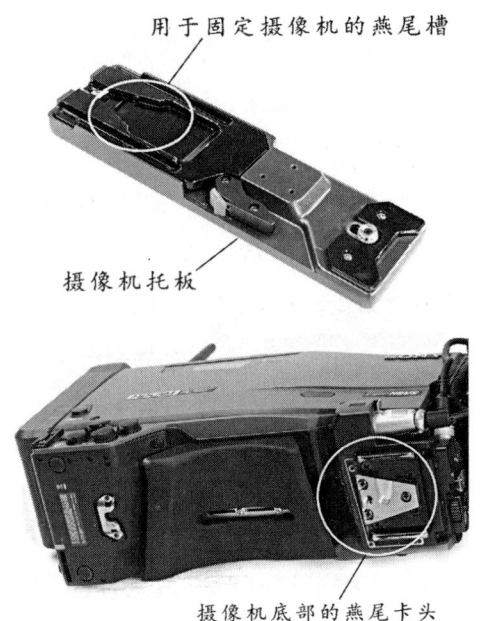

图6-3 摄像机托板及摄像机底座燕尾槽

高,阻力也就越大。摄像师要根据操作习惯以及摄像机的重量等情况调整好阻尼的档位。阻尼的好坏是衡量三脚架质量的重要依据。
- 操作要点四:水平仪的使用。通过观察水平仪的气泡是否居中来判断水平状态。在摄像机已装好的情况下调整水平时,一只手握住摄像机,另一只手松开云台的旋钮。松开后,转动机身,云台就可以在球碗中进行360度旋转了,此时观察水平仪气泡,当气泡居中后,将云台旋钮紧固住。

(2)腿架

腿架一般采用比较轻便而又坚固的合金材质,可以上下伸缩,通过固定锁来固定三脚架的高度。

- 操作要点一:使用三脚架时,在确定伸缩腿架高度前,应先将三个腿固定在脚轮或延伸器的三个点上,并将脚轮或延伸器锁定。
- 操作要点二:伸缩腿架的固定锁一般有两层,可展开三节腿架。操作时应逐层进行,先把第一层固定锁全部松开,提升腿架后锁定,再打开第二层锁,提升腿架后锁定。当然,根据实际需要,只伸缩其中一层也可。

图6-4 三脚架安装云台的球碗

(3)脚轮或延伸器

脚轮或延伸器的作用是固定脚架。延伸器是不能移动的,而脚轮可以让三脚架带上摄像机自由移动,当需要固定拍摄时,可以锁定轮子,三脚架就不会移动了。

- 操作要点一:无论是用脚轮还是延伸器,在连接脚架时都要将连接点及时固定。如图6-6所示,脚架连接点入位后,使用卡套进行锁定。

图6-5 伸缩腿架及其固定锁

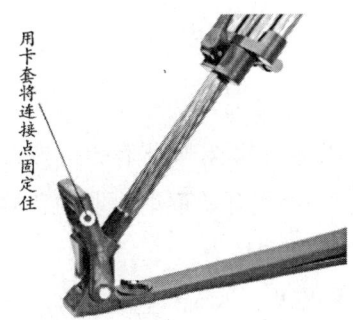

图6-6 延伸器与脚架的连接

- 操作要点二：延伸器是可以伸缩的，连接好脚架后应及时把延伸器的伸缩旋钮紧固住，否则会影响脚架的稳定。

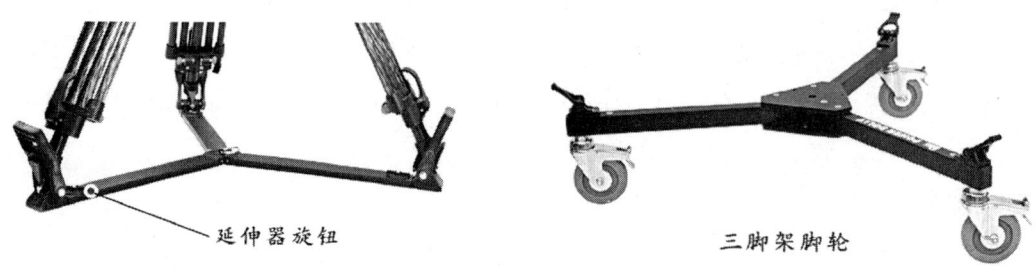

图 6-7　三脚架延伸器与脚轮

- 操作要点三：脚轮可以被锁定，固定好机位后应及时将脚轮锁定，以免拍摄时机位发生意外移动。另外，摄像师离开机位前一定要检查脚轮是否已锁定，否则，有可能因为一些外力作用导致机位"滑走"失控，造成设备的损坏。

（4）摄像机操控手柄

操作手柄的长度可以通过长度固定锁来调整，其方向和位置通过调整与云台连接的锁可以自由改变，直至调整到摄像师感到舒适的操作高度和角度。

- 操作要点一：与云台连接一定要紧固，检查连接锁是否拧紧。如果在松动的情况下操控摄像机的俯仰摇移，一方面会有操作误差，另一方面也会对连接处造成磨损。
- 操作要点二：拍摄结束后，操作手柄要拆卸下来，单独存放。

图 6-8　摄像机操控手柄

三脚架轻便、易携带，是 ENG 拍摄的常备设备。利用三脚架进行拍摄，能使拍摄的画面非常平稳。掌握三脚架的使用和保养方法也是对摄像师的基本要求。

6.1.2　摄像机稳定器——斯坦尼康

1. 什么是斯坦尼康

斯坦尼康（Steadicam），即摄像机稳定器，它是一种可以穿在摄像师身上的摄像机座架。由美国人葛瑞特·布朗（Garrett Brown）发明，自 20 世纪 70 年代开始逐渐为业内普遍使用。在摄像机承托设备中，斯坦尼康具有稳定性和灵活性完美结合的特点。

摄像师肩担摄像机走动或跑动拍摄时，一般情况下，拍摄出的画面是抖动的，这会让观众产生烦躁、疲劳和反感的情绪。而斯坦尼康内部的各种弹簧可以减小因跑动而产生的摇晃和振动幅度，从而避免画面的强烈抖动。它可以适应山地、台阶等环境，完成更为复杂的移动镜头拍摄。

正因为如此，电影也开始越来越多地运用斯坦尼康来拍摄长镜头和运动镜头，以保证更好的视觉效果和叙事节奏。比如一些影片会用斯坦尼康完成一个长镜头的拍摄，在《盗亦有道》(1990)一片中，斯科塞斯使用斯坦尼康镜头将观众带入科巴卡巴纳海滩一家热闹非凡的餐厅中。在一个长达五分钟的镜头中，观众目送雷·利奥塔从后门穿过厨房，沿楼梯走上酒吧区，最后停下来招呼顾客。这是电影中最吸引人的镜头之一。还有一些打斗、战争场面以及越来越多的普通场景也会用斯坦尼康来拍摄。

图 6-9　摄像机稳定器斯坦尼康

2. 斯坦尼康的结构

斯坦尼康的主要结构包括：具有关节的等弹性弹簧合金减震臂，专门设计的用于支持摄像机设备的平衡组件和一件辅助背心。

图 6-10　斯坦尼康工作照

3. 斯坦尼康的使用

在拍摄过程中，可以通过一个装在摄像机底部的小寻像器观察场景。平衡装置使摄像机的运动平稳，即使是上楼或沿着小道爬山，拍出来的画面也好像使用了大型升降车或吊臂之类的特殊器件，非常稳定。

斯坦尼康的拍摄需要摄影师具备充沛的精力，并掌握各种摄影技能，同时还要求其具有良好的镜头组合能力——导演设计镜头，斯坦尼康摄影师则将其实现。

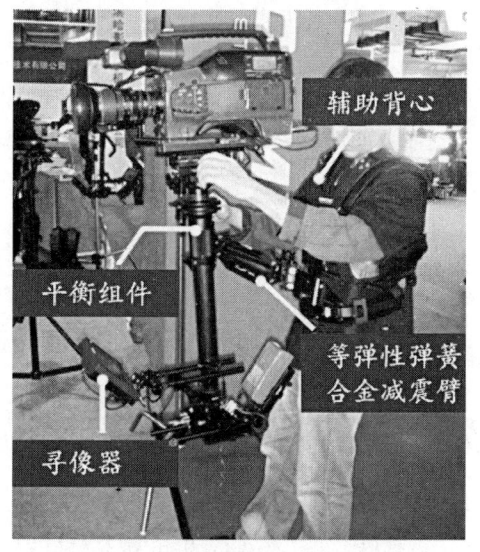

图 6-11　斯坦尼康的主要结构

斯坦尼康的拍摄技巧完全取决于电视（电影）镜头的设计。比如，为了拍摄两名演员之间的一段简单对话，摄影师会尝试平滑地移动摄像机，或绕着演员慢慢移动。再比如，如果要从低处拍摄一个"飞行镜头"，摄影师可能会故意将摄像机从一边倾向另一边，以实现滑翔的效果。

6.1.3 摄像机摇臂

1. 什么是摄像机摇臂

摄像机摇臂是从演播室升降车的基础上发展而来的,具有更大的灵活性和方便性,可以提供富有艺术性的拍摄角度。它可以将摄像机降低到地面来拍摄,也可以将摄像机升到很高的高度来拍摄,具体的高度由摇臂长度来决定。在操作过程中,整个设备可以移动,同时还能使摄像机作俯仰、平摇、变焦、聚焦等动作。由于这种支撑设备能够拍摄气势磅礴的运动镜头,很受电视制作人员的喜爱,尤其是用于拍摄大型的文艺晚会效果更佳。当然,为了提供更丰富的电视语言,任何节目即使是新闻类的节目也可以使用,现在越来越多的新闻演播室已将摇臂作为必选设施之一了。

图 6-12 摄像机摇臂的使用

2. 摄像机摇臂的结构

摄像机摇臂的结构主要包括臂体、脚架、机头吊臂和控制系统。

(1) 臂体

臂体延长了摄像师与摄像机的物理距离,它好比加长了摄像师的手臂,从而使拍摄的高度和角度均得到扩展。目前,常采用的臂体形状有三角形、方形、圆形和其他的形状。三角形的加工难度较高。圆形的加工难度较低,但是成型后外观效果差。方形则外观大气,臂体连接部分对接快,系统加工难度较低,因此,目前方形臂体是最常见的。

(2) 脚架

脚架对臂体起到支撑作用,由架体和脚轮组成。一般轻型摇臂使用三角形底盘,重型摇臂使用的是方形底盘。

(3) 机头吊臂

机头吊臂是支撑和机械控制摄像机的设备,主要负责摄像机的平衡调节和电动云台控制。调

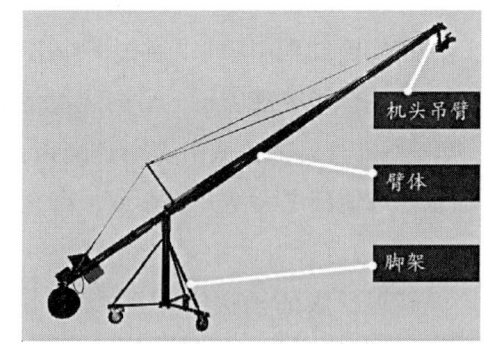

图 6-13 摄像机摇臂的结构

节摄像机平衡包括摄像机水平状态调整和机头吊臂的垂直状态调整。拍摄时,通过遥控电动云台,可以完成摄像机的横向和纵向的转动。

(4) 控制系统

控制系统主要包括摄像机的伺服和信号的反馈。

摄像机的伺服是指对摄像机镜头进行控制,包括镜头的聚焦、变焦和光圈调节。

信号反馈指摄像机的拍摄信号要通过监视器进行监看。

3. 摄像机摇臂的使用

使用摄像机摇臂对摄像师的要求很高,既要求镜头的拍摄做到平、稳、清、匀、准,又要保证摄像机在运动过程中的安全。

- 操作要点一:大小摇臂的用途是不一样的,小摇臂适合在小范围、小空间内使用,并且最好不要用长焦距拍摄,以免拍出来的画面过于抖动。另外,小摇臂一般靠双手控制,所以其运动的范围应该是手能够得着的地方。
- 操作要点二:摇臂的运动和云台的转动一定要匀和稳,平时要做各种运动速度的练习,特别是慢速的练习。
- 操作要点三:在实际运用中,摇臂一般由单人操作,但从安全角度来说,应该有两个人同时操作,其中一人控制方向和位置并保证摄像机的安全,另一人控制操作手柄,保证画面的质量。

使用摇臂拍摄的一些技巧:

第一,获得大场面的画面。用大摇臂进行俯拍会拍到平时我们看不到的精彩画面,例如拍摄集体舞蹈场面时从舞台的一角向下俯拍会得到整个舞台的画面,这时如果加上超广角镜头将使画面的冲击力更强。

第二,控制节奏。通过臂体的上下运动和云台的转动,可以让人产生一种上升或飞行的感觉。这些镜头的结合会使画面产生非常强的运动节奏感,在 MV 的创作中常常使用。但要注意动静结合,不能滥用运动镜头,否则也会适得其反,使人烦躁和不安。

第三,充分利用前景,形成画面的层次。由于摇臂的使用,拍摄的位置和角度得到了扩展,这使得画面可以有更多的前景来参考。有了前景作为参照物,所拍摄的画面才能有明显的层次感,例如穿过枝头向下俯瞰宁静的四合院,贴着墙头远望绵长的小路等。

6.1.4 其他摄像承载手段

在 ENG 节目制作中,除了运用基本的承载设备以外,还需要根据节目的实际情况和镜头设计的要求,运用一些其他的承载手段,有时要根据现场情况灵活运用各种设备,如轨道、车载拍摄、轻便型云台等。

很多电视镜头需要长距离的平移,为了保证画面的稳定,可使用轨道来完成拍摄。如图 6—14 所示,摄像

图 6—14 使用轨道及专用稳定器设备进行拍摄

师和摄像机都在轨道车上,随着轨道车的移动,摄像师完成一个平移拍摄的过程。轨道的使用要求铺设平稳,并且要有专人配合摄像师来推车或拉车。

很多情况下,需要完成跟踪汽车的镜头,这就要求摄像师尽可能地利用汽车内部的结构,一方面要获得拍摄的视角,另一方面要考虑汽车的运动所带来的震动影响。

图 6-15　车载拍摄

在一些场合,受空间的影响,不能使用大的承载设备,可以充分利用一些轻便型云台和其他设备的组合,完成拍摄。如图 6-16 所示,窄窄的竹筏之上,摄像师将云台与特制的构件进行组合,巧妙地完成了拍摄。要实现这些组合,就必须选择合适的云台。

除了常见的应用于三脚架的球碗安装式云台外,还有一些应用于升降车或独立承托使用的轻便型云台,它们可以克服很多现场拍摄的不利条件,在狭小的空间里实现完美的支撑。

图 6-16　云台的灵活运用

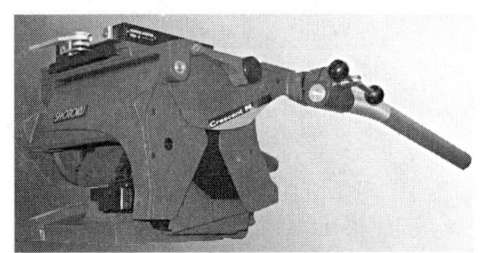

图 6-17　V 型楔入式云台

▶▶ 6.2　ENG 周边设备

ENG 周边设备包括供电设备、监视设备和监听设备等。

6.2.1　供电设备

在 ENG 周边设备中,供电是最基本的保障部分。可以想象,没有稳定的电源,是无法进行正常拍摄的。根据 ENG 制作环境和电源需求,供电设备的准备必须要充分。

简单的新闻采访环境下,设备比较简单,一般只有摄录一体机和采访话筒。在这种情况下,只需要保证摄像机电池的电量充足,并携带足够多的备用电池就可以了。

纪录片、电视剧或电视电影的制作过程中,设备需求比较复杂,除了摄像机以外还需要灯光设备、录音设备、监视设备等;拍摄环境又是不固定的,剧组可能会奔波于室内室外、城市乡村等,为了保证电源的稳定供给,一般都会配备一台发电车。

选择发电车时应考虑功率的需要,发电车的功率从几十千瓦至上千千瓦不等,要根据现场使用设备的情况,选择合适规格的发电车。

发电车在工作时会产生噪音,这在一定程度上会影响现场声的录制质量,因此,选择发电车时要考虑其噪音大小,可选择噪音在 75dB 以下的发电车,并尽可能远离拍摄现场。

图 6-18 发电车

6.2.2 监视设备

ENG 制作中的监视,主要是指利用图像监视器监看图像,利用波形监视器监看波形来判断画面质量。

1. 监视器的分类

监视器可以直观地显示所拍摄的视频画面。相比电视机,监视器具备更好的图像清晰度、色彩还原度以及整体稳定度。其尺寸有 9、10、12、14、15、17、21 英寸等。根据显示技术不同,监视器分为 CRT 监视器和液晶监视器;根据信号类型,监视器又分为模拟监视器和数字监视器,模拟监视器的信号输入有复合、S-video、分量等,数字监视器的信号输入为 SDI、HD-SDI 等;根据信号的清晰度,监视器又可以分为标清监视器和高清监视器。除了视频信号的输入以外,一般监视器都有音频的输入,用于辅助监听同步的音频信号。

现在,很多新闻采访采用便携式的摄录一体机,通常会随机附带一个小巧的 LED 显示屏,用于监看或回放所拍摄画面,相当于监视器的作用。而纪录片、电视剧等多采用大型摄录一体机,视频的监看则由独立的监视器来完成。

而对于高清拍摄来说,监视器尺寸越大越好。

图 6-19 ENG 用监视器

2. 监视器的使用

在剧组的摄制现场,监视器一般由导演组使用,导演通过监视器对节目画面和内容进行把关。

摄像机拍摄的视频信号输入到监视器后,以监视器的显示画面为参考,可以辅助摄像机进行参数的调节,或以画面为参考对灯光等进行调整。

如果在室外拍摄,应将监视器放置在光线较暗的区域,或使用遮光罩,以减少外界光线对监视

图 6-20 监视器的使用

画面的影响。

如果外出拍摄的条件比较简单,不具备市电或发电车等条件,可以使用便携式的监视器配合摄录一体机来完成拍摄。便携式监视器比较小巧,可使用与摄像机通用的电池供电。

3. 监视器的调整

为了使监视器准确地重现图像,通常需要进行适当的调整,包括亮度、对比度及色饱和度的调整。多台摄像机同时拍摄的情况下,每台摄像机一般都有对应的监视器,各个监视器要调整一致,这样才能对各个机位的拍摄状态进行正确的比较,以便对摄像机进行适当的调整。

(1)调整亮度与对比度

监视器的亮度和对比度主要反映图像的明暗与灰度层次。亮度太高时会损失图像明亮部分的细节,亮度太低时又降低了图像暗部区域的细节。对比度太高时,显示的图像过于黑白分明,缺少中间过渡而显得没有层次;对比度太低时,显示的图像会有发灰发雾和不透的感觉,又会影响图像的清晰度。所以亮度与对比度的调整对于正确反映图像的灰度层次与清晰度至关重要。可以用彩条信号,如图6—21(彩图6),来调整监视器的亮度和对比度,输入彩条信号并将监视器的色饱和度关掉,则监视器显示的是有灰度等级的亮度信号。分别调整亮度与对比度旋钮使显示的信号从白到黑,中间的灰度层次过渡清晰、渐进、分明,如图6—22(彩图7)。

图6-21 标准彩条

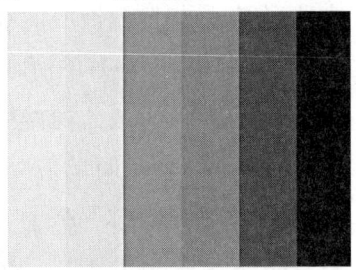

图6-22 去掉色饱和度的彩条

(2)调整色饱和度

在调好亮度与对比度之后,即监视器对亮度信号有正确的显示后,再来调色饱和度。色饱和度的调整实际上是改变色度信号的幅度值。给监视器输入一个彩色视频信号,适度地旋转色饱和度旋钮就可以改变所显示颜色的深浅。一般情况下我们可以用彩条信号来调整。使用监视器上的BLUE ONLY功能,使监视器只显示蓝色分量(如图6—23,彩图8),这时监视器上会出现四个蓝条,其中最左边的是彩条信号中白条的蓝色分量,最右边的是单纯的蓝色,中间的两条分别是青色条和紫色条中的蓝色分量。调整色饱和度旋钮使所显示的四个蓝条颜

图6-23 只显示蓝色的彩条

色的深浅保持一致(特别注意与白条的一致)。这一步的调整,实际上是校准监视器解码电路亮度与色度之间的对应关系,使其处在一个标准的位置上。关闭 BLUE ONLY 功能,色饱和度就调整到了标准的位置。如果监视器没有 BLUE ONLY 功能,那么就要先使色饱和度达到最小,然后顺时针慢慢转动色饱和度旋钮,特别注意校正红色和蓝色,既不能使颜色太浅也不能使颜色过浓,使监视器显示的彩条呈现正确的色彩。

4. 波形监视器的使用

波形监视器以波形的方式反映信号的各种数值,是对信号进行精确测量的仪器。

在传统的模拟信号制作环境下,使用波形监视器可以直观地反映出视频信号的低电平变化、波形的幅度分布等。当摄像机光圈变化或环境光发生变化时,可以通过波形监视器直观地了解视频信号是否处于 0~700mV 标准范围以内,以便及时地调整摄像机或灯光,从而保证节目的视频质量。对于分量信号,"钻石"显示和"箭头"显示等方法可以检测出视频的"非法"区域。

图 6-24 矢量波形监视器

随着数字技术的发展,电视节目制作从模拟时代逐渐过渡到数字时代,尽管数字视频的测量方法与模拟视频的测量有很大的不同,但在制作领域,使用波形监视器观察数字信号的"波形"是同样必要的。因为监测波形的目的是为了提高拍摄的质量,即从源头上解决图像质量的问题。

随着技术的发展,一些波形监视器出现的新功能对于提高画面质量是非常有帮助的。比如传统的电影拍摄,摄影师会用测光表到演员的面部量光比,而电视拍摄中,则可以通过带有摄像测

图 6-25 多功能波形监视器(带图像显示功能)

光功能的波形监视器进行光比的测定,如 Leader 公司的 LV5800 波形监视器,可以对摄像机输出的信号进行 Picture 功能,将游标分别置于图像最亮和最暗处,仪器便计算出两处的"光比"并通过 F 值告知光圈应该设定的数值。这极大地方便了电视节目制作的布光和调光。

6.2.3 监听设备

一般意义上我们理解的监听设备包括音箱、耳机等放音设备。在 ENG 制作系统中，监听的目的是为了保证节目声音的正常录制，此时我们的注意力不能仅仅停留在"听"上，要实时监测声音的指标。

图 6-26 监听设备

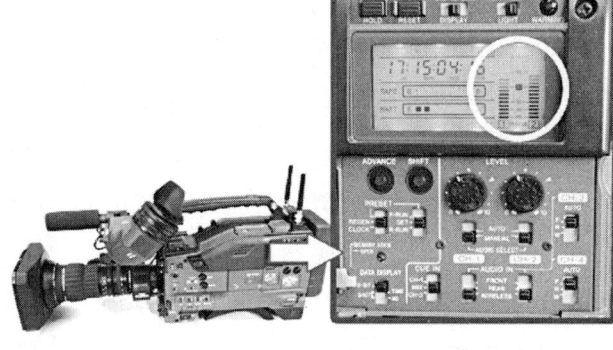

图 6-27 摄录一体机电平表

从"听"的层面上来说，我们应尽量选用较高质量的监听设备，专业的监听设备具有较好的频率响应范围，具有良好的传导性和较高的音质保证。

摄录一体机在工作时，都会显示音量输入电平，除了需要戴上耳机听声音，还要关注声音的录制电平的客观标准。对于数字音频信号，首先用 1000Hz 的标准测试用的正弦波信号，将录像机的音频电平表校准到－20dBFS值上，在节目正式录制时，一般保持信号电平为－9dBFS，最大不超过－6dBFS，而对于语言类节目电平最大值不超过－12dBFS。

本章作业

实训 1：掌握便携式三脚架的使用方法。
实训 2：在进行 ENG 现场拍摄时，掌握监视器的使用和调整方法。

图 6-28 录音现场

第 7 章　ENG 摄像机高级菜单调整及应用

第五章 ENG 照明介绍了灯光在提高画面层次、正确还原景物色彩、表现景物间正常的冷暖色彩关系方面所起的作用。本章主要介绍如何利用 ENG 摄像机高级菜单的调整功能，通过相关电路的作用，更好地展现画面的层次和色彩，是对灯光照明的一个有效技术补充，也是数字摄像机的一个特点和高级应用。

从技术层面上来看，画面调整可从以下三个方面进行：画面的层次、画面的轮廓与细节，以及画面的色彩。

画面层次部分可以从以下三个具体技术方面着手：

（1）通过调整伽玛曲线来调整画面的整体层次；

（2）通过调整图像亮度的两端电平值，即扩展黑电平（黑伽玛）和压缩高电平信号（拐点控制）来改变暗部和亮部景物的层次；

（3）补偿由于上述调整所带来的各种影响。

画面轮廓与细节部分可以从五个方面来进行调整，包括轮廓细节、皮肤细节、细节去核、电平扩展和拐点孔阑。

画面色彩的调整部分可从白平衡、白平衡偏移等总体颜色调整入手，也可通过菜单进入线性矩阵和多区色彩矩阵功能进行更高层次的局部区域、某种颜色的调整。

以上提到的调整本质上都是通过电路处理实现的，因此，我们有必要对数字摄像机的电路处理过程进行简单介绍和回顾。

▶▶ 7.1　数字处理电路基本原理

红、绿、蓝三基色视频信号经过模拟电路一系列的放大、校正和补偿作用后，基本满足视频制作要求，但还有相当大的可调整空间来对画面质量进行改善，因此还需要一些相关电路针对这些信号进行画面层次、轮廓细节和画面色彩方面的调整，如图 7—1。

画面层次的改善主要是指扩大摄像机能够拍摄的亮度动态范围，可以通过预弯曲、白压缩电路即拐点电路、黑扩展、黑压缩和 γ 校正等电路来实现。轮廓与细节的调整通过轮廓校正电路和色度孔阑电路实现，而画面色彩的改善则可以通过白平衡电路、编码矩阵（线性和

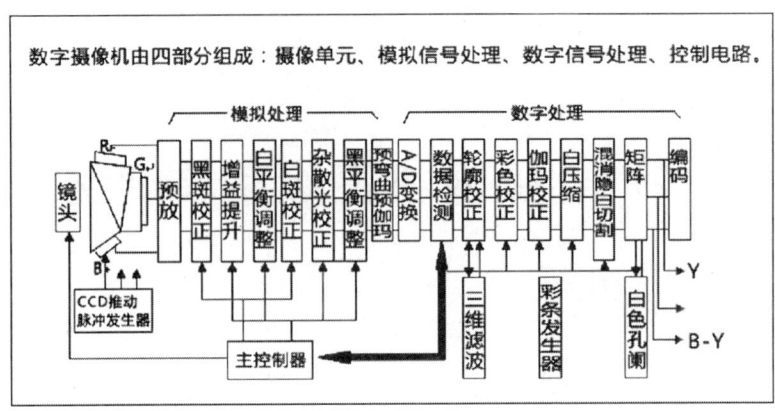

图 7-1 数字摄像机的处理电路

非线性矩阵电路)和彩色校正电路来完成。

摄像机的亮度动态范围是指摄像机拍摄时,景物的亮度范围能够在图像上展现的亮度变化层次。如果被摄体的变化在图像上不能表现出任何层次,则说明超出摄像机的动态范围,该范围也被称为摄像机的亮度宽容度。

自然界光源亮度的变化非常大,最亮到最暗按照一定的亮度等级可以达到上万级。人眼具有的亮度宽容度可以达到1000∶1,黑白电影胶片亮度宽容度为128∶1,而摄像机的亮度宽容度仅为32∶1,即使高清摄像机也只能提高一倍,达到64∶1。

广播电视系统中,对于最高亮度存在白切割现象,最低亮度图像的信号电平必须高于总黑电平,这是必须遵守的客观规律。根据这一规律,定义视频图像信号的最高电平为1V峰峰值,总黑电平处于同步电平以上,其值不低于14mV,同步信号电平为0.3V。由于该信号不对图像信号起作用,需要去除,因此,真正有用的视频信号电平实际不到0.7V(1V－0.3V－14mV≈0.7V)。那么,要在这么小的电平范围内将自然界亮度范围如此之宽的景物都展现出来是无法实现的。但是,在某些局部空间和范围内适当提高或者改善画面层次、色彩细节是可以通过技术手段来实现的。

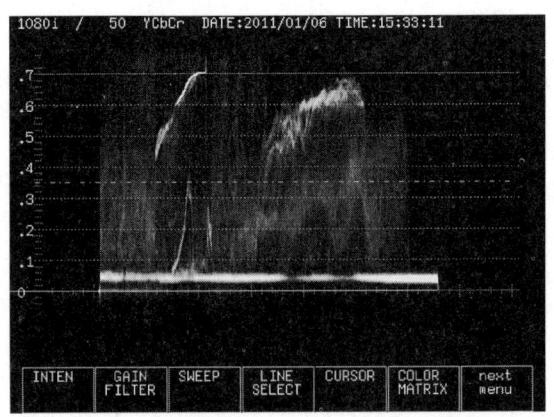

图 7-2 视频信号电平图

在图像主体亮度还原正常的前提下,可以通过白压缩电路来获得更多的高亮度细节层次,通过黑扩展或黑压缩的方式来获得更多的暗部细节层次,从而在总体上扩大摄像机的亮度动态范围。

下面就信号的处理过程作一简单介绍。

(1) 预弯曲：由于在广播电视系统内存在着白切割现象，视频信号最高输出电平只能保持在110%处，目前标清情况下，CCD输出的信号电平最高只能被限制在600%，为了保证600%的电平能够有效降低到226%，就必须通过一个电路在130%电平处开始减小放大倍数，这个电路就是预弯曲电路。

(2) γ校正：γ校正电路是用来校正摄像—显像系统的非线性失真的。预弯曲后的信号经过γ校正，226%的信号电平保持在160%，且整个信号电平变得平缓。

(3) 白压缩和白切割：再次对经过γ校正后的信号进行压缩，降低信号的放大系数，保证最后的最高信号输出电平在110%处，始终处于白切割电平以下。

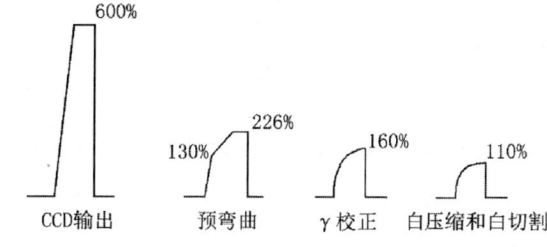

图7-3 数字摄像机白切割的实现过程

将高亮度图像的白切割电平提高到115%；在电平为100%~115%部分采取白压缩的方法，使放大器增益减小，这样在入射光超过200%之后，输出电平才达到白切割电平，因此在入射光100%~200%的范围内，其图像的亮度层次仍然能表现出来，从而扩大了动态范围。白压缩开始作用的点即增益减小的起始点，称为拐点(KNEE POINT)。对于拍摄高对比度的景象，如逆光像，若把拐点设在比100%高得不多的电平处，动态范围还是不够的。若调节光圈使较暗的前景图像亮度合适时，则很亮的背景部分就完全失去了灰度层次而呈现一片白，反之亦然。为了提高动态范围，现代摄像机都采用了自动拐点(AUTO KNEE)电路，其拐点可随入射光的强度自动调节。当入射光增强时拐点自动降低，在拐点降低到85%时，入射光强度增高到600%，摄像机输出的信号电平仍不超过切割电平，即重现图像在高亮度处仍能显示出灰度层次，也就是摄像机的动态范围已由100%扩大到600%。

但是传统的模拟摄像机，其拐点处理是红、绿、蓝各通道单独进行的。由于拐点校正是一种非线性的处理过程，它又位于γ校正之后，当重新设定之后，色度、亮度和饱和度的平衡都会被改变，每一种拐点电路所处理的相关颜色的点都完全取决于画面的构成和色彩的平衡，因此当某一颜色处于转换曲线的非线性部分时(超过拐点部分)，另一

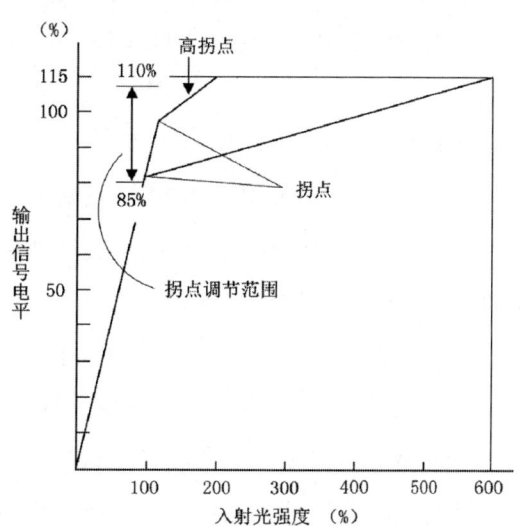

图7-4 摄像机白压缩中的拐点设置

颜色可能仍处于线性部分(低于拐点部分),在这种情况下,画面中高亮度区域的色度信号会发生变化,色彩不能得到真实的还原。为了解决这个问题并改善画面的总体质量,新的索尼数字摄像机增加了 Trueye 处理功能,其拐点处理是在 γ 校正之前,用亮度、色调及饱和度来代替单独的红、绿、蓝信号进行的,这样拐点校正就只对亮度信号有效,不会造成色调偏转,但饱和度会随着信号电平接近切割电平而慢慢降低。拐点饱和度功能可以恢复画面中被压缩处理的区域的饱和度,使色彩饱和度得以真实再现。

(4)预拐点数字处理:该电路能够有效扩大摄像机的亮度动态范围,尤其在照明环境不太容易控制的 ENG 制作方式下,可以较好地改善高亮度环境的画面层次。

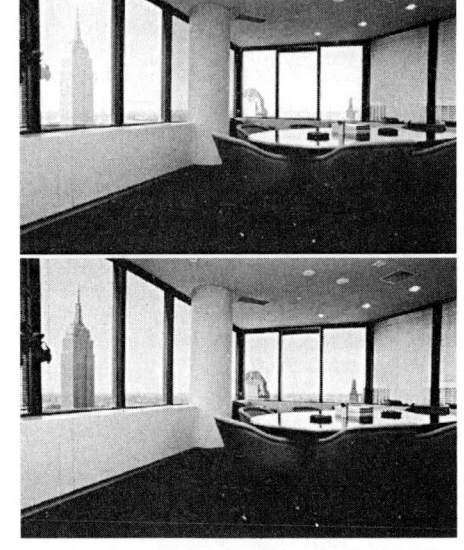

图 7-5 摄像机画面加入拐点前后的变化

现在 CCD 图像传感器的动态范围已达到 600%,由于 10bit A/D 转换器受到量化比特数的限制,所以在进行 A/D 转换之前,在模拟预放器中要进行预拐点处理,将 600%的信号压缩至 226%,相当于 1023 量化级,其中拐点设在 130%处。12bit A/D 转换器可直接处理 600%的信号,所以在进行 A/D 转换前没有必要对信号进行压缩处理,使得信号的非线性处理(如 γ 校正、拐点处理等)过程得以以数字方式进行。故它不仅可以在进行 10bit A/D 处理时使暗区保留很多的细节,而且使得高光区域的图像色彩更加逼真。

(5)黑扩展(BLACK STRETCH):只对电平在 30%以下的信号进行 γ 校正,提高暗处的亮度,增强暗处的灰度层次,使暗处图像清晰地再现出来,而不影响图像的明亮部分,也不影响色度信号,不改变图像的色调。

(6)黑压缩(BLACK PRESS):只对电平在 30%以下的信号进行 1/γ 校正,降低暗处的亮度,加大它的反差,提高暗处的主观清晰度,使图像暗处的灰度层次受到压缩,而不影响亮处图像,也不影响色度和色调。

(7)轮廓校正:由于 CCD 感光单元的面积不是无限小,它对光学信息的传送是按照抽样方式进行的,所以存在孔阑失真现象。这种由于孔阑失真而引起的孔阑效应使得图像细节和黑白跳变处变得模糊不清,也就是高频信号幅度下降。

摄像机的轮廓校正电路是专门针对孔阑失真而进行的校正。在孔阑校正电路中产生一种边沿信号,称为细节(DTL)信号,该信号同时送往红、绿、蓝路后叠加到图像信号上,从而让图像边沿细节清晰。

(8)彩色校正:彩色摄像机输出电压的光谱响应必须与显像管荧光粉的混色曲线一致。但实际上摄像机的光谱响应曲线应由镜头的透过特性、分光棱镜的分光特性和摄像器件的光谱灵敏度综合决定。由于这两者存在差别,因而会引起彩色失真。

在视频处理放大器中采用电子的方法来模拟理想光谱响应曲线来消除彩色失真,摄像机中的这种校正电路我们称为线性矩阵电路。

▶▶ 7.2 摄像机菜单介绍

7.2.1 菜单类型

下面以 SONY HDW-750 为例,结合它的菜单进行各项功能的调整,其他品牌和类型的机器的调整基本类似。

摄像机菜单基本采用树形结构构成,根目录下设有几个主菜单,每个主菜单下又有若干的子菜单页,子菜单功能涉及摄像机的各个方面。

我们先对这些菜单项做个总体的了解。

1. USER(用户)菜单

用户菜单是以默认方式打开的菜单,用于设置日常操作中经常用到的一些功能,如输出选择、寻像器设置等。它是一个常用菜单集合,目的是方便进行一些常用调整,里面的页面其实都可以在下面介绍的不同类菜单中找到。

以下显示的是用户菜单里所包含的各菜单项,它们是摄像机出厂时的默认设置。

菜单名称	子菜单页面	类型
USER(用户)	OUTPUT SEL(输出选择)	OPERATION
	FUNTION 1(功能 1)	OPERATION
	VF DISP 1(寻像器显示 1)	OPERATION
	VF DISP 2(寻像器显示 2)	OPERATION
	"!"LED("!"指示灯)	OPERATION
	MARKER 1(标记 1)	OPERATION
	GAIN SW(增益开关)	OPERATION
	VF SETTING(寻像器设定)	OPERATION
	AUTO IRIS(自动光圈)	OPERATION
	SHOT ID(镜头 ID)	OPERATION
	SHOT DISP(镜头显示)	OPERATION
	SHOT ID(镜头 ID)	OPERATION
	SHOT DISP(镜头显示)	OPERATION
	SET STATUS(设置状态)	OPERATION
	USER FILE(用户文件)	FILE
	LENS FILE(镜头文件)	OPERATION

2. USER MENU CUSTOMIZE(用户自定义)菜单

使用此菜单可以按照操作者的需要在"USER MENU"(用户菜单)中增加或删除一些选项。

3. OPERATION(操作)菜单

通常,摄录人员可以通过该菜单项来设置或改变适合于不同目标拍摄的最佳条件。它的内容包括:

菜单名称	子菜单页面	功能说明
OPERATION(操作)	OUTPUT SEL(输出选择)	设置输出信号
	FUNTION 1(功能1)	设置各项功能
	FUNTION 2(功能2)	设置各项功能
	VF DISP 1(寻像器显示1)	设置寻像器的显示
	VF DISP 2(寻像器显示2)	设置寻像器的显示
	"!"LED("!"指示灯)	"!"指示开关
	MARKER 1(标记1)	设置标记相关选项
	MARKER 2(标记2)	设置标记相关选项
	GAIN SW(增益开关)	设置增益
	VF SETTING(寻像器设定)	设置寻像器
	AUTO IRIS(自动光圈)	设置自动光圈
	SHOT ID(镜头 ID)	镜头编号设置
	SHOT DISP(拍摄显示)	选择叠加于彩条上的拍摄日期
	SET STATUS(设定状态)	设定各类窗口的显示状态
	TEST OUT(测试信号输出)	设置测试信号输出相关选项
	OFFSET WHT(白偏移)	设定白平衡的偏移
	SHT ENABLE(电子快门允许开关)	通过电子快门开关设定快门模式/速度
	LENS FILE(镜头文件)	操作镜头文件
	UMID SET(唯一素材识别符设置)	设置唯一素材识别符

4. PAINT(调整)菜单

调整菜单主要用来进行详细的图像调整。使用此菜单时,一般需要有视频工程师的支持,最好配合使用波形监视器来监看摄像机的输出波形。它的内容包括:

菜单名称	子菜单页面	功能说明
PAINT(调整)	SW STATUS(开关状态)	设置与调整有关的功能的开关
	WHITE(白平衡)	设定白平衡 A/B 的色温
	BLACK/FLARE(黑电平/杂散光)	黑电平/杂散光调整
	GAMMA(伽玛)	调节伽玛
	BLK GAMMA(黑伽玛)	调节黑伽玛值
	KNEE(拐点)	调节拐点
	DETAIL 1(细节 1)	细节 1 调整
	DETAIL 2(细节 2)	细节 2 调整
	SD DETAIL(标清细节)	调整下变换输出的细节
	SKIN DETAIL(皮肤细节)	控制特殊颜色区域,如肤色的细节
	MTX LINEAR(线性矩阵)	设置线性矩阵
	MTX MULTI(多区矩阵)	设置多区矩阵
	V MODULATION(垂直方向调制)	设置垂直方向调制深度
	LOW KEY SAT(暗色调饱和度)	暗色调图像的饱和度调节
	SCENE FILE(场景文件)	场景文件的操作

5. MAINTENANCE(维护)菜单

此菜单中的项目主要用来执行摄像机的维护,例如更改系统或不经常使用的调整项,由视频工程师来操作。它的内容包括:

菜单名称	子菜单页面	功能说明
MAINTENANCE(维护)	WHT SHADING(白斑)	调节白斑
	BLK SHADING(黑斑)	调节黑斑
	LEVEL ADJ(电平调节)	调节输出信号电平值
	SD LEVEL ADJ(标清电平调节)	调节下变换时的标清输出电平值
	BATTERY(电池)	设定与电池有关的各项
	VTR MODE 1(录像机模式 1)	录像机的设置
	VTR MODE 2(录像机模式 2)	
	VTR MODE 3(录像机模式 3)	
	VTR MODE 4(录像机模式 4)	
	VTR MODE 5(录像机模式 5)	
	PRESET WHT(预设白平衡)	白平衡开关;调节指定给 PRST 的白平衡增益功能
	DCC ADJUST(动态对比度调整)	动态对比度的设置
	AUTO IRIS 2(自动光圈 2)	设定自动光圈
	FUNCTION 3(功能 3)	设定各项功能
	GENLOCK(同步)	设定输入终端上的同步锁相
	FORMAT(格式)	格式设置
	VANC RX(辅助数据)	辅助数据的设置

6. FILE(文件)菜单

此菜单用于执行文件操作,例如写基准文件。

7. DIAGNOSIS(自检)菜单

自检菜单可用于检查录像单元部分的状态,或者对可能出现故障的电路板进行自检。

8. ALL(所有)菜单

所有菜单包括 OPERATION(操作)菜单、PAINT(调整)菜单,MAINTENANCE(维护)菜单、FILE(文件)菜单和 DIAGNOSIS(自检)菜单中所有的项目。可以不返回到主菜单而直接从 ALL 菜单转到任何操作页。

7.2.2 菜单打开及其他操作

1. 打开用户菜单(USER)

当 MENU ON/OFF(菜单打开/关闭)开关切换到 ON 位置的时候,通常显示此菜单,可进行一些基本的常用设定。

2. 打开主菜单(TOP)

如果需要打开其他菜单,则需先进入 TOP(主)菜单,如图 7-6,然后选择想要的子菜单。

打开主菜单的方法:在按住 MENU(菜单)旋钮的同时,将 MENU ON/OFF 开关从 OFF 设置为 ON。

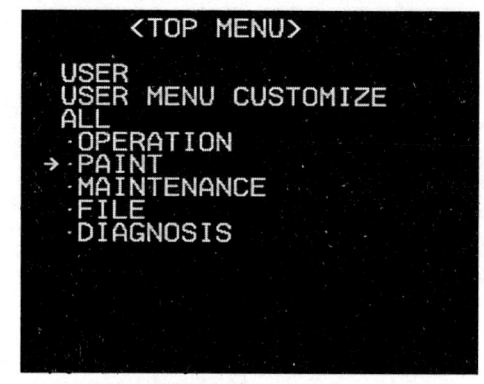

图 7-6　ENG 摄像机菜单的总目录

3. 菜单选择操作

转动 MENU 旋钮,将→标记移到所需页面项左边。按 MENU 旋钮,则会显示所需页面。

菜单项目的选择方法同上。

参数设定值的改变通过转动 MENU 旋钮实现。从摄录一体机前面看去,逆时针方向转动增大设定值,顺时针方向转动减小设定值。

4. 结束菜单操作

可通过下面两种方法结束菜单操作。

(1)将 MENU ON/OFF 开关置于 OFF 位置。

(2)合上菜单操作部分的盖子,此时,摄像机自动将 MENU ON/OFF 开关置于 OFF 位置。

7.3 常用菜单调整及实例

7.3.1 画面层次调整

对于任何画面，我们都可以把它分成亮部、暗部以及亮暗中间的中灰区域来分析。

通常画面层次的调整主要涉及画面亮度的分布，一般可以从一个整体、两个部分、三个补偿这几个方面来考虑。

一个整体是指画面亮度的整体层次，也就是伽玛（包括黑电平）。

两个部分指的是画面暗部景物和高亮部景物部分，也就是黑伽玛和拐点。

三个补偿是指对受一个整体和两个部分调整影响的画面层次及色饱和度所做的补偿，即 Y 黑伽玛、暗部色饱和度、拐点色饱和度补偿。

下面进行详细介绍。

1. 一个整体

影响画面整体层次的主要因素有三个，它们是：基准黑色、杂散光和伽玛。

(1) 基准黑色（Pedestal/Master Black）

黑色电平与消隐电平之差称为黑电平提升或总黑电平，有时又称为基准黑色，常用"PED"表示。消隐电平为 0 时，将 700mV 白色电平规定为 100%电平，黑电平提升定为白色电平的 2%～5%，即 14mV～35mV。

总黑电平是摄像机能够还原的完全黑电平或最深的黑色，代表最低的信号电平，因此被用来作为其他信号电平的基准。

总黑电平过小或过大都会严重影响画面的质量。黑电平过低会使低亮度景物失去层次，过高则使整个画面呈现薄雾感，缺乏层次感，二者都需要避免。

总黑电平数值调整大小的原则是：整体亮度较高并具有较好的照度层次情况下，适当提高黑电平数值；正常亮度情况下保持黑电平正常值；整体亮度不够，如拍摄有雾的场景或者通过窗户拍摄景物时，可以在 14mV～35mV 间适当降低黑电平值，通过牺牲画面整体层次来提升暗部景物层次。

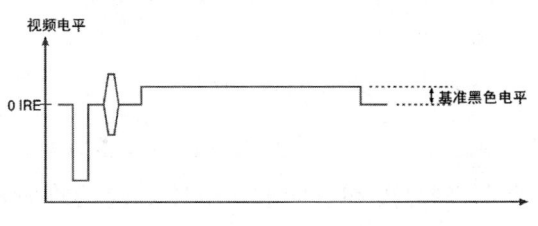

图 7-7 基准黑色电平

总黑电平调节的具体方法如下：

① 在 PAINT 菜单下，打开 BLACK/FLARE 菜单。

② 调节 MASTER BLACK（主黑电平），范围从 -101 到 +97。

图7-8(彩图9)展示的是不同总黑电平状态下画面的变化。

(2) 杂散光(Flare)

光线在通过镜头的时候,各透镜仍然会有小于0.1%的反射,另外CCD半导体内有微量的反射光,反复的反射和透射形成了杂散光。

杂散光落在CCD上会使图像的黑色部分发白,即提高了黑色电平,降低了图像的黑白对比度,使图像看上去像蒙上了一层雾,这种现象叫做杂散光效应。另外,由于光的反射率与波长相关,波长较长的红光反射率最大,杂散光会使黑色偏红,破坏黑色平衡。杂散光强度与入射光强度成比例,使黑电平随入射光强度的变化而变化。

专业摄像机的数字处理电路中都带有杂散光校正电路,用于消除杂散光对图像的影响。可以在PAINT菜单中完成设置。

杂散光调节的具体方法如下:

①在PAINT菜单下,打开BLACK/FLARE菜单。

②将FLARE设为ON(默认状态)。

③调节MASTER FLARE数值,范围从-99到+99。

(3) 伽玛(Gamma)

伽玛(Gamma,或γ)表示显示设备(CRT或平板屏幕)的亮度和它的输入电压之间的响应性能数值。CRT显像管的亮度和输入电压之间保持指数关系,而不是线性的比例关系。这个关系中的指数就是CRT的伽玛,一般大约为2.2,如图7-9所示。

图7-8 a、b、c分别为基准黑电平较低、正常、较高时的画面效果

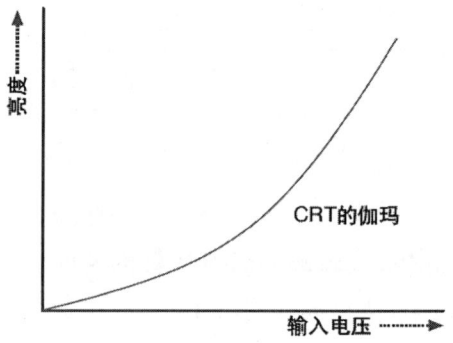

图7-9 CRT的伽玛

这意味着在 CRT 屏幕上，图像暗区的信号要比实际情况更暗，而亮区的信号则会表现得更亮。因此必须在系统某个环节中对 CRT 的指数性能进行补偿，这种补偿就称为伽玛校正。伽玛校正的目的是建立一个与 CRT 伽玛关系相反的摄像机输出信号，这样进入摄像机的光线就会和 CRT 显像管的亮度成正比了，如图 7－10 所示。

从技术上来讲，摄像机伽玛校正应约为 $1/\gamma$，这个指数就是我们常说的摄像机伽玛，它的值约为 $1/2.2$ 或 0.45。

伽玛校正调整的是视频信号中的亮度分配。亮度的分配方式不同，会使画面显现出不同的明暗程度，或者改变色彩的平衡，这都会使普通的画面显示出非凡的效果。因此，选择合适的伽玛设定非常重要——不仅能够忠实地还原摄像机镜头前的景象，还能够将导演的创作理念体现在画面上。

以 SONY HDW－750 为例，摄像机本身就有 8 种预设伽玛曲线。包括能让普通的视频拍摄呈现较好效果的标准伽玛预设 STD1 到 STD4，以及专门制作电影效果的电影伽玛预设 FILM1 到 FILM4。其中 STD3 为默认设置（符合 ITU 标准）。

选择或更改伽玛预设的方法如下：
①在 PAINT 菜单下，打开 GAMMA 菜单。
②将 GAMMA SELECT 设置为 STD 或 FILM，然后在对应的 GAM SET 中选择数值（从 1 到 4）。

不同的预设伽玛曲线的区别见图 7－12（彩图 10）。

在预设伽玛的基础上，还可以进行进一步的微调。其中 MASTER GAMMA 是主伽玛调整，R

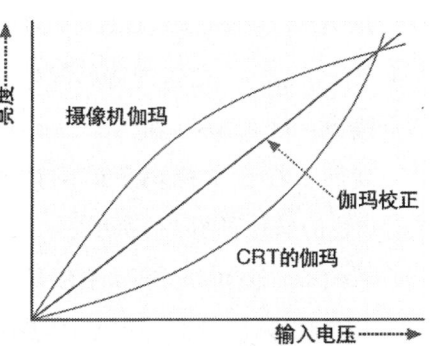

图 7－10 伽玛校正的原理

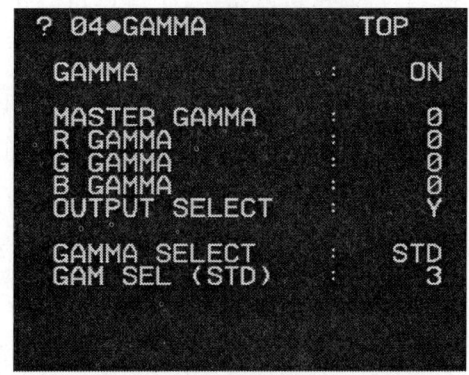

图 7－11 伽玛菜单页

a

b

图 7－12 a、b 分别为 STD3 和 FILM3 两种伽玛预设的画面效果

GAMMA、G GAMMA、B GAMMA 是分别对 R、G、B(红、绿、蓝)三通道的伽玛调整,它们的调整数值范围为−110 到 88,如图 7−13 所示。

我们来看看主伽玛数值的调整对画面的影响,如图 7−14(彩图 11)所示。

从图 7−14 可以看出,主伽玛负值越大,黑色越深,影响视频信号的低电平的黑色区域;主伽玛正值越大,白色变得更亮,影响视频信号的高电平的白色部分,也就是说,主伽玛可以影响画面的整个区域层次。

综上所述,基准黑电平、杂散光和伽玛这几个参数的改变对图像的亮度及层次有很大的影响,建议在实际使用时,要根据晴天、阴天、室内、室外、日景、夜景等不同环境,结合节目风格做相应的调整。

另外,这几个调整起到给画面整体定调的作用,因此一般作为画面调整的第一步来执行。

2. 两个部分:黑伽玛和拐点

上面主要介绍的是画面的整体调整,这里我们关注画面层次的两端——暗部和高亮部的调整。

调整黑伽玛可以在不影响中、高亮度部分画面质量的前提下有效改善画面暗部质量,而拐点

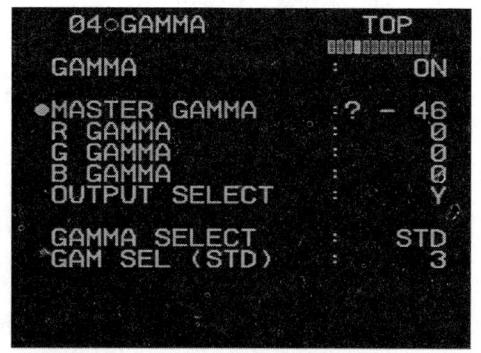

图 7−13 主伽玛参数的调整

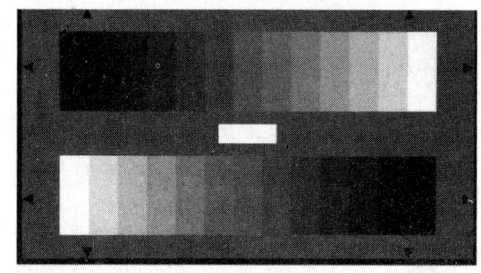

a

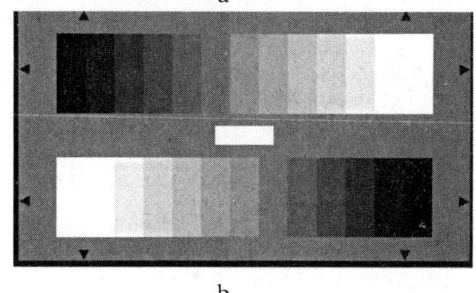

b

图 7−14 a、b 分别为主伽玛在 −110 和 88 时的画面效果

则能有效扩展被拍摄景物的高亮度范围,且不影响拐点电平以下的画面质量。

黑伽玛和拐点的合理使用,可以大大改善摄像机的拍摄亮度范围。

(1)黑伽玛

黑信号电平附近的伽玛曲线可以使用黑伽玛功能进行单独调整。

黑伽玛主要是控制暗部的颜色和层次,只对画面的暗部产生效果。使用这一功能时,不会影响中、高亮度区域的伽玛曲线。

调整黑伽玛可以得到一个比较陡直的伽玛曲线,让图像的暗部呈现较高的对比度,更清晰地还原低亮度图像的细部特征。

黑伽玛的调整方法如下:

①在 PAINT 菜单下,打开 BLK GAMMA 菜单。

②将 BLACK GAMMA 设置为 ON(默认状态)。

③BLK GAMMA RANGE 定义信号调整的电平范围,有 LOW、L. MID、H. MID 和 HIGH 四个选项,依次为 15%IRE、25%IRE、35%IRE、50% IRE。例如 LOW 表示调整范围为画面整体亮度 0~15%的部分。一般设置为 25%,即 L. MID。

④定义了电平范围后,调整 MASTER BLK GAMMA 的数值(调整范围从-101 到+97)。其中负值使黑色加深并且使色彩更加丰富,正值使黑色变亮,色彩减弱。

黑伽玛的范围定义以及黑伽玛值的正负调整对伽玛曲线产生的影响,见图 7-16。

图 7-17(彩图 12)展示的是黑伽玛数值的调整给画面带来的变化。

需要注意的是,黑信号电平附近的陡直的伽玛曲线也会导致噪波增加,因此黑伽玛必须小心地进行调整。同样,调整黑伽玛也可降低图像暗部的噪波,但同时对比度也会下降。

(2)拐点

在自然环境拍摄中,光照度数值的变化范围是非常大的。例如,从大楼阴影处的景物到蓝天白云,亮度反差很大。如果把这个范围的景物安排在一个大全景中,若光圈调到适合拍摄蓝天白云时,大楼阴影处的物体将接近黑色,失去层次。反之,将光圈开大,调到适合拍摄大楼阴影处的景物时,蓝天白云就被限幅而成为一片白色,两者难以兼顾。又如,拍摄窗前的人物时,需要适当开大光圈,使前景人物面部明亮些,但窗外高亮度景物却变得一片白,失去亮度层次;如果减小光圈,窗外高亮度景物层次得以重现,但窗内前景人物面部却呈剪影效果,失去了暗部亮度层次。

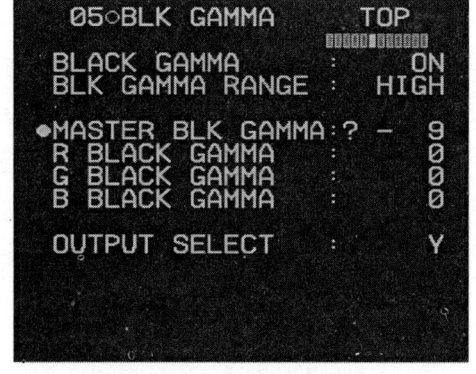

图 7-15 黑伽玛菜单页

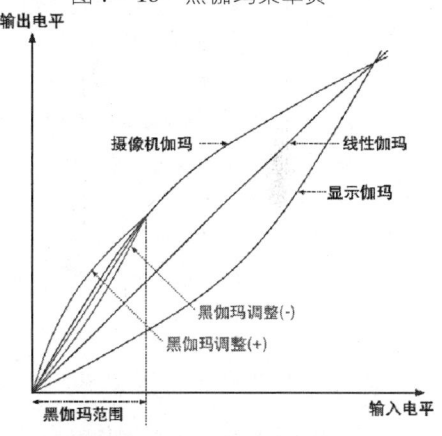

图 7-16 黑伽玛调整

a

b

图 7-17 a、b 分别为黑伽玛关闭以及黑伽玛打开且数值为-101 时的画面效果

CCD 图像传感器的动态范围大约是视频信号动态范围的 3～6 倍。尽管与人眼相差很远，但是如果有效地加以利用，这种动态范围也能提供高对比度的图像。

对成像器件输出视频信号进行分配的最简单方式，是以线性方式使用成像器件的动态范围，如图 7-18 所示。但是，这意味着图像中最重要的部分（普通亮度的物体和人的肤色）会以极低的视频电平进行还原，而这两种亮度区域都应该处于 0～100% 的信号范围内。

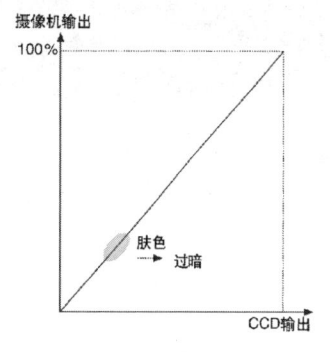 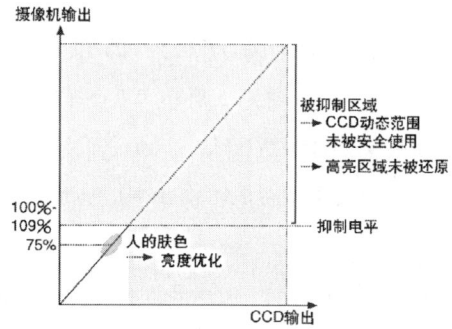

图 7-18　摄像机视频信号输出动态范围与 CCD 动态范围

拐点校正就是用来解决这一问题的。它可以使画面中高亮区域的对比度不变，同时使主要部分保持较高亮度。如图 7-19 所示，CCD 传感器输出被分配到视频信号上，因此可以在到达一定的视频电平之前保持一定的比例，这个电平就是拐点。从拐点开始，对图像高亮区域的成像器输出使用更加缓和的响应进行压缩。

拐点的设置和调整方法如下：

①在 PAINT 菜单下，打开 KNEE 菜单。

②将 KNEE 设置为 ON（默认状态）。在 50.0～109.0 的范围内调节 KNEE POINT 的值。KNEE POINT：80 表示拐点设在 80% 电平处。建议一般调到 80 左右，以达到最佳效果。

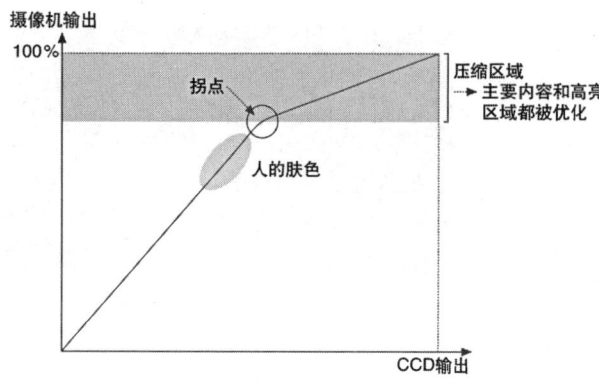 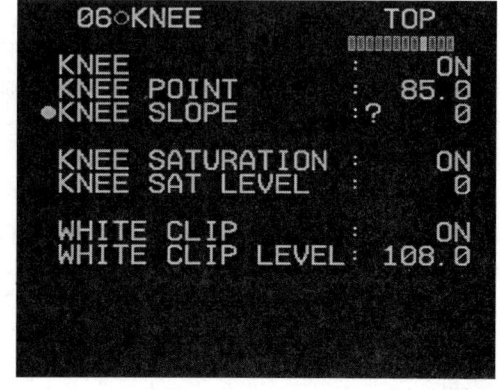

图 7-19　拐点示意图　　　　　　　　　图 7-20　拐点菜单页

③KNEE SLOPE 表示拐点之后的曲线的斜率,可在 -99 到 +99 的范围内调节。正值表示高亮区压缩多,正值越高斜率越低;负值表示高亮区压缩少,如图 7-21。

图 7-22(彩图 13)展示的是拐点设置前后画面的变化。

专业摄像机还提供了动态对比度控制(DCC)功能(也称自动拐点)。它的基本原理和拐点校正是相同的,所不同的是,DCC 通过自动控制场景中的视频信号的点而获得更宽的动态范围。当拍摄没有高亮区域的场景时,拐点会被调整到一个接近切割电平的位置,画面的细节会被线性地重现出来;当出现高对比度画面时,DCC 处理电路会根据光线的强度自动降低拐点,保持高对比度画面的细节。

DCC 的调整可在维护菜单中实现,也可在摄像机侧面开关上操作。

手动设置拐点时需要把摄像机外部的 DCC 开关关闭,否则手动设置不起作用。

3. 三个补偿:Y 黑伽玛、暗部色饱和度和拐点色饱和度

这三个参数都是对由于亮度调整带来的色度损失进行补偿的方法。

(1)Y 黑伽玛

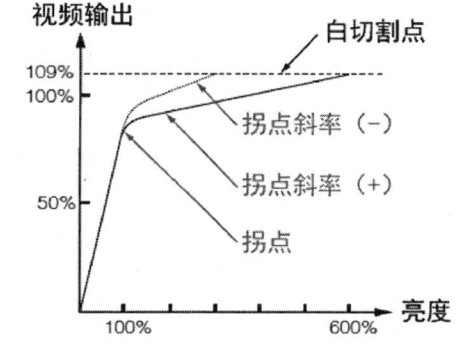

图 7-21 拐点斜率

a

b

图 7-22 a、b 分别为拐点设置前和拐点设置后的画面效果

前面我们已经提到了伽玛和黑伽玛的概念,它们分别用于调整整个信号的亮度范围和低亮度范围。由于亮度信号和色差信号在电路中同时被处理,黑色灰度级重现和彩色饱和度都受到影响。

而 Y 黑伽玛只对亮度信号(Y)进行伽玛处理,并与色差信号混合得到最后的输出,其工作原理见图 7-23,因此这一调整不会影响图像暗部区域的色调。

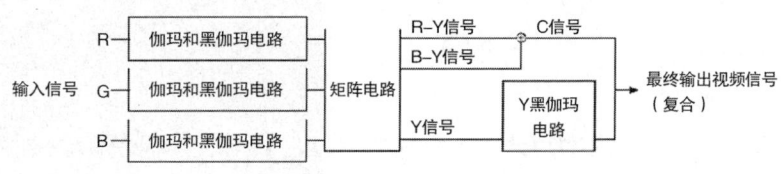

图 7-23 Y 黑伽玛的工作原理

Y 黑伽玛的调整方法如下：

①在 PAINT 菜单下，打开 LOW KEY SAT 菜单。

②将 Y BLACK GAMMA 设置为 ON（默认为 OFF）。

③设置 Y BLACK GAM RANGE 为 LOW、L. MID、H. MID 或者 HIGH，这将定义 Y BLACK GAMMA 作用的最高电平。

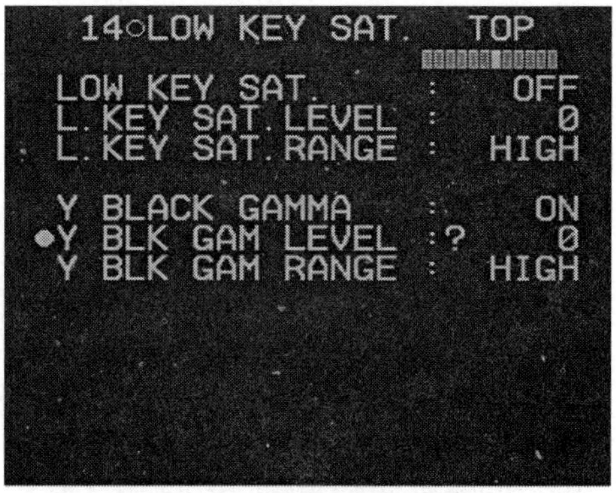

④调整 Y BLK GAM LEVEL 的值（范围从－99 到＋99）。其中负值使黑色加深，正值会增加黑对比度。

图 7-24 Y 黑伽玛菜单页

（2）低键色饱和度

当在光线不足的环境中拍摄的时候，图像暗部区域的色彩可能无法完全重现，这是由于色差信号的电平过低造成的。低键色饱和度调整可以解决这个问题。

通过低键色饱和度调整，色度信号在一个单独的低键色饱和度电路中进行调节，然后与亮度信号混合成最终信号，这样就可以提供更加自然的色彩还原，见图 7-25。而色差信号调节的范围由信号的亮度电平决定，这样就可以只改变暗部的色彩饱和度。

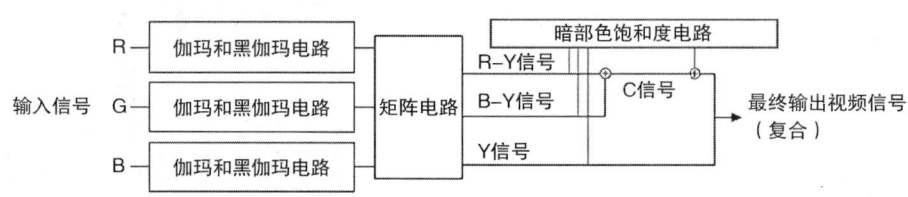

图 7-25 暗部色饱和度

低键色饱和度与黑伽玛的区别在于，低键色饱和度电路是在矩阵电路之后处理信号，而黑伽玛是在信号进入矩阵电路之前就做处理。在黑伽玛电路中，色差信号和亮度信号同时被调整，造成色饱和度和亮度相应改变。低键色饱和度调整和黑伽玛调整同时使用，可以使图像具有丰富黑色层次的同时也具有丰富的色彩。

低键色饱和度的调整方法如下：

①在 PAINT 菜单下，打开 LOW KEY SAT 菜单。

②将 LOW KEY SAT 设置为 ON，然后选择 L. KEY SAT RANGE 为 LOW、L. MID、H. MID

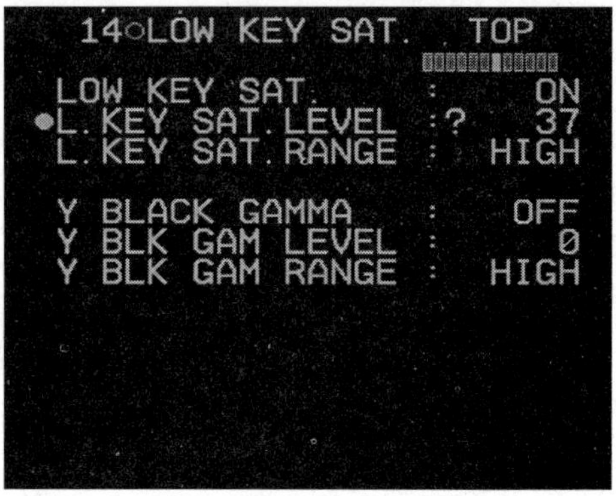

图 7-26 低键色饱和度菜单页

或者 HIGH,这将定义 LOW KEY SATURATION 作用的最高电平。

③调整 L. KEY SAT LEVEL 的值(范围从 -175 到 +23)。其中负值会降低暗部色彩的饱和度,正值则会增加暗部色彩的饱和度。

图 7-27(彩图 14)展示的是低键色饱和度调整前后画面的变化。

图 7-27　a、b 分别为低键色饱和度设置前和设置后的画面效果

(3) 拐点色饱和度

当摄像机的拐点功能打开时,图像的亮度区域被拐点电路压缩。在这个处理过程中,亮度信号和色差信号同时被压缩,这会造成色彩饱和度的损失。使用拐点色饱和度功能可以弥补其所带来的负面影响。

拐点色饱和度功能打开之后,色度信号将被送到拐点色饱和度电路进行处理,以优化这些彩色信号,并加回主干信号中,获得最终的输出信号。如图 7-28 所示。

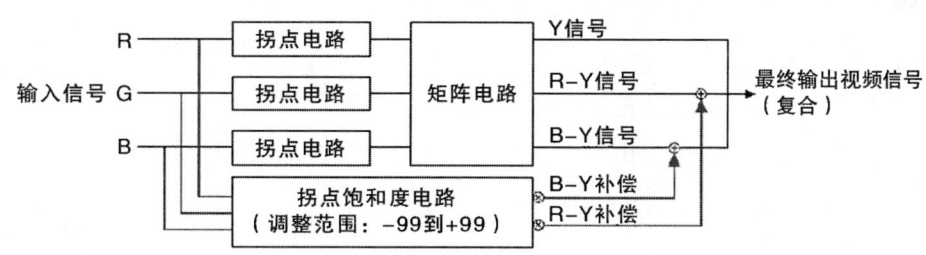

图 7-28　拐点色饱和度处理原理

拐点色饱和度的具体调整方法如下:

①在 PAINT 菜单下,打开 KNEE 菜单。

②将 KNEE SATURATION 设置为 ON(默认状态)。

③调整 KNEE SAT LEVEL 的值(范围从 -99 到 +99)。其中负值会降低饱和度,正值则会增加饱和度。

图 7-30(彩图 15)展示的是拐点色饱和度调整前后画面的变化。

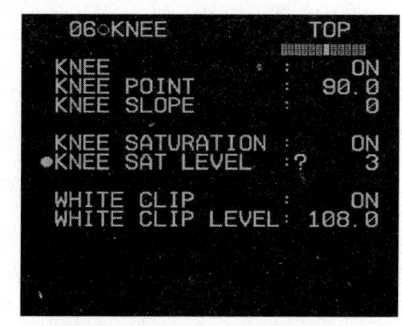

图 7-29　拐点色饱和度菜单页

a　　　　　　　　　　　　　　b

图 7-30　a、b 分别为拐点色饱和度设置前和设置后的画面效果

7.3.2　画面轮廓细节调整

1. 细节校正（DETAIL）

由于 CCD 上的感光单元在水平方向和垂直方向都是分离的，所以它在这两个方向上都是以抽样的方式传送图像信息的，因此在重现图像时，沿着水平和垂直方向的黑白突变处就变模糊了，同时高频信号幅度下降也使图像细节变模糊，这种现象称为孔阑失真或孔阑效应。

孔阑失真对信号的影响反映为幅频特性高频端衰减，而相频特性不变。因此，需通过特殊电路进行校正，以提升幅频特性的高频端而不改变其相频特性。具体的方法是，取出图像信号中与有亮度突变的图像轮廓（边缘）相对应的部分，经加工处理产生一个细节信号，再加到信号中去，可以补偿信号中因孔阑效应而造成的锐度下降，从而提高图像清晰度。对图像信号进行这种处理称为细节校正或轮廓校正，它能明显地提高画面中景物的轮廓清晰度。

高清摄像机都设有细节（DETAIL）开关和菜单调整项。

轮廓校正电路产生的轮廓（细节）信号如图 7-31 所示。

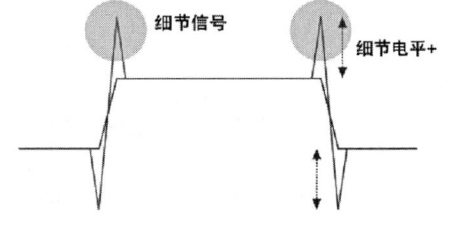

图 7-31　细节信号/电平示意图

如何使用这部分功能，需要根据实际情况和具体要求来决定。

有时，为了使画面更"柔和"一些，可以关闭摄像机上的细节校正开关，以达到接近胶片的画面效果。在高清摄像机拍摄人物的中近景尤其是特写时，人的面部和服装的勾边现象很突出，皮肤纹理和斑点加重，变得粗糙，容易给人以生硬的感觉，这时就要关掉细节校正开关。对大场面镜头比如风光画面等可以打开这项功能，因为高清摄像机的景深小，焦点相对显得"软"，如果再关掉细节校正开关，和胶片比起来画面就会显得更加模糊，清晰度得不到保障。

一定程度上增强轮廓细节的反差是必要的,关键是把握好尺度,一般使轮廓清晰度参数值控制在 30～75 之间。如果要拍全景或日景,需调高一些,如果拍近景或夜景就要调低一些。特别是低照度的时候,在轮廓清晰度值提高的同时,杂波也随之提高,这一点要特别注意。

此外,过多的细节校正会降低画面的真实感,使人感觉画面中的主体和背景分离,因此细节校正需要慎重进行。

细节校正的调整方法如下:

(1) 在 PAINT 菜单下,打开 DETAIL 1 菜单。

(2) 将 DETAIL 设置为 ON(默认状态)。

(3) 调节 DETAIL LEVEL 的数值(调节范围从 -99 到 +99)。其中负值柔化图像,正值锐化图像。

图 7-33(彩图 16)展示的是细节校正设置前后画面的变化。

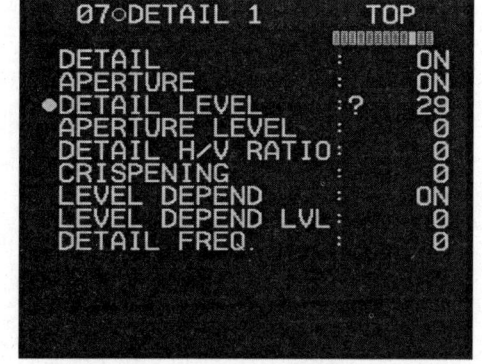

图 7-32 细节校正菜单页

　　　　　　a　　　　　　　　　　　　b

图 7-33　a、b 分别为细节校正关闭和细节校正开启且电平设为 70 时的画面效果

2. 肤色细节校正(SKIN DETAIL)

对于画面中一些需要格外关注的细节,如人脸皮肤上的皱纹等缺陷,不应该像其他物体一样被锐化或加强,可以通过肤色细节(SKIN DETAIL)校正进行局部的特殊处理,以弱化皮肤细节,使皮肤看起来更加洁净、柔润。肤色细节校正是对特定的细节电平进行调整(增强或者降低),不会影响画面中其他区域的细节信号。只要选定特定的肤色,皮肤色彩的细节信号就会被单独控制。影响皮肤色彩的因素包括色度(相位)、饱和度和宽度(色度范围)。

高端索尼摄像机可提供三通道肤色细节校正

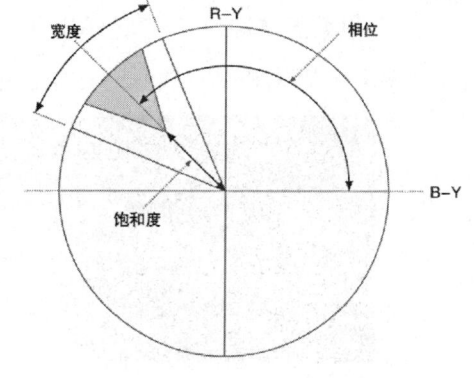

图 7-34 影响皮肤色彩的因素

功能,可对三种用户定义的颜色进行细节的控制,因此它不仅仅局限于肤色的调整。它使细节校正的便利性进一步增强,如有需要,我们可以用一种颜色来降低肤色的细节电平,用另外两种颜色来降低或增加其他两种物体的细节电平。

需要注意的是,此功能对于皮肤相对较为粗糙而且皮肤颜色有明显差异的欧美人群来说,效果较为明显。而中国人皮肤相对比较细腻,且肤色差异较小,有时候调整效果不会特别明显。

肤色细节校正的使用方法:

(1)在 PAINT 菜单下,打开 SKIN DETAIL(肤色细节)菜单。

(2)将 SKIN DTL SELECT 选为 1,意为打开第一个通道。将 SKIN DETAIL 设置为 ON。

(3)然后选择 SKIN DETECT,寻像器中心出现一个矩形选框,下方出现"PRESS ROTARY ENCODER TO DETECT COLOR(按下旋钮检测颜色)"的提示。移动摄像机进行重新构图,将矩形选框放到需调整的颜色上,按下旋钮,摄像机就会自动执行色调检测。

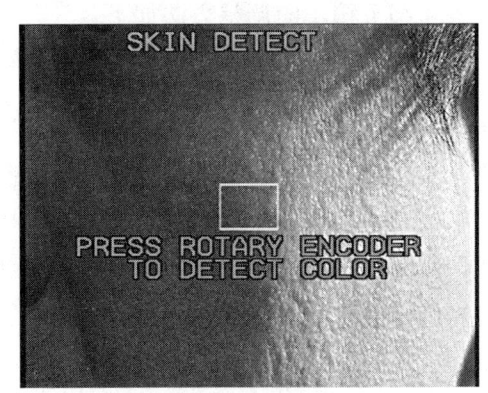

图 7-35 肤色检测框

如果颜色检测成功,所选部分就会出现斑马纹(SKIN AREA IND 需要设置为 ON),表示对这一目标区域进行调整。

(4)还可以通过 SKIN DTL SAT(色调饱和度)、SKIN DTL HUE(色调中心相位)、SKIN DTL WIDTH(色调区域宽度)对选取范围进行调整。前者范围是 -24 到 174,后两者范围都是 0 到 359。

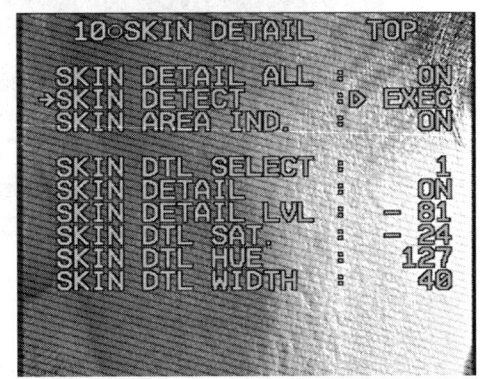

图 7-36 肤色细节校正菜单页

(5)根据需要对 SKIN DETAIL LVL(皮肤细节电平)进行设置(调节范围从 -99 到 +99)。

图 7-37(彩图 17)展示的是肤色细节校正设置前后画面的变化。

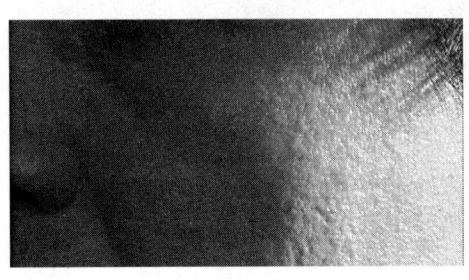
a

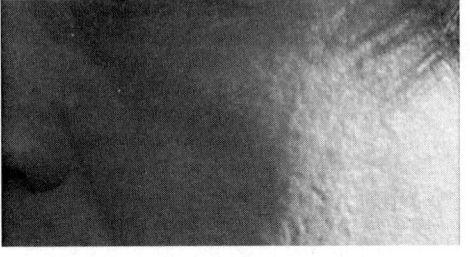
b

图 7-37　a、b 分别为皮肤细节校正关闭和皮肤细节校正开启且电平设为 -99 时的画面效果

3. 轮廓加深（CRISPENING）

前面讲到，使用细节校正功能后，增强了景物轮廓的清晰度，得到了丰富的细节，但是同时也会带来新的问题，即细节校正也会在噪波周边形成细节信号，使信号的噪波加重。细节电平设置较高时，噪波现象会特别突出。

轮廓加深功能是用来防止噪波周边产生细节信号的。使用这种功能后，噪波周边产生的振幅较小的细节信号会被去除掉。

轮廓加深的原理如图 7-38 所示。经轮廓加深处理后，只有超出限值的细节信号被用于细节增强处理，相反，振幅较小的信号被作为噪波去除。

轮廓加深的调整方法如下：

（1）在 PAINT 菜单下，打开 DETAIL 1 菜单。

（2）将 DETAIL 设置为 ON（默认状态）。

（3）调节 CRISPENING 的数值（调节范围从 -99 到 +99）。其中正值表示限值提高，负值表示限值降低。

图 7-40（彩图 18）展示的是轮廓加深设置前后画面的变化。

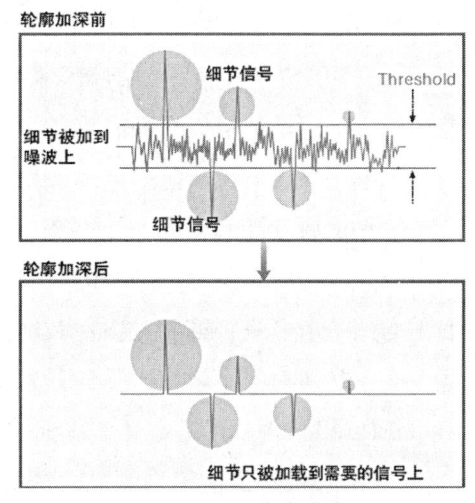

图 7-38　轮廓加深的原理

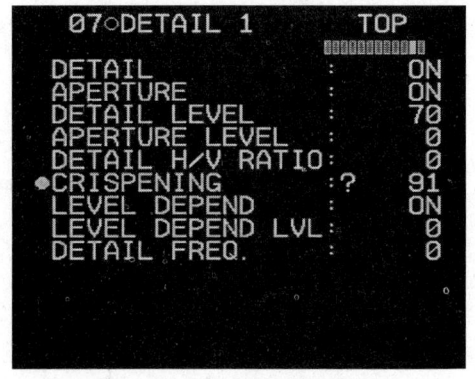

图 7-39　轮廓加深菜单项

图 7-40　a、b 分别为轮廓加深关闭和轮廓加深开启且电平设为 99 时的画面效果

4. 电平从属（LEVEL DEPEND）

在低照度条件下，图像暗部区域的噪波会非常明显，使用细节校正会使这一现象加重，使用轮廓加深功能可以对噪波周围产生的细节信号进行抑制，但也会降低精细区域的细节信号。电平从属解决了这一问题。

电平从属功能和轮廓加深类似，都是用来防止噪波产生多余的细节信号的。但是轮廓加深去除的是所有信号电平中的噪波产生的细节信号，而电平从属功能只对低亮度区域内产生的细节信号进行抑制，这是两者的区别所在。

电平从属对某个限度以下的信号电平进行单独的细节校正设定（一般为降低）。LEVEL DEPEND LVL 正是定义了这样一个阈值电平。其中正值扩展亮度范围，在这个范围内图像的噪波减少；负值使亮度范围变窄。如果数值调得太高会引起整幅图像边缘部分模糊，降低图像整体的清晰度。

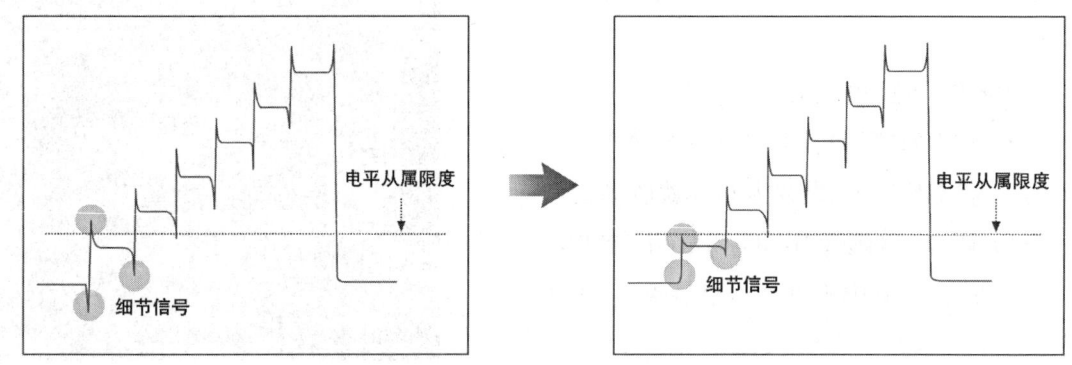

图 7-41　电平从属对低照度细节进行抑制

电平从属的调整方法如下：

（1）在 PAINT 菜单下，打开 DETAL 1 菜单。

（2）将 LEVEL DEPEND 设置为 ON（默认状态）。

（3）调节 LEVEL DEPENDL LVL 的数值（范围从-99 到+99）。

图 7-43（彩图 19）展示的是电平从属设置前后画面的变化。

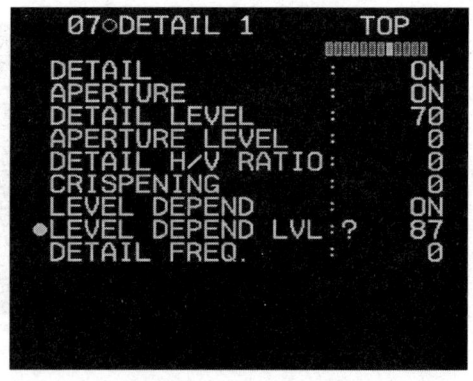

图 7-42　电平从属菜单项

　　　　　　　a　　　　　　　　　　　　　　b

图 7-43　a、b 分别为电平从属设置关闭和电平从属设置开启且电平设为 121 时的画面效果

5. 拐点孔径(KNEE APERTURE)

使用拐点功能后,所拍摄画面的动态范围提高了,高亮度部分的层次表现得到提升。但是拐点功能也会对画面高亮度部分的细节信号进行压缩,使得该部分画面边缘变得不够锐利。为了对锐度的损失进行补偿,大多数专业摄像机都带有拐点孔径电路,一般位于拐点校正处理之后。这一功能可以锐化被拐点校正压缩过的高亮区域图像的边缘,再现该部分的细节。它的原理如图 7-44 所示。

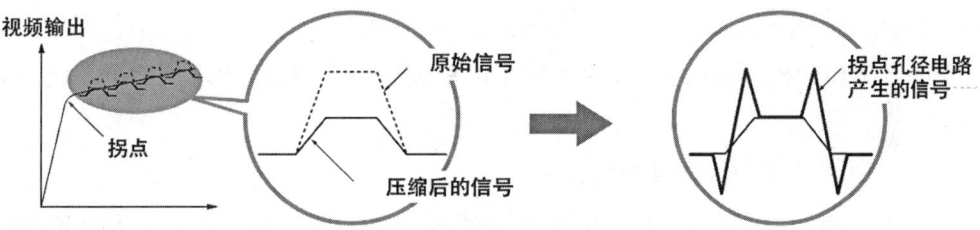

图 7-44　拐点孔径的原理

拐点孔径的调整方法如下:

(1)在 PAINT 菜单下,打开 DETAL 2 菜单。

(2)将 KNEE APERTURE 设置为 ON。

(3)调节 KNEE APT LEVEL 的值(范围从 0 到 199)。

图 7-46(彩图 20)展示的是拐点孔径设置前后画面的变化。

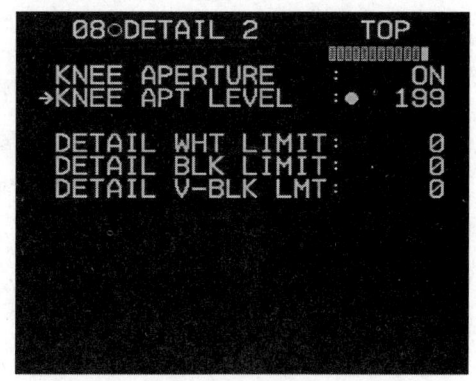

图 7-45　拐点孔径菜单项

图 7-46 a、b、c 分别为拐点功能关闭、拐点功能开启和拐点孔径开启且电平设为 199 时的画面效果

7.3.3 画面色彩调整

画面色彩的调整可以从两个方面来着手,首先是画面的整体色彩调整,可以通过白平衡和白平衡偏移调整来解决;其次是画面局部区域或局部色彩的调整,通过彩色校正功能实现。彩色校正分为线性校正和非线性校正两大类。

1. 色温(COLOR TEMP)

前面我们提到了白平衡的调整。在实际创作中,有时为了强调某种气氛,增加画面的艺术感染力,常常有意识地去改变画面的色调,达到所需的画面效果。通常的做法是使用白平衡色卡,在调整白平衡时依照补色的原理特意将颜色校偏。

专业的数字摄像机还提供了另一种方式:电子色温控制。可以手动调节电子色温,调节方法如下:

(1)在 PAINT 菜单中选择 WHITE 页。

(2)在 COLOR TEMP 项目中设定所需的色温值(范围从 2088~19000K,默认为 3200)。COLOR FINE 项则是色温的微调,范围从 -99 到 +99。

菜单中列出的标有〈A〉的项是对白平衡预设 A 的调整,标有〈B〉的菜单项是对白平衡预设 B 的调整。

例如,为了缩短拍摄周期,需要在白天拍摄夜场戏,以前通常是通过加镜片或者色温纸来改变色调,这样很不方便,而且会影响画质。如今可以在菜单中将色温调到 2260 左右,使画面呈现冷色调,看起来像是在晚上拍摄的。相反,如果想拍暖色调画面,可以把色温上调。

图 7-47(彩图 21)展示的是不同色温值条件下拍摄的画面效果。

图 7-47　不同色温值条件下拍摄的画面效果

2. 线性矩阵(MTX LINEAR)

在彩色电视系统中,摄像端的光—电转换和显像端的电—光转换,在色度学上互为逆变换。这就要求摄像机的理想分光特性应该与显像管荧光粉的混色特性一致。实际上,由于镜头的透光特性、分光系统的分光特性和 CCD 的光谱灵敏度等因素,摄像机的光谱特性与理想的特性差别很大。根据三基色原理,理想的三基色光谱分布特性曲线中均应该含有负瓣成分(如图 7-48 所示),而实际的光谱响应中却没有,这会引起彩色失真,所以必须进行补偿,这就是彩色校正。

专业摄像机都采用矩阵电路来补偿没有光谱响应负区所造成的彩色失真,如六色差系数调整方式,即在 G 路中调节 R-G、B-G 的系数,在 R 路中调节 G-R、B-R 的系数,在 B 路中调节 G-B、R-B 的系数来进行彩色校正。

线性矩阵的具体调整方法如下:

(1)在 PAINT 菜单中,打开 MTX LINEAR 菜单。

(2)将 MATRIX(USER)或 MATRIX(PRESET)设置为 ON,并进行相应数值的选择或调整。

MATRIX(USER)(用户矩阵):用于调整线性矩阵 R-G、R-B、G-R、G-B、B-R、B-G 六组系数的大小,参数的调整范围为-99 到+99;

MATRIX(PRESET)(预置矩阵):针对不同的混色曲线(制式不同,采用的标准光源基准不同,荧光粉的色坐标不同),工厂经精确计算和实验作出补偿。将线性矩阵的 R-G、R-B、G-R、

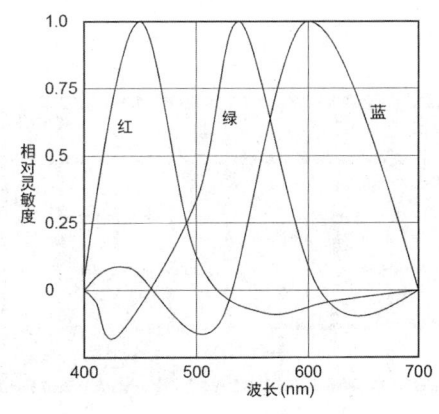

图 7-48

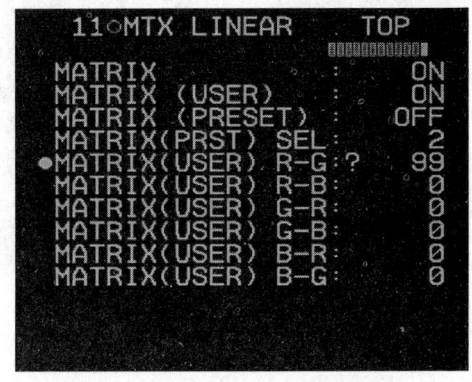

图 7-49　线性矩阵菜单页

G—B、B—R、B—G 六组系数复位到出厂设置,根据不同制式(SMPTE—240M、ITU—709、SMPTE—WIDE、NTSC、EBU、ITU—609 等)匹配不同的标准线性矩阵系数。在菜单中分别对应的 MATRIX (PRST) SEL 数值为 1 到 6,默认值为 2,即 ITU—709。

两者之间的关系:预置矩阵是最基础的彩色校正(用来补偿光谱响应曲线所失去的负瓣成分),而用户矩阵是叠加在预置矩阵之上的。为了便于理解和实际操作,可以简单地认为预置矩阵是粗调,而用户矩阵是细调。

通过彩色矩阵可以改变色彩相位,并且在调整中,白平衡不会发生变化。因此,彩色矩阵可以使作品呈现更具独特风格的视觉效果。

需要提醒注意的是,由于此功能自由发挥的空间很大,如果在苛求逼真色彩的拍摄场景中,使用者需要具备丰富的经验与知识,建议调整时与专业图像监视器和矢量示波器等设备配合使用。

至于 R—G、R—B、G—R、G—B、B—R、B—G 六组系数的调整对画面的影响,请参见图 7—50(彩图 22)。

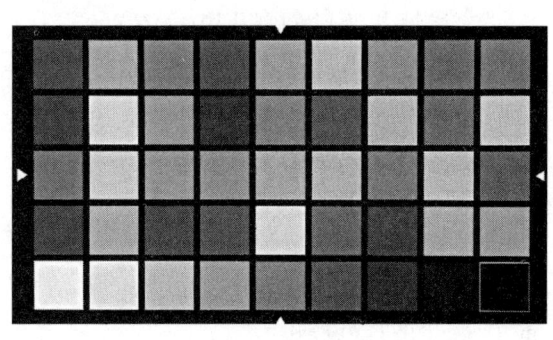

初始状态

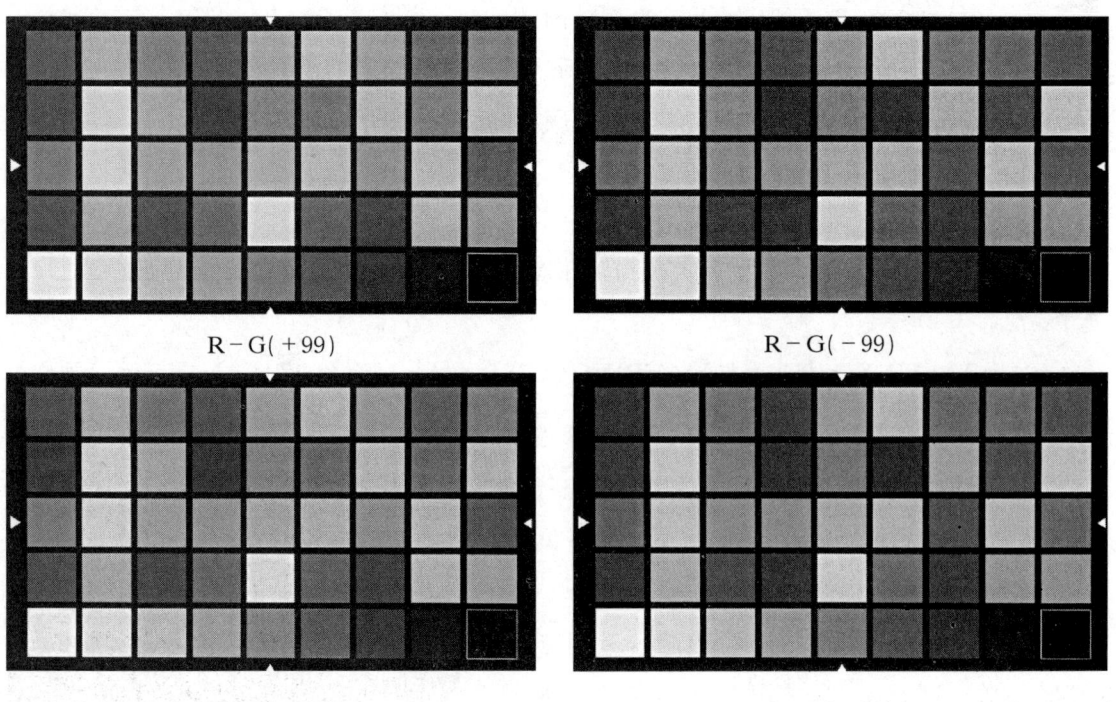

R-G(+99)　　　　　　　　R-G(-99)

R-B(+99)　　　　　　　　R-B(-99)

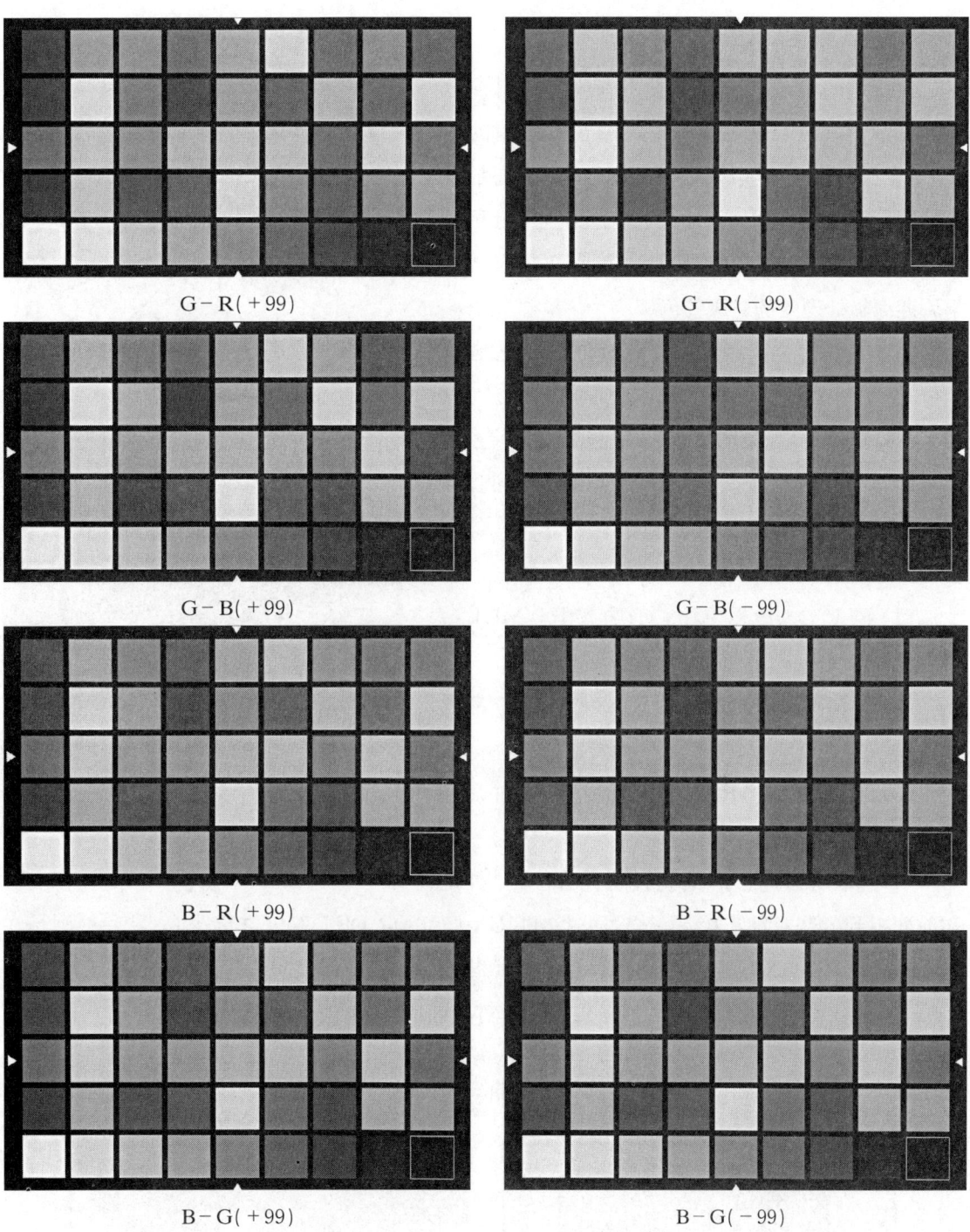

图 7-50 线性矩阵参数调整的画面效果

3. 多区矩阵(MTX MULTI)

在传统的彩色校正或矩阵控制中，控制参数会相互影响。为了进一步满足画面艺术效果的需要，专业摄像机基于非线性彩色校正的原理还加入了多区矩阵(Multi Matrix)的调整功能。它可只针对一种颜色范围进行调整，其他颜色保持不变，相当于后期编辑处理中的二级校色。

多区矩阵将全部彩色相位矢量的360°区域均匀分为16个部分，每个部分包含22.5°（即360°/16）相位矢量，如图7-51(彩图23)所示。可以选定某个区域对其彩色矢量角度（代表色调）和幅度（表示色饱和度）进行任意调节。

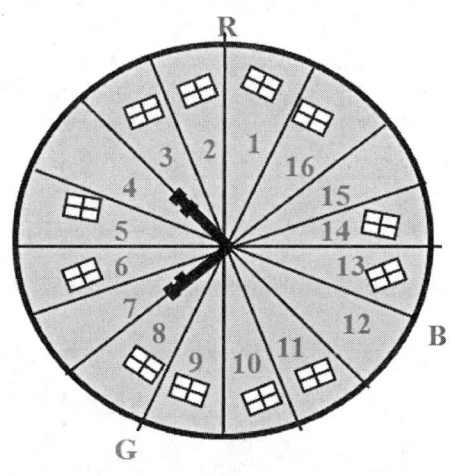

图 7-51 彩色的 16 部分分区

多区矩阵的具体调整方法：

（1）在 PAINT 菜单中，打开 MTX MULTI 菜单。

（2）将 MATRIX 和 MATRIX(MULTI)都设置为 ON。

（3）将 MTRIX AREA IND 设为 ON，打开选取斑马纹提示。

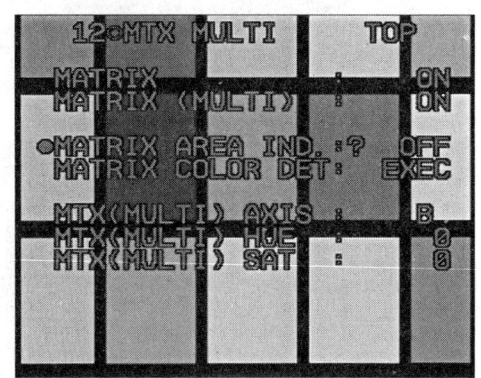

图 7-52 多区矩阵菜单页

（4）选取所需调整的颜色有两种方法：一种是和前面提到的肤色细节校正一样，通过 MTRIX COLOR DET 选框进行选取；另一种则是在 MXT(MULTI)AXIS 项中选择，项目包括 B、B+、MG－、MG、MG+、R、R+、YL－、YL、YL+、G－、G、G+、CY、CY+、B－共 16 个，对应前面提到的 16 个彩色分区。

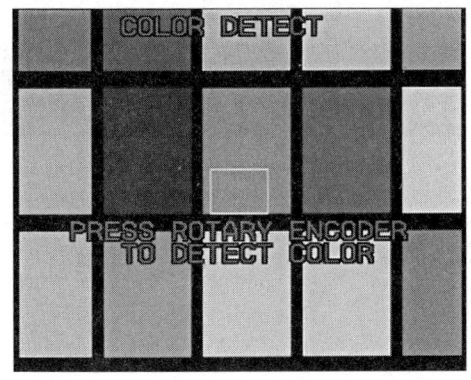

图 7-53 颜色选框

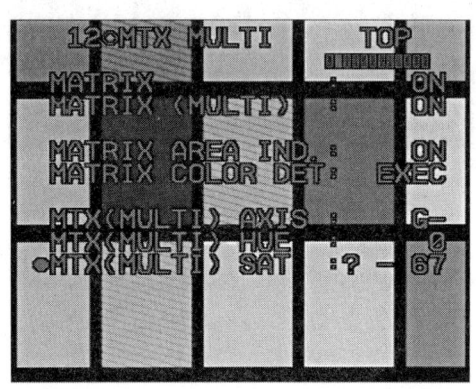

图 7-54 对选区进行色相和饱和度调整

(5)通过 MXT(MULTI)HUE 和 MXT(MULTI)SAT 分别调整所选颜色的色调和饱和度。

图 7-55(彩图 24)是多区矩阵调整的画面对比图,经过调整之后画面中绿色区域饱和度下降而其他颜色没有发生变化。

图 7-56(彩图 25)给出了多区矩阵调整的另一个实例。

图 7-55　a、b 分别为多区矩阵调整关闭、开启时的画面效果

图 7-56　a、b 分别为多区矩阵调整关闭、开启时的画面效果

本章作业

实训 1:掌握数字摄像机数字处理电路中主要部分的基本工作原理。

实训 2:结合实际,如何利用菜单对画面的层次进行有效调节?

实训 3:结合实际,如何利用菜单对画面的轮廓和细节进行有效调整?

实训 4:结合实际,如何利用菜单对画面的色彩进行有效调整?

第 8 章　HDV 摄像机应用

本章,我们选取具有代表性的索尼 HVR－Z5C 便携高清摄像机介绍 HDV 摄像机的简单应用。

▶▶ 8.1　基本功能介绍

1. 镜头部分

镜头部分采用了索尼新开发的高性能"G 镜头",20 倍变焦,广角端达到了 29.5mm。采用了聚焦、变焦、光圈三环独立操作设计,照顾到了广播级用户的使用习惯。

聚焦环:在手动状态下,可以通过聚焦环进行对焦。

变焦环:用于改变镜头焦距。

光圈环:可以手动调节光圈,以控制进入镜头的光线量。

镜头盖开关:将镜头盖开关拨到 OPEN 可打开镜头盖,拨到 CLOSE 可关闭镜头盖。

图 8-1　HVR-Z5C 镜头

2. 机身部分

ND(中密度)滤镜:为适应强光下拍摄,专业和广播级摄像机都设有 ND 滤镜。Z5C 的 ND 滤镜有 1、2 、3 三档,分别将光线量减少至 1/4、1/16 和 1/64。

GAIN(增益)按钮:在光线较暗的环境下使用,与下面的增益大小 L、M、H 配合使用。

图 8-2　HVR-Z5C 机身

FOCUS(聚焦)开关:该开关用来选择摄像机的聚焦方式。有三个档位:AUTO、MAN 和 INFINITY。

(1) AUTO：表示自动聚焦。

(2) MAN：表示手动聚焦。有时为了实现某种特殊效果，如移焦点，或者所拍摄的主体轮廓不清，镜头前有隔挡，使用自动聚焦无法使画面主体聚焦清晰，就需要用手动聚焦的方式。手动聚焦模式下，通过转动聚焦环使图像清晰。FOCUS 开关下方有个 PUSH AUTO（按下自动）按钮，在手动聚焦状态下，按下该按钮可临时切换到自动聚焦模式，拍摄时可用它作为手动聚焦的参考。

(3) INFINITY：表示无限远聚焦。此功能可将对焦设定到远处的对象上。

ASSIGN（指派）按钮：Z5C 共设有 7 个指派按钮，可以根据需要将某些功能按需要指定到 ASSIGN 按钮来使用，以便快速操作。一些默认功能按照名称已经预指派在此按键上。可指派的功能包括 AE 转换、背光彩条、数字扩展器、末尾搜索、扩展聚焦、衰减器、微距、超级增益、索引标记、最后镜头预览、标示、峰值、照片、Picture Profile、一键自动光圈、记录预览、环旋转、拍摄转换、平滑慢速记录、聚光灯、防抖、时间码重设、时间码递增和斑马纹。

AUTO/MANUAL 开关：手动/自动模式开关。

增益开关：分为 H、M 或 L 三档，所选档位设定的增益值会显示在屏幕上。

白平衡开关：可以根据录制环境的照明条件来调节和固定白平衡。可将白平衡值分别储存到内存 A 和内存 B 中。除非重新调节白平衡，否则即使关闭电源，白平衡值也将保留。当选择 PRESET 时，会根据摄像机设定菜单中的"WB 预设"所做的设定来选择"室外"、"室内"或"手动 WB 温度"。

SHUTTER SPEED（电子快门速度）按钮：进行电子快门速度设定。

MENU（菜单）按钮：显示菜单，进行相关设置。

PICTURE PROFILE（图像属性）按钮：可快速调出 6 种不同的图像质量设定。

STATUS CHECK（状态检查）按钮：按下按钮可将机器状态显示在液晶屏上，包括音频设定、输出信号设定、为 ASSIGN 按钮指定的功能、外接录制设备等。

音频设置区：包含多个和音频相关的通道开关、电平调整等。

OPEN/EJECT 控制杆：用于打开磁带舱门。

3. 相关接口

内存记录器插孔：用于连接选购的内存记录器（HVR－DR60 或 HVR－MRC1）。

i.LINK 接口：HDV/DV 数字输入输出。

A/V 电缆接口：用于连接随机提供的分量 A/V 电缆，以输出模拟分量视频。

HDMI 接口：用于连接到高清电视机等外部设备进行画面监看。

耳机插孔：用于声音监听。

音频输入及开关：共有两组音频输入接口，并提供了幻象供电开关。

LANC 插孔:用于控制视频设备的录像带走带及与其相连的外围设备。

图 8-3　HVR-Z5C 的接口

▶▶ 8.2　记录功能

1. 使用磁带进行记录

在记录方面,Z5C 支持传统的磁带记录,所用的磁带类型包括 mini DV、DVCAM 以及专用 HDV 磁带,支持高清或者标清记录。

在拍摄模式下,打开菜单,在"输入/输出录制"菜单中选择"拍摄格式",可以进行相关设定。

可选的录制格式包括:

HDV1080i:以 HDV1080i 高清格式录制。

DV:以 DVCAM(或 DV)标清格式录制。

如果拍摄格式选择的是 DV,还可以进一步在"DV 逐行"菜单项中选择扫描类型。选项包括:

50:隔行扫描,每秒捕捉 50 场。

25:逐行扫描,每秒捕捉 25 帧。

也可在"DV 拍摄模式"菜单项中选择拍摄模式。

选项包括:

DVCAM:以 DVCAM 格式录制。

DV SP:以 DV 格式的 SP(标准播放)模式进行录制,得到比 DVCAM 格式更长的录制时间。

2 使用 CF 卡进行记录

除了磁带这种传统的记录方式之外,Z5C 还可以通过选配 HVR-MRC1 记录存储单元,用 CF 卡进行记录。

索尼的 HVR-MRC1 记录存储单元可以和现有的 HDV/DVCAM 摄录一体机配合使用,将 HDV/DVCAM/DV 的视频流记录在 CF 卡中,以文件的形式存储。在进行非线性编辑时,可以直接通过文件拷贝的方式把 HDV/DVCAM/DV 视频导入非线性编辑系统中,更快捷地进行编辑。

索尼公司提出了其独有的混合记录方案。这里的"混合"包含了三层含义:

(1)混合格式。可以同时记录标清与高清格式,用磁带记录高清内容,CF 卡记录标清内容。

(2)混合介质。分别采用磁带线性记录介质和 CF 卡非线性记录介质,进行可靠的备份记录。

(3)混合工作流。可以快速编辑 CF 卡上所记录的文件,用磁带存档,方便应用于当今的节目制作和未来的高清制作。

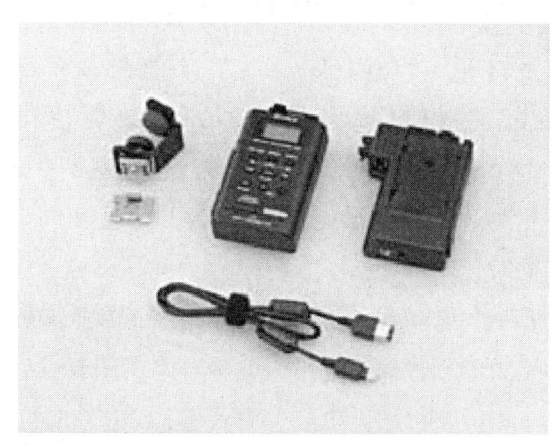

图 8-4　HVR-MRC1 记录存储单元组成

混合记录概念的提出具有开创性,它既不同于传统的磁带记录,又不同于完全的无带化记录,而是结合了两者各自的优势,为影视制作者提供了一种新的思路,并在一定程度上带来工作流程的改变。

图 8-5　HVR-MRC1 记录存储单元的接口

HVR-MRC1 记录存储单元包括 HVR-MRC1 主单元、HVRA-CR1 机座、冷靴适配器和一根 i.LINK 连线。其中机座提供直流电输入接口,以及 L 系列电池插槽,可直接用同系列的摄像机电池供电,另配有一个 6 芯 i.LINK 接口用于与计算机进行连接。

HVR-Z5C 机身后部有一个专门的靴形连接器,不需要使用任何电缆,就可以直接将 HVR-MRC1 主单元连接其上,成为一体。该连接器可输入和输出一个 HDV/DV 流,并对记录存储单元供电。这种巧妙的连接方式不会影响拍摄操作,遵循人体工程学的设计可让使用者在任何位置均能舒适地进行拍摄。

HVR-MRC1 采用 CF 卡作为记录介质。CF 卡全称为"Compact Flash"卡,即紧凑式闪存卡。它具有安全记录、访问迅速、容量大、可移动、可经受外界震动等诸多优点。

CF 卡是一种固态产品,工作时没有运动部件。它采用闪存(flash)技术,是一种稳定的存储解决方案。

和 SD 卡、记忆棒一样，CF 卡是一种通用存储介质，广泛应用于数码相机等设备，因此可以以较低的价格很方便地购买到。

索尼建议采用自家的 CF 卡配合 HVR－MRC1 使用，包括两个型号：NCFD－8GP 和 NCFD－16GP，容量分别为 8GB 和 16GB。当然，这是需要单独购买的。而其他品牌的 CF 卡，只要满足速度不小于 133 倍速，容量不小于 2G 的条件，也可以使用。这些卡和索尼的 CF 卡相比，在记录时没有太大差异，只不过在向计算机传输数据时速度可能会不太稳定。

一张 16GB 的 CF 卡可记录 HDV、DVCAM 和 DV 格式的影像约 72 分钟，其他容量 CF 卡可以此类推。由于 CF 卡的类型和记录格式不同，记录时间可能会有所差异。

图 8－6　安装了 HVR－MRC1 记录存储单元的 HVR－Z5C

CF 卡容量	记录时间（大约）
16GB	72 分钟
8GB	36 分钟
4GB	18 分钟
2GB	9 分钟

图 8－7　CF 卡

HVR－MRC1 机身上有个"CAM LINK"按钮，按下该按钮时，HVR－MRC1 液晶屏左上角会出现一个连接图标，表明摄像机处于连接状态，连接方式默认为同步。HVR－Z5C 会自动向 HVR－MRC1 发出指令，告知何时开始和停止记录，使得两者的记录指令同步。因此，只要按下 HVR－Z5C 机身上的录制按钮，HVR－MRC1 就会自动启动记录。

HVR－Z5C 还可以将 HVR－MRC1 的状态信息显示在液晶显示器上，更加便于观察。所显示的数据包括连接状态、记录状态、CF 卡剩余记录时间。在拍摄的过程中，可方便地观看 HVR－MRC1 的操作状态，无需去

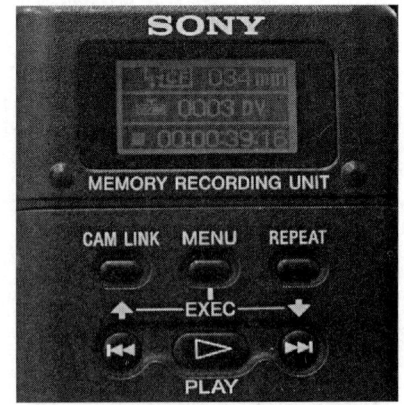

图 8－8　HVR－MRC1 面板

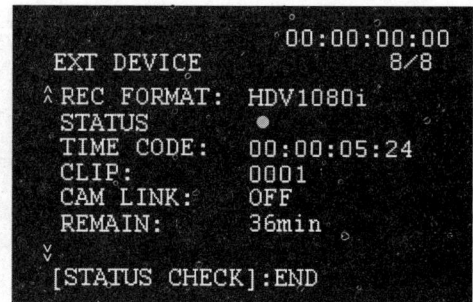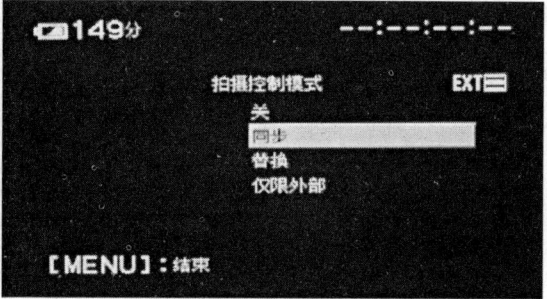

图 8-9　HVR-MRC1 状态显示

看后部的显示面板。

通过 HVR-Z5C 菜单"输入/输出录制"下的"外部拍摄控制"菜单项可以设置以下四种拍摄记录模式，以满足不同操作场合的需要。

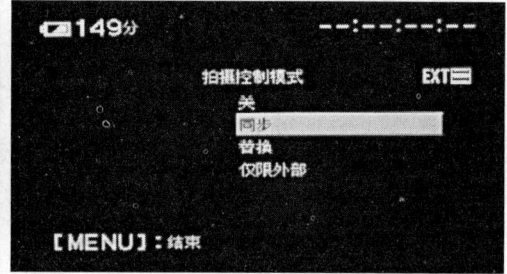

图 8-10　外部拍摄控制菜单及选项

（1）关。这种模式下摄像机不会发送控制信号到记录单元，只采用磁带方式录制。

（2）同步。同步模式下磁带与记录单元同步录制。如果某一方录制系统突发故障，另一方会照常工作，解除了摄像师工作时的后顾之忧。重要内容的录制可以采用这种模式，起到"双保险"的作用。另外，互为备份的记录方式还可以避免素材被误删除。

（3）替换。替换模式又称为接力模式。这种模式下默认将信号记录到磁带，只有当磁带剩余时间少于 5 分钟时才会自动开启记录单元，实现素材的接力录制，因此就算磁带用尽还可以将素材录制到 CF 卡上。有了这种方式，我们就再也不用担心外出拍摄时由于更换磁带而造成的漏拍了。

（4）仅限外部。素材将直接记录到记录单元的 CF 卡中。

因为记录单元实际上是通过摄录一体机的 i.LINK 进行连接的，因此默认情况下它将记录和摄录一体机设置相同的分辨率格式，即都录制高清信号或都录制标清信号。当然，如果摄录一体机设置为录制高清信号，可以将输入/输出录制菜单下的"i.LINK 设定"设为"开"，将 i.LINK 输出配置为经过内置下变换器变换后的标清信号。这样就可以实现磁带录制高清信号，CF 卡记录标清信号，高标清同时记录。下变换模式可以选择挤压或边缘裁剪。

图 8-11　i.LINK 下变换设置

图 8-12(彩图 26)为用上述方式记录的高清和标清画面截图。

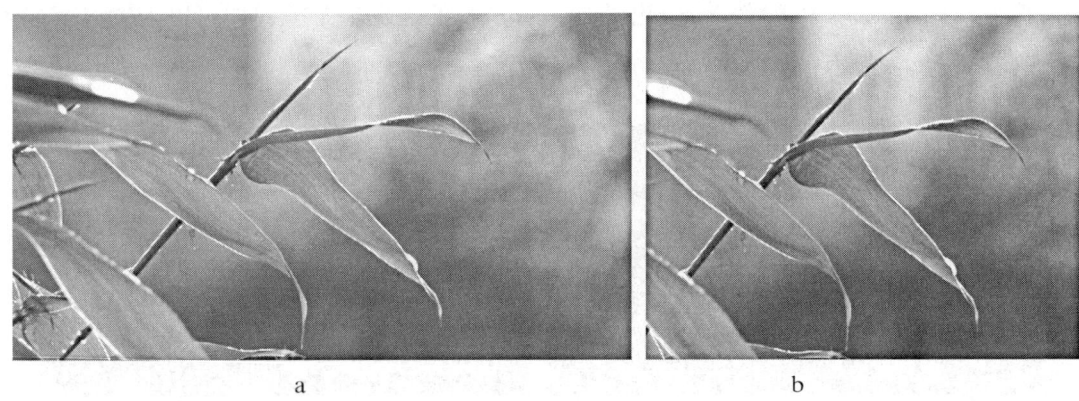

图 8-12　a、b 分别为高清和标清画面截图

▶▶ 8.3　几个特殊功能应用

1. 间隔拍摄

间隔拍摄指的是每隔一段时间拍摄一段图像的记录方式。在纪录片、风光片等的拍摄中，经常需要长时间连续拍摄场景，比如云彩的流动，太阳在一天内的运动等。通常的做法是使摄像机在时间区间内连续拍摄，经后期处理可得到特殊效果。有了间隔记录功能之后，在前期记录时即可制作出流化效果，免去后期制作成本，而且还可以保证每帧画面的清晰度，避免后期处理对画面质量的降低。

Z5C 间隔拍摄的使用方法如下：

在拍摄模式下，打开摄像机菜单，在"摄像机设定"中选中"间隔拍摄"，将其设置为打开状态。

"拍摄时间"指的是每隔一段时间后记录的时间，默认为 0.5 秒，可以根据需要设置为 1 秒、1.5

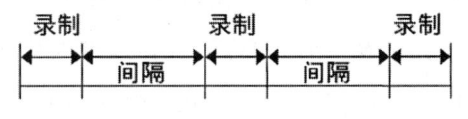

图 8-13　间隔记录的原理示意图

秒或 2 秒。

"间隔时间"指每两次记录之间的间隔时长，默认为 30 秒，可以根据需要设置为 1 分、5 分或 10 分。

设置完毕之后，按 REC START/STOP 按钮，即开始间隔拍摄录制。再次按 REC START/STOP 按钮，则取消间隔拍摄录制。

2. 平稳慢动作拍摄

通常，在一般录制条件下，摄像机无法清晰捕捉高速运动的物体，拍摄出来的画面会出现模糊的现象，使用平稳慢动作拍摄功能可以解决这个问题。对于录制高尔夫或网球挥击等动作，这种方法非常有用。

Z5C 平稳慢动作拍摄的使用方法如下：

在拍摄模式下，打开摄像机菜单，在"摄像机设定"中选中 SMTH SLW REC。

可以用"拍摄定时"项来选择录制启动时间与按下 REC START/STOP 按钮的时刻之间的关系，有起始触发、中央触发和终了触发三种。

"拍摄时间"可以从"3 秒"、"6 秒"和"12 秒"中选择。默认设定为"3 秒"。注意：图像质量会因录制时间的延长而降低。

"触发"设定为开启时，录制会对预设的声音电平而非按下 REC START/STOP 按钮作出响应并自动开启。

"触发水平"可以从高、中和低中选择触发录制的声音电平，默认设定为"高"。

3. 场景转换功能

场景转换（SHOT TRANSITION）功能可实现平滑的自动场景过渡，可以储存对焦、变焦、光圈、增益、快门速度和白平衡的设定，并从当前设定平滑过渡到已储存的设定。例如，可以将对焦从近处对象转换为远处对象，或者通过调节光圈来更改景深。此外，还可以在不同的录制条件下平滑地转换制作场景。如果储存手动调节的白平衡设定，则可在不同的条件下从一个场景平滑地过渡到另一个场景，例如从室内到室外。

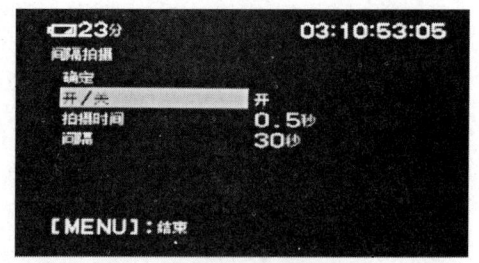

图 8-14　间隔拍摄菜单页

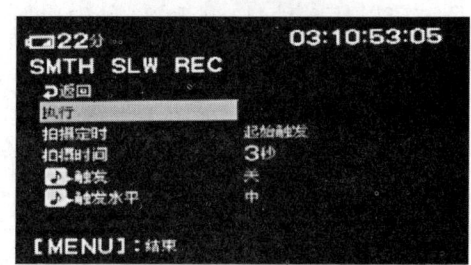

图 8-15　平稳慢动作拍摄菜单页

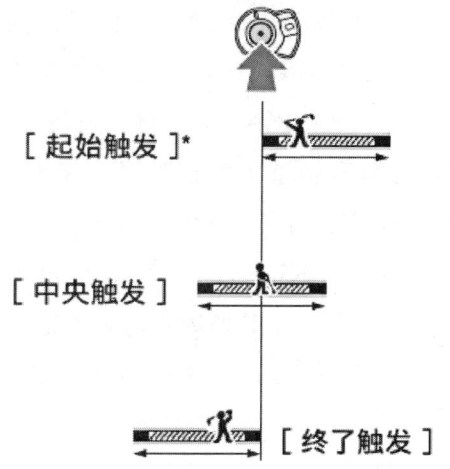

图 8-16　拍摄定时触发模式

Z5C 场景转换的使用方法如下：

在拍摄模式下，打开摄像机菜单，在"摄像机设定"中选中"场景转换"。

"转换时间"可以将过渡时间设定在 3.5 秒到 90 秒之间。默认设定为 4 秒。

"启动定时器"可以设定启动镜头过渡的定时器。可以从 5 秒、10 秒和 20 秒中选择。默认设定为关闭。

使用前，需要在菜单中"ASSIGN BTN（指派按钮）"一项把 SHOT TRANSITION 设置为开，把 ASSIGN4 至 6 指定为 SHOT TRANSITION 按钮。这样 ASSIGN4、5、6 分别被指派为 SHOT TRANSITION、SHOT—A 和 SHOT—B 功能。

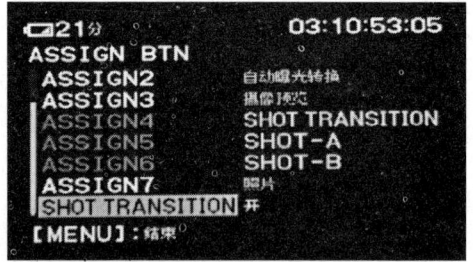

图 8-17 ASSIGN4 至 6 按钮的重新指派

按下 ASSIGN4 按钮，直至出现 STORE 字样，保存 A、B 场景的状态。调整摄像机到某个状态，按下 ASSIGN5 按钮将其设置为 SHOT—A。同样道理，调整摄像机到另一个状态，按下 ASSIGN6 按钮将其设置为 SHOT—B。

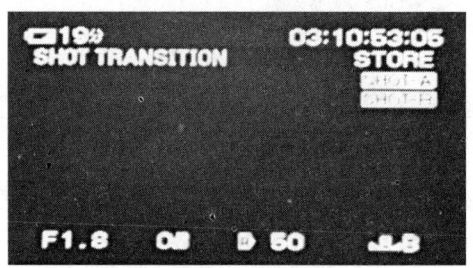

图 8-18 A、B 场景的保存

按下 ASSIGN4 按钮，直至出现 CHECK 字样，可以检查 A、B 场景的设定情况。

按下 ASSIGN4 按钮，直至出现 EXEC 字样，可以开始执行场景转换。

本章作业

实训 1：如何理解 HDV 在 ENG 节目制作中所承担的作用？

实训 2：结合实际，比较 HDV 摄像机与专业摄像机在具体 ENG 制作过程中的区别。

参考文献

张琦、杨盈昀、张远、林正豹:《数字电视中心技术》,北京广播学院出版社 2001 年版。

张琦、杨盈昀等:《电视制播技术》,北京广播学院出版社 2004 年版。

汤姆林森·霍尔曼:《电影电视声音》,华夏出版社 2004 年版。

刘永泗:《影视光线艺术》,北京广播学院出版社 2000 年版。

赫伯特·泽特尔:《电视制作手册》,北京广播学院出版社 2004 年版。

Sony Corporation, *A Guide to Sony Camera Technology*, 2007.

Sony Corporation, *Sony Creative Shooting Tips Issues* 01—10.

Alan Roberts, *Colorimetric and Resolution requirements of Cameras* (Addendum 17).

Paul Wheeler, *High Definition Cinematography (Second Edition)*, Focal Press, 2007.

舒靓、万景春:《高清摄像机调整和使用经验谈》,《影视制作》2009 年第 11 期。

附录

附录1 《环球汉语》剧本(文化纪录片部分)样本

Level One Cultural Topics and Presentation Outline
第一年文化主题以及表现纲要

Specifications:
- 5min cultural segment per unit
- Most interviews are carried out with Cyndy/other language specialists, cast members and crew members from dramatics
- Pool interviews involve selected group of Chinese or non-Chinese people
- There will be occasional interviews with experts in different fields
- Use coverage/B-roll/archival images as needed

Preliminary 前言单元 Welcome to Encounters

Focus: Introduction to the Chinese language

重点:介绍中国语言

"Overview: What is Culture" 概述:什么是文化?

- Interviews & examples (Focus on products, practices, and perspectives; introduce 4 major inventions, compass, gunpowder, paper-making, movable type, as an example of products; find examples of "practices" and "perspectives"); talk about Chinese characters and the history; discuss briefly about hand gestures for numbers.

采访和实例相结合(重点讨论文化产品、文化习俗以及文化概念,把四大发明——指南针、火药、造纸、活字印刷作为对文化产品的介绍;并以实例介绍文化习俗和概念);介绍汉字及其历史;简单讨论数字手势。

Unit 1 第一单元　Greetings and self‑introduction by name and number
　　　　　　　　相识/萍水相逢

Focus：Introductions by name, place of origin, and contact information
重点：通过姓名、籍贯和联系方式进行自我和互相介绍

　　"Culture of Greetings" 打招呼的文化

　　　　● As in Pilot (a series interviews & examples to demonstrate the variety of greetings); discuss the order of first and last name and focus primarily on names in Chinese as a specific of the broader tendency

　　　　和导航片相同（系列采访和实例结合演示不同的打招呼的方式）；讨论姓、名的顺序并以姓名为具体例子延伸到更广的含义

Unit 2 第二单元　Self‑introduction by age, relationship, and e‑mail/mail addresses
　　　　　　　　相知/一见如故

Focus：Introductions by age, birthdate, and contact information：address, e‑mail address. Identify friend, classmate, colleague, teacher, student, neighbor.
重点：通过年龄、生日以及其他联系方式：地址、电子邮箱地址来进行介绍。辨别朋友、同学、同事、老师、学生、邻居

　　"Get to Know Each Other" 相知

　　　　● Interview based-diverse people introducing themselves (accents, dialects, etc.); interviews & examples relating increasing age to increasing status; discuss Chinese Zodiac

　　　　系列采访——操有不同口音的形形色色的人做自我介绍；采访与实例相结合讨论地位随年龄增长而增长；简单介绍中国的生肖属相

Unit 3 第三单元　Making appointments
　　　　　　　　相约/不见不散

Focus：Making an appointment to get together by specifying date and time.
重点：通过具体日期和时间来预约会面

　　"Time & Timeliness" 时间与适时

　　　　● Interviews with non‑Chinese about their observations and experiences of Chinese attitudes about being on time; interviews with Chinese people explaining their daily schedules, highlighting time and timekeeping (paying attention to the diversities between the city and the rural areas).

采访一组在中国的外国人,谈论他们对中国人守时以及时间概念的观察和体会;采访一组中国人,叙述自己的日常生活,重点表现时间概念和计时习惯等(注意兼顾城、乡不同地区)。

Unit 4 第四单元　Self-introduction by nationality and background
相交/相见恨晚

Focus: Introductions by nationality; where born, raised, lived, traveled; languages spoken.

重点:通过国籍、出生地、成长地、居住和旅游过的地方以及所使用的语言来进行自我和相互介绍

"Social Interaction" 社交习俗

- Interviews with non-Chinese about their observations and experiences of Chinese hospitality; demonstrate through name cared the convention of passing things to others with both hands; when and to whom. And discuss the different expectations toward Oversea Chinese and touch on issues regarding self-identity.

采访在中国的外国人,谈论他们对中国人热情好客的印象和经历;以递送名片为例延伸介绍何时、对谁需要双手递物等礼节;讨论对外籍华人的不同期待并探讨有关身份认同的问题。

Unit 5 第五单元　Talking about family and friends
家庭/亲朋好友

Focus: Introductions to family members (real and by extension)

重点:介绍家庭成员(包括亲戚)

"Changing Families" 改变中的家庭

- Compare/contrast traditional and modern family life in China (people with family pictures talk about changes, with footage showing multigenerational family contrasted with modern "nuclear" family unit); using Tomb Sweeping Day as example to explore the connection to tradition; discuss the concept of Guanxi and talk about kinship & friendship-addressing someone as a form of greeting.

对比中国的传统家庭和现代家庭的不同模式(以大家庭的照片为背景,人们谈论家庭模式的变化,用素材对比老式大家庭以及现代核心家庭);以清明节为例探讨现代人与传统的联系;讨论关系的概念以及亲属关系和友情——有时称谓本身可以作为打招呼的方式。

附录2 《环球汉语》拍摄脚本样本

《环球汉语》第11集脚本
ENCOUNTERS
Episode Eleven

(注:加黑的是教学语言点。Note:Model dialogues are in bold.)

1-1 北京/街头 晨 外 EXT. DAY BEIJING STREET(Series)

清晨,北京又迎来了新的一天。马路上车流不断,上班、上学的人们行色匆匆。
The early morning ushers in a new day in Beijing. Vehicles are shuttling on the road. People heading to work or school are busy on their way.

肩背帆布包的米克,骑着自行车,也加入了这个拥挤、喧闹的清晨交响曲。
米克的自行车所经之处,除了看到匆匆赶路的上班族外,还可以见到路边晨练的中老年人,他们三人一堆,五人一伙,不是打太极拳,就是舞剑,再就是打着腰鼓扭秧歌……也有一些老人手里提着鸟笼,站在路边的树下互相交谈……
Carrying a canvas bag on his back, Mick, on his bike, rides into the hustling and ablare symphony of the morning. On his bike, Mick passes people hurrying to work as well as senior and middle aged citizens doing morning excises—they are in groups of three or five, playing shadow boxing; performing swordplay; or dancing the Yangko (a traditional folkdance) while beating waist drum…. Some are enjoying conversation under the roadside trees, with bird cages in their hand…

1-2 北京/茶馆 晨 外 EXT. DAY BEIJING TEAHOUSE

一只鸽子掠过,轻轻地落在灰瓦的房顶上。米克的自行车停在一处老北京四合院前,这里是一处茶馆。
A pigeon flies by and gently lands on the grey—tiled roof. Mick's bike stands in front of at-

raditional Beijing courtyard house, which is now a teahouse.

1-3　北京/茶馆 晨 内 INT. DAY　BEIJING TEAHOUSE

一对国外装束的年轻夫妇手里拿着一本小册子，满脸狐疑地听着服务员用生硬的英语作着解释。

Holding a brochure, a foreign young couple is listening to the waitress' explanation inawkward English. They have a confused look on their face.

>   Waitress
>   服务员
>
>   The tea you are having is very famous in China....
>   您喝的这茶叶是中国非常有名的茶……

年轻妻子打断她。
The young wife interrupts her.

>   Wife
>   年轻妻子
>
>   The tea tastes too light. Is it genuine Chinese tea?
>   这个茶叶的味道太淡了，是真正的中国茶叶吗？

米克上前。
Mick comes forward.

>   Mick
>   米克
>
>   It is made of tea leaves picked before Pure Brightness Festival and thus called Pre-Pure Brightness tea. And its color and taste are not very strong. In China, there is a saying that tea, like the life, should be appreciated with peace of mind and tasted very carefully.
>   这是清明前采的茶叶，叫明前茶，颜色和口感都没有那么浓，在中国有这么一句话，茶如人生，需要静心体会和细细品味。

米克向他们展示沏茶、品茶的过程。年轻夫妇依照米克的示范，品完茶之后，微笑点头。
Mick then demonstrates the procedure to brew and taste the tea. Following Mick's example, the couple tastes the tea and smiles affirmatively afterwards.

1-4 北京/茶馆 日 内 INT. BEIJING TEAHOUSE

米克坐在靠窗的座位上,他身后的墙上挂着一幅中国地图,旁边贴着来自世界不同地区的旅游者的相片。

Mick seated himself by the window. A Chinese map, accompanied by photos of travelers from all over the world, hung on the wall behind him.

米克打开帆布书包,从里面拿出一块茶砖、几盘录像带,及几摞相片。散落在桌上的相片里,最上面的一张是一个年轻的白人姑娘。米克面色凝重地拿起这张相片,陷入了对往事的回忆。

He opens the canvas bag, takes out a brick tea, several videotapes and stacks of photos. A white girl's photo is on the top of scattered photos on the table. With a dignified look, Mick picks the photo and falls into memories of the past.

附录3 《环球汉语》拍摄场景表(样表)

```
CAST MEMBERS
   1. Mick 米克                    9. Ah-Long 阿龙                  17. Xiao Fei's Mother 小飞母
  1A. Mick V.O 米克画外音          9A. Ah-Long V.O 阿龙画外音         18. Ah Juan's Father 阿娟父
   2. Lynn 琳                     10. Tang Yuan 唐远                19. Ah Juan's Mother 阿娟母
   3. Li Wen 李雯                 11. Ah Juan 阿娟                  20. Xiao Mao's Father 小毛父
  3A. Li Wen V.O 李雯画外音        12. Tang Yuan's Father 唐远的父亲  21. Xiao Mao's Mother 小毛的妈妈
   4. Chen Feng 陈峰               13. Tang Yuan's Mother 唐远的妈妈  22. Tom 汤母
   5. Alejandro 阿莱汉多            14. Xiao Mao 小毛                 23. Master Yao 姚师傅
   6. April 艾波茹                14A. Xiao Mao V.O 小毛画外音       23A. Master Yao V.O 姚师傅画外音
   7. Prof. Yang 杨教授            15. Chen Xiao Fei 陈小飞           24. Zhao Yong Gang's Daughter 赵永刚的女儿
   8. Zhao Yong Gang 赵永刚        16. Principal Zhang 张校长
```

拍摄场景中人物编号对应表

Scheduled

ENCOUNTRE SHOOT SCHEDULE-PRINT DATE(发表日期)- 5TH MAY　环球汉语拍摄计划

BEIJING # 1　SCHEDULE　北京 # 1部分计划

MAY SHOOT SCHEDULE　五月拍摄计划

A 4-3 　　EXT	Day 6/8	Beijing University Campus 北京的大学校园 Prof. Yang a little bit worry about Chen Feng. 杨教授有些担忧陈峰	4, 7	Beijing University 传媒大学
A 18-7 　　EXT	Day 3/8	Beijing University Campus 北京的大学校园 Chenfeng and Prof. Yang play Tai Chi. 陈峰和杨教授在打太极.	4, 7	Beijing University 传媒大学
A 19-7 　　EXT	Day 6/8	Beijing University Campus 北京的大学校园 Chenfeng and Prof. Yang play Taiji. 陈峰和杨教授打太极	4, 7	Beijing University 传媒大学
A 19-7cont 　　EXT	Day 3/8	Beijing University Campus 北京的大学校园 Chenfeng and Prof. Yang work out with Tai Chi again. 陈峰和杨教授又在打太极.	4, 7	Beijing University 传媒大学
A 19-7cont 　　EXT	Day 2/8	Beijing University Campus 北京的大学校园 Chenfeng and Prof. Yang finish TaiChi. 打完太极	4, 7	Beijing University 传媒大学
A 3-16 　　INT/EXT Standby 备场	Day 1/8	Beijing University Classroom/Outside 北京的大学电视制作课教室/监控室内外 Chenfeng remembers his own times… 陈峰想起了以前的时光	4, 7	Beijing University 传媒大学

每天拍摄场景表

A 3-18 　　EXT Standby 备场	Day 4/8	Beijing University Classroom/Outside 北京的大学电视制作课监控室外 Li Wen tells Chen Feng she will for Beijing the day after tomorrow. 李雯告诉陈峰她后天可以去北京了	3A, 4	Beijing University 传媒大学
A 3-20 　　INT	Day 5/8	Beijing University Prof. Yang's Office 北京大学杨教授办公室 Chenfeng is not completely convinced by Prof. 陈峰没有被杨教授说服	4, 7	Beijing University 传媒大学
A 14-4 　　INT	Day 4/8	Beijing University Prof. Yang's Office 北京大学杨教授办公室 Prof. Yang and Chenfeng play the chess. 杨教授和陈峰下棋	4, 7	Beijing University 传媒大学
A 14-4cont 　　INT	Day 6/8	Beijing University Prof. Yang's Office 北京大学杨教授办公室 Prof. Yang and Chenfeng finish the game. 杨教授和陈峰结束棋局	4, 7	Beijing University 传媒大学
B 15-10 　　EXT	Day 6/8	Beijing Sports Venue 北京某体育馆 Xiaomao and his colleague go to play in a sport venue. 小毛和他同事去打球	14	Beijing University 传媒大学
B 8-10 　　INT	Day 1	Xi'An Zhao Yong Gang Home 西安赵永刚家 Introduce Zhao's daughter. 介绍赵永刚的女儿	8, 24	Xi'An 西安
C 　　EXT	Day	Beijing University Campus 北京的大学校园 Cindy introduces about the unversity. 唐星怡介绍大学校园		Beijing University 传媒大学

End Day # 1 2009年5月21日 星期四 -- Total Pages: 6 6/8

A 2-9 　　INT	Day 2/8	Beijing Chen Feng's Firm/Chen Feng's Office 北京陈峰办公室 Chen Feng and Xiao Mao chatting each other. 陈峰和小毛聊天.	4, 14	Beijing Company 向上映画
A 2-15 　　INT	Day 4/8	Beijing Chen Feng's Firm/Chen Feng's Office 北京陈峰办公室 Xiao Mao ask Chen Feng when he's marry? 小毛问陈峰什么时候结婚	4, 14	Beijing Company 向上映画

每天拍摄场景表

附录4　《环球汉语》拍摄团队联系表（样表）

Encounters

环球汉语

Crew List

工作人员表

as at March, 16th, 2009

从2009年3月16日起

TO CALL CHINA FROM US

COUNTRY CODE: 86

BEIJING AREA CODE: 10

CELLPHONE: +86 THEN MOBILE NUMBER (AREA CODE NOT NEEDED)

LANDLINE:

从美国拨打中国

国家代码: 86

北京地区代码: 10

拨打手机: +86 然后加拨手机号码（不需要加地区代码）

拨打座机电话:

TO CALL US FROM CHINA

COUNTRY CODE: 1

AREA CODE: 803

CELLPHONE: +803 THEN MOBILE NUMBER (AREA CODE NOT NEEDED)

LANDLINE:

从中国拨打美国

国家代码: 1

地区代码: 803

拨打手机: +803 然后加拨手机号码（不需要加地区代码）

拨打座机电话:

制片人组 PRODUCERS

总执行制片人
Executive Producer   E

美方制片人
Producer   E

美方制片人   M
Producer   E

制片人   M
Producer   E

制片人   M
Producer   E

外文局顾问   M
CIPG Advisor

制片人助理   M
Producer Assistant   E

制片人翻译兼助理   M
Translator & Producer Assistant E

学术专家组 ACADEMIC SPECIALISTS

作者, 语言顾问
Lead Author, Language Advisor   E

语言顾问
Language Advisor   E

语言顾问
Language Advisor   E

语言顾问
Language Advisor   E

文化顾问
Cultural Advisor   E

语言顾问   M
Language Advisor

导演组 DIRECTOR'S UNIT

A 组导演
A Crew Director   E

B 组导演
B Crew Director   E

C 组（文化纪实片）导演
C(Cultural Segment)   E
Crew Director

第一副导演   M
1st Assistant Director   E

第二副导演   M
2nd Assistant Director   E

演员副导演   M
Casting Director   E

A 组场记   M
A crew script supervisor   E

B 组场记   M
B crew script supervisor   E

制片组 PRODUCTION

美方制片协调人
Production Coordinator   E

制片主任   M
Production Manager   E

副制片主任   M
Vice Production Manager   E

文化纪录组制片主任   M
Cultural Segment   E
Production Manager

统筹   M
Production Coordinator   E

现场制片   M

中文	英文	标记
	Key Set PA	E
场地经理		M
	Location Manager	E
交通协调及生活制片		M
	Head of Transportation & Production Assistant	
上海外联		M
	Shanghai Location	E
阳朔外联		M
	Yangshuo Location	
会计		M
	Accountant	E
场务		M
	PA	
场务		M
	PA	

摄影组 CAMERA

中文	英文	标记
A 组摄像		
	Director of Photography	E
B 组摄像		E
	Director of Photography	
C 组摄像		M
	Director of Photography	
摄影助理		M
	Camera Assistant	E
摄影助理		M
	Camera Assistant	E

录音组 SOUND

中文	英文	标记
录音师		
	Sound Recorder	E
录音师		M
	Sound Recorder	
录音助理		
	Sound Assistant	
录音助理		
	Sound Assistant	
录音助理		M
	Sound Assistant	

灯光组 LIGHTING

中文	英文	标记
灯光师		M
	Gaffer	E
照明协调		M
	Lighting－Coordinator	E
照明		M
	Electrician	
照明		M
	Electrician	
照明		M
	Electrician	
照明		M
	Electrician	
照明		M
	Electrician	
照明		M
	Electrician	

美术组 ART DEPARTMEN

中文	英文	标记
美术师		M
	Art Director	E
美术师		M
	Art Director	E

| 副美术 | M |
| Asst. Art Director | |

道具组 PROPS

道具	M
Propmaster	E
道具	M
Propmaster	E
道具	M
Propmaster	E
道具	M
Propmaster	

服装组 COSTUME DEPARTMENT

服装设计	M
Wardrobe Designer	E
服装助理	M
Wardrobe Assistant	

化妆及发型 MAKEUP & HAIR

化妆	M
Artist	E
化妆助理	M
Artist Assistant	

翻译 TRANSLATIOR

翻译	M
Translator	E
翻译	M
Translator	E

交通组 TRANSPORTATION

| 司机 | M |
| Driver | |

演员组 CAST

艾波茹	
April	E
阿莱汉多	
Alejandro	E
陈峰	M
Chen Feng	E
李雯	M
Li Wen	E
米克	M
Mike	E
琳	M
Lynn	E
小毛	M
Xiao Mao	E
小飞	M
Xiao Fei	E
唐远	M
Tang Yuan	E
阿娟	M
A—Juan	E
杨教授	M
Prof. Yang	
赵永刚	M
Zhao Yonggang	E
阿龙	M
A—Long	
Tom	M
Tom	E

附录5 《环球汉语》拍摄大计划手稿(样式)

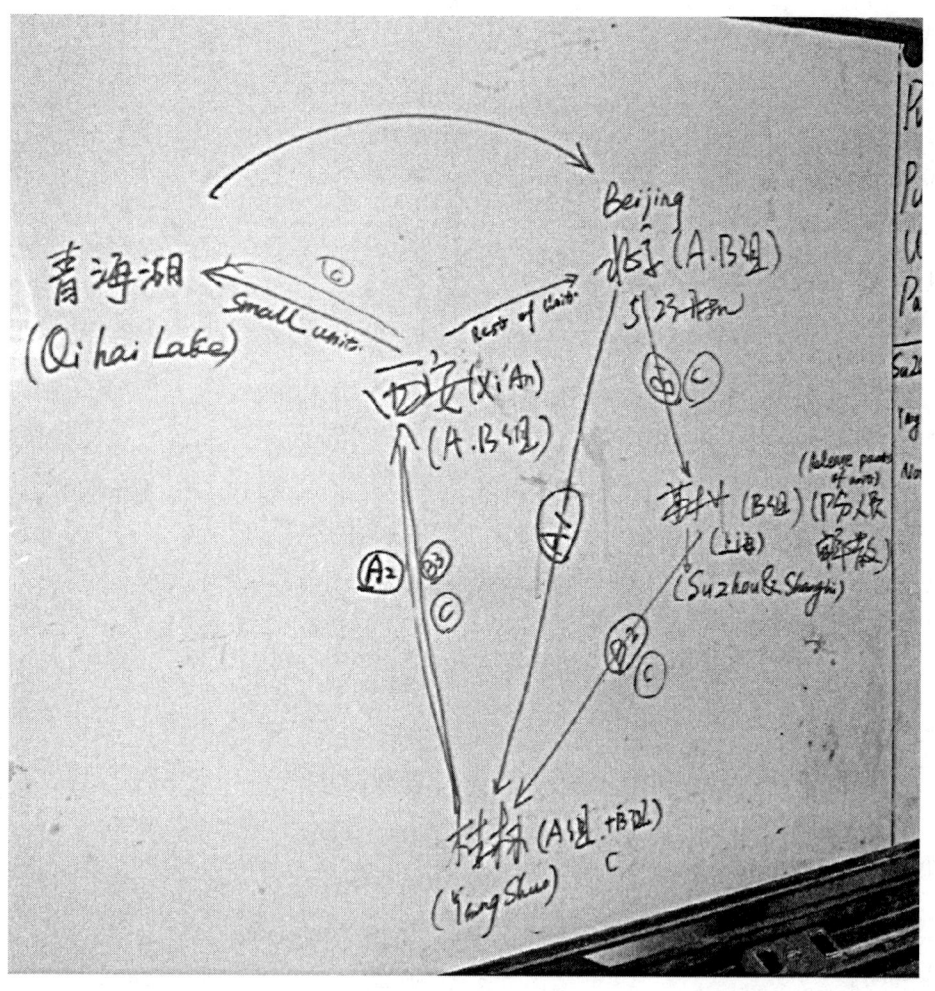

上图是《环球汉语》剧组主创团队根据项目本身特点制订的整个拍摄大计划方案图。

整个项目共分为A、B、C三个摄制组,其中A组和B组负责故事片的拍摄工作,分别完成不同的城市场景拍摄工作,C组负责整个项目纪录片的拍摄工作。三组先同时在北京拍摄,然后从北京出发,将各自的场景拍摄结束后再回到北京,一起拍摄故事的大结局,从而结束整个项目的前期拍摄工作。

附录6 《环球汉语》拍摄大计划表（样表）

2009年6月

■UnitB/C B/C组　■Cast and Main Crew Travel 演员和主创转点　■Hold days 休整　■Equipment truck travel 器材车转点　■Unit A A组

星期日	星期一	星期二	星期三	星期四	星期五	星期六
31 Unit A-Beijing Shoot A组北京拍摄 Unit B/C-travel to Su…in B/C组火车转点苏州	1 Unit B/C-Suzhou Shoot B/C组苏州拍摄 Unit A Equipment Truck-travel to Yangshuo A组装备材料车转点阳朔 Unit B-Prep/Scout Suzhou B组看景筹备	2 Unit C-Shoot interview C组拍摄采访 Unit A Crew Travel to Yangshuo A组人员转点阳朔 Unit B-Rehearsal B组彩排	3 Unit A Main Crew-Prep/Scout Yangshuo A组主创看景/筹备	4 Unit A-Rehearsal with cast A组与演员彩排	5	6 Unit A-Hold/OFF A组休整
7 Unit A-Yangshuo Shoot A组阳朔拍摄 Unit B/C-Yangshuo Shoot B/C组阳朔拍摄	8 Unit B/C-Shanghai Shoot B/C组上海拍摄 Unit B/C-travel to Y…东机场转点阳朔车转点上海	9 Unit B/C-Yangshuo Shoot B/C组阳朔拍摄	10 Unit A Main Crew-Tr…shuo A组主创转点阳朔	11	12	13 Unit B-Hold/OFF B组休整
14 Unit A-Yangshuo Shoot A组阳朔拍摄 Unit B/C-Yangshuo Shoot B/C组阳朔拍摄	15 Unit A-Xi'An Shoot A组西安拍摄	16 Equipment Truck-Travel to Xi'An A组车转点西安	17 Unit A/B/C Crew-Travel to Xi'An By Train A/B/C组工作人员坐火车转点西安 Unit A/B/C Main Cre A/B/C组主创坐飞机转点西安	18 Unit A-Prep/Scout Xi'An A组西安看景/筹备	19 Unit B/C-Hold/OFF 休整	20 Unit A-Xi'An Shoot B/C组西安拍摄
21 Unit A-Xi'An Shoot A组西安拍摄	22	23 Unit B Equipment Truck-Travel to Qinghai Lake B组器材车转点青海湖 Unit A Equipment Truck-Travel to Beijing A组器材车转点北京	24 Unit B/C-Prep/Scout Qinghai Lake B/C组青海湖看景筹备 Unit A-Prep/Scout Beijing A组北京筹备	25 Unit B MainB组主创飞机转点青海湖 Unit A MainA组主创飞机转点北京 Unit B Cre.B组工作人员飞机转点西安	26 Unit B/C-Qinghai Lake Shoot B/C组青海湖拍摄 Unit A-Hold/OFF A组休整	27 Unit B/C-Qinghai Lake B/C组青海湖拍摄
28 Unit A-Beijing Shoot A组北京拍摄 Unit B/C-Qinghai Lake Shoot B/C组青海湖拍摄	29 Unit B/C-Travel to Beijing B/C组飞机转点北京	30 Wrap Out-All Crew and Per Release Dates杀青及后续工作	1	2	3	4

附录7 《环球汉语》每天拍摄计划表(样表)

ENCOUNTERS 环球汉语

CALLSHEET 通告单

FRIDAY 22nd MAY 2009 五月二十二日 星期五
Shooting Day 1 of 34 (not including travel days), Week 1
拍摄第1周，共34天(不包括转景日数) 之第1天

DIRECTOR 导演: A Crew Director — David Merray
A组导演 — 大卫·莫里
B Crew Director — Mike Brown
B组导演 — 迈克·布朗
C Crew Director — Hugo Krispyn
C组导演 — 雨果·克里斯品

PRODUCERS 制片人: Xiao Yu — 于晓
Jeff Liu — 刘杰锋

EXECUTIVE PRODUCER: David Merray — 大卫·莫里
执行制片人:

LINE PRODUCER: Tom Sherer — 汤姆·舍若
制片协调人

PRODUCTION MANGER: A Crew — Wang Hong
制片主任 A组 — 王鸿
B Crew — Lee Ivan
B组 — 李一凡
C Crew — Wang Qi Han
C组 — 王其寒

LOCATION 拍摄场地: CUC 中国传媒大学

TRAVEL TIME 行车时间:
Jin Long Tan Hotel 金龙潭饭店   90 min 分钟(to location 到) CUC 传媒大学
Fu Te Bao Hotel 福特宝酒店   90 min 分钟(to location 到) CUC 传媒大学

WEATHER 天气: Sunny / 晴
Temp. 温度: 摄氏 28°C / 19°C
Sunrise 日出: 4:53
Sunset 日落: 19:29

** YOU MUST WEAR YOUR ENCOUNTER BADGE WHEN WORKING ON THE STAGE **
** 在现场工作时必须戴上《环球汉语》工作证 **

ALL CALL TIMES ARE ON LOCATION
所有通告均为到现场时间

UNIT 组别:	A	B
CREW CALL: 大通告	0800	0700
UNIT CALL: 场务	0630	0630
LIGHT'G/GRIP CALL: 灯光/机械	0630	0630
CAMERA CALL: 摄影	0800	0700
SOUND CALL: 录音	0630	0700
COSTUME CALL: 服装	0630	0630
MU/HAIR CALL: 化妆	0630	0630
ART/PROPS CALL: 美术/道具	0630	0630
SFX CALL: 特效	0630	0630
BREAKFAST: 早餐	ON SET 现场	ON SET 现场
LUNCH: 午餐	1200	1200
SUPPER: 晚餐	CEREMONY DINNER@CUC 开机宴	CEREMONY DINNER@CUC 开机宴
ESTIMATED WRAP: 预计收工时间	1915	1500

PRODUCER 制片人	Xiao Yu 于晓
POC 制作统筹	Tom Sherer 汤姆·舍若
P M - C C组制片主任	Wang Qi Han 王其寒
A Unit - A.D 副导	Nora Wang 王小姐
B Unit - A.D 副导	Era Ji 纪光

POC 统筹   Crystal Gong 宫淳

UNIT A --- A 组

Sc No. 场号	D/N 日/夜	Int/Ext 内/外	Pgs 页数	Set 场景	Description 故事大纲	Character 角色	Estimated Time 预计时间	Location 拍摄地点
3-15B	D/日	Ext/外	1/8	Beijing University Campus 北京的大学校园	Chenfeng enters building. 陈峰走进大楼	陈峰	0830-0850	CUC 传媒大学
3-16 Pt	D/日	Int/内	1/8	Beijing University Corridor 北京的大学走廊	Chenfeng remembers his own times. 陈峰想起了以前的时光	陈峰	0945-	
3-18	D/日	Int/内	4/8	Beijing University Corridor 北京的大学走廊	Li Wen tells Chen Feng she will for Beijing the day after tomorrow. 李雯告诉陈峰她后天可以去北京了	陈峰	1130	
3-20	D/日	Int/内	5/8	Prof. Yang's Office 北京大学杨教授办公室	Chenfeng is not completely convinced by Prof. 陈峰没有被杨教授说服	陈峰 杨教授	1200-	
14-4	D/日	Int/内	4/8	Prof. Yang's Office 北京大学杨教授办公室	Prof. Yang and Chenfeng play the chess. 杨教授和陈峰下棋	陈峰 杨教授		

Sc No. 场号	D/N 日/夜	Int/Ext 内/外	Pgs 页数	Set 场景	Description 故事大纲	Character 角色	Estimated Time 预计时间	Location 拍摄地点
				北京大学杨教授办公室	杨教授和陈峰下棋			
4-3	D/日	Ext/外	6/8	Beijing University Campus 北京的大学校园	Prof. Yang a little bit worry about Chen Feng. 杨教授有些担忧陈峰	4陈峰 7杨教授	1530 –	
18-7	D/日	Ext/外	3/8	Beijing University Campus 北京的大学校园	Chenfeng and Prof. Yang play Tai Chi. 陈峰和杨教授在打太极.	4陈峰 7杨教授		
19-7	D/日	Ext/外	6/8	Beijing University Campus 北京的大学校园	Chenfeng and Prof. Yang play Taiji. 陈峰和杨教授在打太极.	4陈峰 7杨教授		
19-7A	D/日	Ext/外	3/8	Beijing University Campus 北京的大学校园	Chenfeng and Prof. Yang work out with Tai Chi again. 陈峰和杨教授又在打太极	4陈峰 7杨教授		
19-7B	D/日	Ext/外	2/8	Beijing University Campus 北京的大学校园	Chenfeng and Prof. Yang finish TaiChi. 打完太极	4陈峰 7杨教授	-1915	CUC 传媒大学

Total Page Count – 5 1/8 pgs 总页数 – 5 1/8 页

UNIT B --- B 组

Sc No. 场号	D/N 日/夜	Int/Ext 内/外	Pgs 页数	Set 场景	Description 故事大纲	Character 角色	Estimated Time 预计时间	Location 拍摄地点
3-15A	D/日	Ext/外	1/8	Beijing University Campus 北京的大学	Establishing shots 校园的空镜头		0715 – 1045	CUC 传媒大学
15-10	D/日	Int/内	6/8	Beijing Sports Venue 北京某体育馆	Xiaomao and his colleague go to play in a sport venue. 小毛和他同事去打球.		1100 — 1145	
8-10	D/日	Int/内	5/8	Xi'An Zhao Yong Gang Home 赵永刚家	Introduce Zhao's daughter. 介绍赵永刚的女儿	8赵永刚 24赵永刚女儿	1230 – 1500	CUC 传媒大学

Total Page Count – 1 4/8 pgs 总页数 – 1 4/8 页

ST 状态	ID 编号	Character 角色	Cast 演员	Pick-up Time 出发时间	Blocking 走位	MU/Costume 梳化/服装	On Set 到现场	Remarks 备注
	4	Chen Feng 陈峰	Xu Ruihan 徐睿涵	与大队出发	--	0730	0810	
	7	Prof. Yang 杨教授	Zou Hewei 邹赫威	MOW自到现场		1030	1130	0930到场参加开机仪式
	8	Zhao Yong Gang 赵永刚	Li Yatian 李亚天	MOW自到现场		1100	1230	
	24	Zhaoyonggang's Daughter 赵永刚的女儿	Li Xuening 李雪宁	MOW自到现场		1100	1230	
		Students * 8 学生8 — Uint A (A组)		MOW自到现场	--	0730	0810	
		Xiao Mao's colleague #1 小毛同事 #1		MOW自到现场	--	0715	0800	
		Xiao Mao's colleague #2 小毛同事 #2		MOW自到现场	--	0715	0800	
		Students * 30 学生 30 — Uint B (B组)		MOW自到现场	--	0630	0800	

UNIT C C组 Guided Segment @ CUC w/ Cindy 传媒大学拍摄，演员：唐星怡
BTS & Coverage on A Unit sets 拍摄A组花絮

PRODUCTION 制作部

ART/PROPS 美术/道具 Pro Yang's office logo, tea-set, bigger ceramic cups, textbook, battledore and ball, snacks, traditional Chinese drawing, handwriting of a calligrapher, ancient instrument
杨教授办公室的牌子、茶具、大点的紫砂杯、上课教材、羽毛球一套、食品摊子、中国山水画、书法、古琴

COSTUME 服装

MAKEUP 化妆

UNIT & LOCATION 场务及外联

REMARKS 备注 Ceremony @ CUC @ 09:30AM 上午九点半在传媒大学举行开机仪式
Ceremony Dinner @ CUC After Wrap 收工后开机宴

ADVANCE SCHEDULE 下一拍摄日通告：

SATURDAY 23 MAY 2009 五月二十三日 星期六

UNIT A --- A 组

Sc No. 场号	D/N 日/夜	Int/Ext 内/外	Pgs 页数	Set 场景	Description 故事大纲	Character 角色	Location 拍摄地点
2-9	D/日	Int/内	2/8	Beijing Chen Feng's Firm/Chen Feng's Office 北京陈峰办公室	Chen Feng and Xiao Mao chatting each other. 陈峰和小毛聊天.	4陈峰 14 小毛	BJ Film Studio 向上映画
2-15	D/日	Int/内	4/8	Beijing Chen Feng's Firm/Chen Feng's Office 北京陈峰办公室	Xiao Mao ask Chen Feng when he's marry? 小毛问陈峰什么时候结婚	4陈峰 14 小毛	
3-13	D/日	Int/内	4/8	Beijing Chen Feng's Firm/Chen Feng's Office 北京陈峰办公室	Chen Feng realize he will has lunch with Prof. 陈峰才想到今天要和杨教授吃午餐.	4陈峰 14A 小毛VO	

Sc No.	D/N	Int/Ext	Pgs	Set	Description	Character	Estimated Time	Location
9-6	D/日	Int/内	6/8	Beijing Chen Feng's Firm/Chen Feng's Office 北京陈峰办公室	Chen Feng don't accept Xiao Mao's advice. 小毛把陈峰拉出去 陈峰不接受小毛的建议	4陈峰 14 小毛		
10-11	D/日	Int/内	1 2/8	Beijing Chen Feng's Firm/Chen Feng's Office 北京陈峰办公室	Xiao Mao quit the job. 小毛辞职	4陈峰 14 小毛		
10-12cont	D/日	Int/内	1/8	Beijing Chen Feng's Firm/Chen Feng's Office 北京陈峰办公室	Chen Feng is so lonely. 陈峰孤独而迷茫	4陈峰		
11-4	D/日	Int/内	3/8	Beijing Chen Feng's Firm/Chen Feng's Office 北京陈峰办公室	Chen Feng's company is in a difficult financial condition. 陈峰公司财务状况出现问题	4陈峰		
12-1	D/日	Int/内	4/8	Beijing Chen Feng's Firm/Chen Feng's Office 北京陈峰办公室	Chenfeng and the manager discuss a loan for the firm. 讨论贷款的事情	4陈峰		
15-6	D/日	Int/内	4/8	Beijing Chen Feng's Firm/Chen Feng's Office 北京陈峰办公室	No money pay for the employees. 没钱付工资了	4陈峰		
13-7	D/日	Int/内	1/8	Beijing Chen Feng's Firm/Chen Feng's Office 北京陈峰办公室	Prof. Chenfeng is working at office. 陈峰在工作室工作	4陈峰		

Total Page Count – 5 5/8 pgs 总页数 – 5 5/8 页

UNIT B --- B 组

Sc No. 场号	D/N 日/夜内/外	Int/Ext 内/外	Pgs 页数	Set 场景	Description 故事大纲	Character 角色	Estimated Time 预计时间	Location 拍摄地点
9-2	M/晨	Ext/外	6/8	Beijing Breakfast Stall 北京早点铺	Li Wen buys breakfast. 李雯买早点			WaiGuanXie Jie 外管斜街
6-8	D/日	Ext/外	1 3/8	Beijing Sports Venue 北京某体育馆	Xiao Fei asks old lady how to go to Chen's company. 小飞问路.	15 陈小飞		
6-2	D/日	Int/内	1 3/8	Beijing Railway Station Square 北京火车站广场	Xiaofei arrives Beijing. 小飞出场	8赵永刚 24赵永刚女儿		

Total Page Count – 3 4/8 pgs 总页数 – 3 4/8 页

(DIRECTOR) UNIT A
A组导演

(DIRECTOR) UNIT B
B组导演

(DIRECTOR) UNIT C
C组导演

(DIR. of PHOTOGRAPHY /) UNIT A
A组摄影师

(DIR. of PHOTOGRAPHY /) UNIT B
B组摄影师

(PRODUCTION MANGER) UNIT A
A组制片主任

(PRODUCTION MANGER) UNIT B
B组制片主任

(PRODUCTION MANGER) UNIT C
C组制片主任

/ (PRODUCER)
制片人

PROD. DESIGNER
美术

ASSISTANT DIRECTOR UNIT A
A组副导演

ASSISTANT DIRECTOR UNIT B
B组副导演

(HEAD of MAKEUP & HAIR)
化妆发型指导

(COSTUME)
服装

(PROP)
道具

(GAFFER)
照明师

(SOUND RECORDER) UNIT A
A组录音师

(SOUND RECORDER) UNIT B
B组录音师

附录8 《环球汉语》项目预算表(样表)

Encounters Production Budget 环球汉语摄制组预算

No 编号	SUBJECT 分类科目	QUANTITY 数量	MONTH/DAY 月/天	UNIT PRICE 单价	COMB. AMOUNT 合计	PAID 支出	REMAINING BALANCE 余额
1100	**MEALS 餐费**						
	Script Discuss Meals 剧本讨论餐费						
	Location Scouting Meals 采景餐费						
	Casting Selection Meals 选演员餐费						
	Pre-Production Working Meals 办公室前期餐费						
	Research Meals 体验生活餐费						
	Pre-Production Art Dept.Meals 前期美/服/道/化/置景餐费						
	Film Testing Meals 开机前试片人员餐费						
	Pre-shoot Crew Prayer Ceremony Meals 全组开机前集中餐费						
	Public Relations Entertainment Meals 公关招待餐费						
	Production Catering 拍摄餐费						
	Business Trip Catering 拍摄出差工作餐费						
	VIP Catering 特殊人员餐费						
	Extras Meals 群众演员餐费						
	Pre-Production Foreign Crew Meals 外方前期餐费						
	Post Crew Meals 后期人员餐费						
	Sub Total 小计:						
1200	**ACCOMMODATION 住宿费**						
	Script Meeting Accomodation 剧本讨论住宿费						
	Location Scouting Accommodation 采景住宿费						
	Casting Accommodation 选演员住宿费						
	Pre-Production Office Accommodation 办公室前期住宿费						
	Research Accommodation 体验生活住宿费						
	Pre Art Dept. Accommodation 美/服/道/化/置景前期住宿费						
	Orientation Whole Crew Accommodation 全组开机前集中住宿费						
	Production Accommodation 全组拍摄住宿费						
	Depts Working Studio Rental 制/导/摄/美/服/道/化工作间租赁费						
	Business Trip Accommodation 拍摄出差工作住宿费						
	VIP Accommodation 特殊人员住宿费						
	Extras Accommodation 群众演员住宿费						
	Pre Foreign Crew Accommodation 外方前期住宿费						
	Post Crew Member Accommodation 后期人员住宿费						
	Sub Total 小计:						
1300	**TRANSPORTATION 交通费**						
	Script Meeting Transportation 剧本讨论交通费						
	Location Scouting Transportation 采景交通费						
	Research Transportation 体验生活交通费						
	Pre Art Dept Transportation 服/道/化/置景前后期交通费						
	Location Crew Transportation 全组出外景往返交通费						
	Business Trip Transportation 拍摄期出差工作交通费						
	Extras Transportation 群众演员交通费						
	Locations Manager Transportation 外联交通费						
	Film Stock Processing Transportation 胶片冲洗送运交通费						
	Pre Foreign Crew Member Transportation 外方前期交通费						
	Post Crew Member Transportation 后期人员交通费						
	Sub Total 小计:						
1400	**VEHICLE RENTAL 租车费**						
	Art Dept. 服/道/化/置景前后期租车费						
	Research Car 体验生活租车费						
	Casting Transportation 选演员租车费						
	Location Scouting 采景租车费						
	Pre-Production Office 办公室前期租车费						
	Shooting, Talents Car Rental 拍摄期演员租车费						
	Shooting, Talents Transportation 拍摄期演员往返交通费						
	Shooting, Talents Van 拍摄期演员生活车						
	Shooting, Director's Car 拍摄期导演租车费						
	Shooting, Martial Art Truck 拍摄期武术租车费						
	Shooting, Camera Truck 拍摄期摄影租车费						

(续表)

	Shooting, Electric Truck 拍摄期照明租车费						
	Shooting, Sound Vehicle 拍摄期录音租车费						
	Shooting, Production 拍摄期制片后勤租车费						
	Shooting, Temporary Transportation 拍摄期临时运输租车费						
	Shooting, Special Effect Truck 拍摄期特技租车费						
	Shooting, Crane/Fire Truck 拍摄期吊车/消防车租车费						
	Production Cargo Van 拍摄期厢车						
	Generator Truck 发电车						
	Production Cargo Van 拍摄期厢车(邮政厢车)						
	Shooting, Port-O-Potty 拍摄期移动厕所						
	Shooting, Port-O-Potty Transport Vehicle 拍摄期移动厕所运输车						
	Post, Vehicle Rental 后期租车费						
	Toll/Parking 过路/过桥/停车费						
	Gasoline/Diesel Oil 汽油/柴油耗损费						
	Sub Total 小计:						
1500	EQUIPMENT RENTALS 器材费						
	Camera Package 摄影器材租赁费						
	Special Camera Equipment 摄影特殊器材租赁费						
	Lighting Package 照明器材租赁费						
	Sound Equipment 录音器材租赁费						
	Documentary Equipment 纪录片器材租赁费						
	Stills Photo Equipment 剧照器材租赁费						
	Walkies Talkies 对讲器材租赁费						
	Special Effects Equipment 特效器材租赁费						
	Sub Total 小计:						
1600	CAMERA/ELECTRIC 摄影/照明制作费						
	Camera Dept Expendables 摄影耗材费						
	Camera Dept Production Purchase 摄影相关制做购买费						
	Underwater Shooting 水下摄影费						
	Aerial Shooting 航拍摄影费						
	Electric Dept Expendables 照明耗材费						

附录9 《环球汉语》拍摄场记表(样表)

节目名称:环球汉语 PROGRAM:ENCOUNTERS				导演:大卫·莫瑞 DIRECTOR:DAVER.MURRY		
拍摄日期:2009年5月22日 SHOOT DATE:2009—05—22				拍摄场地:北京 首都机场 SHOOT OCCASION:BEIJING Airport		
录像带编号	场景	场次	效果描述	时码起止	拍摄内容
1	5—12 INT 北京机场	1	一般	00:01:30:00— 00:02:58:22	陈峰机场接阿莱汉多,全景,固定景别
1	5—12 INT 北京机场	2	好	00:02:58:22— 00:04:42:12	陈峰机场接阿莱汉多,全景,固定景别

附录10 《环球汉语》拍摄部分设备清单(样表)

编号 No.	名称 Name	数量 Quantity	型号 Model	序列号 Serial Number
1	Camera w/ Viewfinder Memory card and accessories	1 set	AJ－HPX2000 P2 HD Camera AJ－HVF21G JD Viewfinder	J7TKB0675 I7A3186MY
2	Monitor and power cord	1 set	BT－LH1700W LCD HD Monitor	I7TWB5957
3	Video Assist: Monitor, converter, antenna, cables and accessories	1 set	Marshall V－R70P－HDA LCD Monitor HD10C2 D to A Converter LTM－WAVE－AG Wireless Transmitter EV－4500B 4" LCD TV w/ Antenna	5410109568 HD14650 2562355
4	Chrosziel Lens Accessories (Matte Box w/ filter stages, follow focus, various filter stages)	1 set	805－02 HD Swing Away Matte Box w/ Various filter stages	N/A
5	Lens Set (25mm, 35mm, 50mm, 85mm, 100mm F－Mount Lens)	1 set	Zelss Lens set	N/A
6	P+S Technik Pro－35 Converter, Nikon F－Mount Enhanced, Rods with adapter screw and power cable	1 set	Pro 35 Digital Image Converter	200519
7	LitePannel Kit (flood light and accessories include power supplies charger, power cables, plugs and etc.)	1 set	LED Flood Light LED Battery	17340/17341 18610/18651
8	Video/Audio Cables (various SDI video cables and misc. audio patch cable)	2set		N/A
9	Camera w/viewfinder/memory card	1set	Panasonic HPX2000	N/A
10	Battery charger and batteries	2 sets	2 Panasonic charger 8 Anton Bauer Dionic 90 batteries	N/A
11	Audio Mixers	3	WENDT X－5 WENDT X－4 SHURE FP33	5583 730 965117847
12	Microphones	7	NEUMANN 82－I NEUMANN KM150 SENNHEISER MKH50 SENNHEISER MKH60 SANKEN COS11 (LAV) COUNTRYMAN B6 (LAV)	6683 19811

（续表）

编号 No.	名称 Name	数量 Quantity	型号 Model	序列号 Serial Number
13	Lectro Receivers and Transmitters	10	UCR195D and UM195B (BLUE) UCR195D and 400MMB (PURPLE) UCR195D and UM195D (ORANGE) UCR210D and UM200C (RED)	1069,3067, 2225,491 2556,2249 464,1056,2308
14	COMTEK 72C TRANSMIITER	2		N/A
15	COMTEK RECEIVER MRC82P	5		N/A
16	Accessories (boom pole, batteries, power box, headphones, audio cables)	1 set		N/A
17	Tools and Accessories	1 set		N/A